物語　介護保険
（上）

物語　介護保険

いのちの尊厳のための70のドラマ

（上）

大熊由紀子

岩波書店

まえがき

法律や制度は、建物に似ています。

足を踏み入れても、そこには、柱を組み立てた人も、屋根を葺いた人も、ドアを取り付けた人も、もういません。描いては消し、描いては消した設計図も、足場も、跡形なく片づけられています。介護保険制度は、崖の上に、危ういバランスで、やっとのことで建てられた家に似ています。

福祉にカネをかけたら「日本の経済はつぶれる」「日本の美風を壊す」という常識が、政権政党やマスメディアを支配していた時代に、この制度の構想は芽生えました。

原点は、日本以外の先進国には見られない「寝たきり老人」や「介護地獄」をなんとかしなければという叫びと思いでした。これに、産業界や医療界、政界などの様々な思惑がからみあい、理想通りとはいえないけれど、介護の社会化のよりどころとなる制度が形作られてゆきました。

社会保険研究所が月刊誌『介護保険情報』の紙面を提供してくださって、「建築」にかかわりあった三〇〇人近い方々を訪ねました。

思いがけないことばかりでした。「三つのもし」という表現が本書には何度かでてきますが、そのような偶然や人のつながりがなければ、日本の福祉は、いまも救貧の制度にとどまっていたかもしれません。

◇

国民の幸福度のランキングが相次いで発表されています。

二〇〇五年にオランダのエラスムス大が「一位はデンマーク」と発表したのを皮切りに、翌〇六年、英国のレスター大が一七八カ国中一位デンマーク、日本は九〇位と発表しました。〇八年、こんどは、米国のミシガン大が九七カ国を調べた結果を公表しました。デンマークが一位、日本は四三位という残念な順位でした。

日本の毎回の不成績にがっかりしながら、私は、密かに、ほっとしていました。

オランダの番付表が発表される二〇年前、私は、デンマークを「歳をとっても障害をもっても安心できる国・世界一」と直感しました。そして、そのシステムを朝日新聞の社説や本で紹介し続けました。けれど、私の「世界一」の根拠は、数字では表せないものでした。

たとえば、表紙のエーバルト・クローさんと四人のヘルパーの表情が象徴する「ケアされている人とケアをする人の笑顔と誇り」、それが根拠でした。その直感を、三つの国の研究者が客観的なデータをもとに裏付けてくれた。それでほっとしたのです。

裏表紙の写真は、日本の精神病院で自分の居場所を探して歩き続ける認知症の人々です。認知症の人をベッドに空きができた精神病院に収容する嘆かわしい現実が、いま進行中です。

尊厳を踏みにじる日本の酷い現実を体験した人々、それと対照的な高齢化の先輩国の挑戦を知ってしまった人々の七〇のドラマ。そこから、日本のこれからを変えるインスピレーションを得てくださることを願いつつ。

目　次

第1話　デマと「日本型福祉」

「キミの将来はないが……」

「スウェーデンの大使館に出向したいというのかね。そんな経歴だと、キミの役所での将来はないが、それでもよいのかね」

一九八〇年、行政官にとって死刑判決にも似た宣告を受けた人物がいました。

そのころの厚生省では、「海外勤務は変わり者が志願するもの」という雰囲気だったのだそうです。米国志望でさえドロップアウトの危険があるといわれていました。まして、福祉バッシング、北欧バッシングの標的になっているスウェーデン勤務を志願するのは〝狂気の沙汰〟だったのです。にもかかわらず初志貫徹した人物は、若き日の中村秀一さんでした。

「キミの将来はない」という上司の予言は大きくはずれて、老人福祉課長、年金課長、保険局企画課長、政策課長、審議官と、要職をつとめ、老健局長、社会局長に。「尊厳を支えるケア」を謳った報告書、『二〇一五年の高齢者介護』の仕掛け人です。

一九七三年に入省したときの最初の配属先が老人福祉課でした。

そのとき以来、「高福祉の国をこの目で見たい。スウェーデンの人たちが、高負担をどのように受け止めているのか見極めたい」と思い定めていたのだそうです。

高齢者の運命を狂わせる政策が登場

福祉バッシングが吹き荒れるきっかけは、奇しくも、中村さんが入省した七三年の一〇月に起きた第四次中東戦争でした。石油の価格が四倍にも跳ね上がりました。「安い輸入石油」という大前提が崩れ、田中首相の日本列島改造路線は暗礁に乗り上げました。翌七四年、戦後初めてのマイナス成長。そんな中で脚光をあびることになったのが「日本型福祉社会論」でした。

七五年、村上泰亮東大教授、蠟山昌一阪大教授が『生涯設計計画——日本型福祉社会のビジョン』(日本経済新聞社)を刊行。同じ年、「グループ一九八四年」を名乗る匿名集団が『文藝春秋』二月特別号「日本の自殺」で強調しました。

「福祉は自律の精神と気概を失わせる」「その恐ろしさを悟らなければならない」と。

後に臨時行革をリードすることになる土光敏夫経団連会長はいたく気に入り、コピーを配って回ったと、毎日新聞政治部の『自民党——転換期の権力』(角川文庫)は記しています。

翌七六年には村上泰亮、佐藤誠一郎、公文俊平、堤清二、稲盛和夫といった学者・企業人で構成された「政策構想フォーラム」が、「新しい経済社会建設の合意をめざして」という提言をまとめ、「国家に依存する脆弱な人間を作り出す英国型、北欧型の福祉であってはならない」と主張しました。七八年には、香山健一の『英国病の教訓』(PHP研究所)……。

一連の主張の特徴は、根拠に乏しい福祉先進国批判を展開した上で、「自助努力」「同居家族の相互扶助」「民間活力」「ボランティアの活用」に期待を寄せたことでした。自身が介護する側になることなど、夢にも考えていない男性たちが筆者だったことも共通していました。

このような風潮を背景に、七九年、日本のお年寄りの運命を狂わせる政策が誕生しました。経済審議会が大平首相に答申し、閣議決定された「新経済社会七カ年計画」に「日本型福祉」が盛り込まれたのです。自民党はこの年、自由民主党研修叢書『日本型福祉社会』を出版しました。さらに、八二年、「日本型福祉社会の構想」を打ち出し、厚生行政を制約してゆきました。

事実誤認三点セット

それは、「事実誤認三点セット」の上に展開されていました。

1、日本の福祉は西欧諸国と遜色ない水準に達した

2、福祉が進むと家族の情愛が薄れ、スウェーデンのように老人の自殺が増える

3、福祉に力を入れると経済が傾く

老人医療費無料制度が導入されたりした七三年は「福祉元年」と呼ばれたのに、「福祉二年」は来なかったのでした。

中村さんが法学部四年生だった七二年、朝日新聞科学部の医学担当記者だった私はスウェーデンを訪ね、福祉にまつわる日本での定説がことごとく事実に反していることに驚きました。そのとき書いた連載「福祉大国スウェーデンの医療」を要約してみます。

「社会福祉は人間をかえって不幸にする。その証拠に、スウェーデンの老人の自殺率は世界一だそうだ」と日本で何度か聞かされた。「老人福祉が豊かなのをいいことに、こどもは親に

冷たい。それで孤独感が強まって……」とかもっともらしい理由もついていた。

しかし、それはつくられた〝神話〟であった。

日本のお年寄りの自殺率の方がスウェーデンよりずっと高く、六五歳以上のおばあさんの自殺率は日本が世界一。スウェーデンは一〇位までにも入っていなかった。

デマの火ダネは、故意か過失か統計を読みまちがえたアメリカの新聞。それをアメリカの国際的な雑誌が転載した。そして、アイゼンハワー大統領が演説に引用、あっというまに世界中に広まった。

「アイクは、その後、誤りに気づき、退任後スウェーデンを訪問したとき首相にあやまりました。でも、大統領でない彼の言葉は報道されませんでした」とストックホルム市社会福祉審議官のベンネルンドさんは肩をすくめた。

(七二年一二月一六日・朝日新聞夕刊・要約)

若き日の中村秀一さんが見たもの

さて、若き中村秀一さん、公衆衛生局地域保健課課長補佐だった八一年五月、スウェーデンに向かうことになりました。四四年間政権の座にあり、スウェーデンの福祉充実の政策を進めてきた社会民主労働党が負け、野に下っているときでした。中村さんは、こう言って送り出されました。

「福祉に走った国がどうダメになっていくか、じっくり見てきたまえ」

ところが、住んでみたスウェーデンは、ダメになるどころではありませんでした。庶民もヨットや別荘をもち、人々は生活を謳歌していました。

日本のような人里離れた雑居の特別養護老人ホームはありませんでした。その代わりにサービスヒュース（サービスハウス）の建設がブームでした（**図1-1**）。

サービスヒュースは、ケア付き住居、ホームヘルパーの拠点、デイサービス、近隣の人々にも開かれているレストランが複合したものです。それは、街の中に溶け込んでいました（**写真1-1・2**）。

居室は日本の特養ホームの雑居部屋とは似ても似つかぬものでした。車いすでも使いやすいキッチンや浴室、思い出の品々をもちこんだ居間、それに寝室（**写真1-3・4・5・6**）。

八二年には社会民主労働党も政権復帰しました。中村さんは、層の厚い福祉システムを身をもって味わうことになりました。

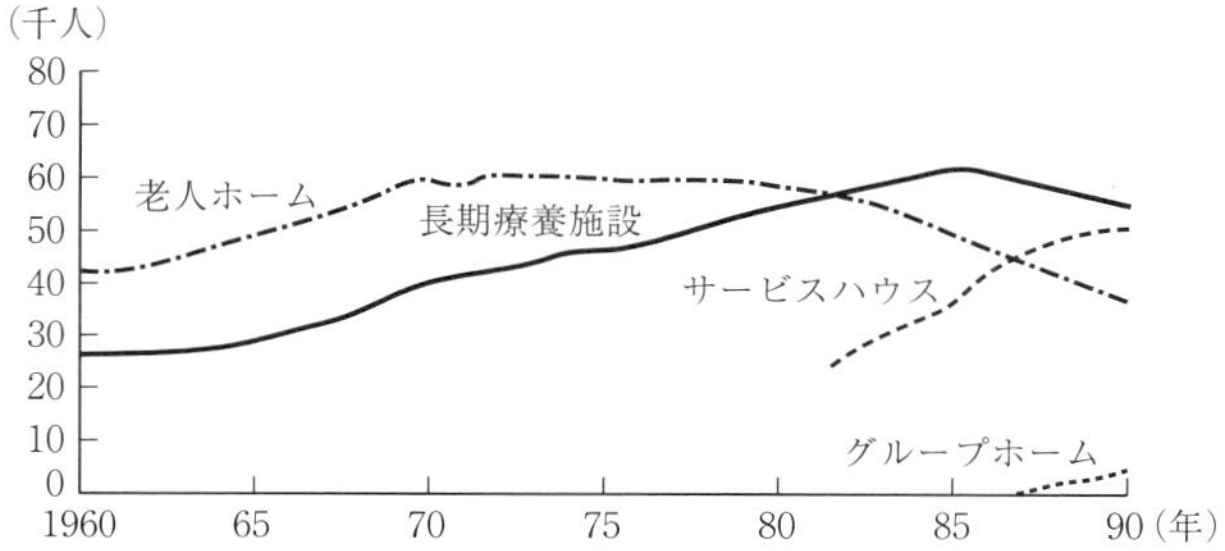

図1-1　スウェーデンにおける老人ホーム，サービスハウス，長期療養施設（ナーシングホーム）の入居定員数の推移（1960–91年）

資料）スウェーデン保健福祉庁 "The Social Services and Care in Sweden 1993"

出典）井上誠一著『高福祉・高負担国家スウェーデンの分析――21世紀型社会保障のヒント』（中央法規出版）

何日前にお子さんと会いましたか？

堀勝洋さん（のちに上智大学法学部教授）は、社会保障研究所主任研究員だった一九八一年に『季刊社会保障研究』に発表した論文「日本型福祉社会論」で、こう分析しています。

「日本型福祉社会論は、当初は(略)経済哲学的、分析的な用語として用いられたが、体制側のイデオロギーを表わすキャッチフレーズとして、装いを新たに登場したといえる。(略)日本国民の心情に深く訴える政治的シンボルとして(略)手段として用いられたというべきである」「日本型福祉社会論が主張する自助、相互扶助、家庭福祉、地域福祉等は必ずしも、日本社会の特質といえるものではなく」

写真 1-1　ストックホルムのサービスヒュース

写真 1-2　ストックホルムのデイセンターの玄関に掲げられていたお年寄りの作品. 左から機織り, ダンス, お茶とお喋り, 読書, つまりここでの4つの楽しみがアップリケされています. ハートマークは「歓迎」という文字

写真 1-3　車いすでも料理しやすいキッチン

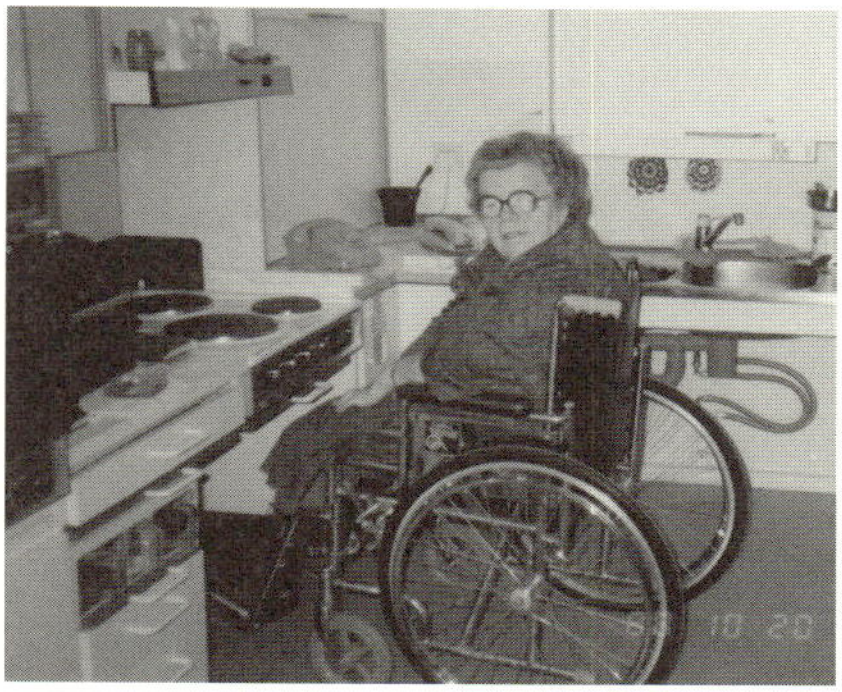

写真 1-5　ボタン１つで上下するベッドとSOS電話のある寝室

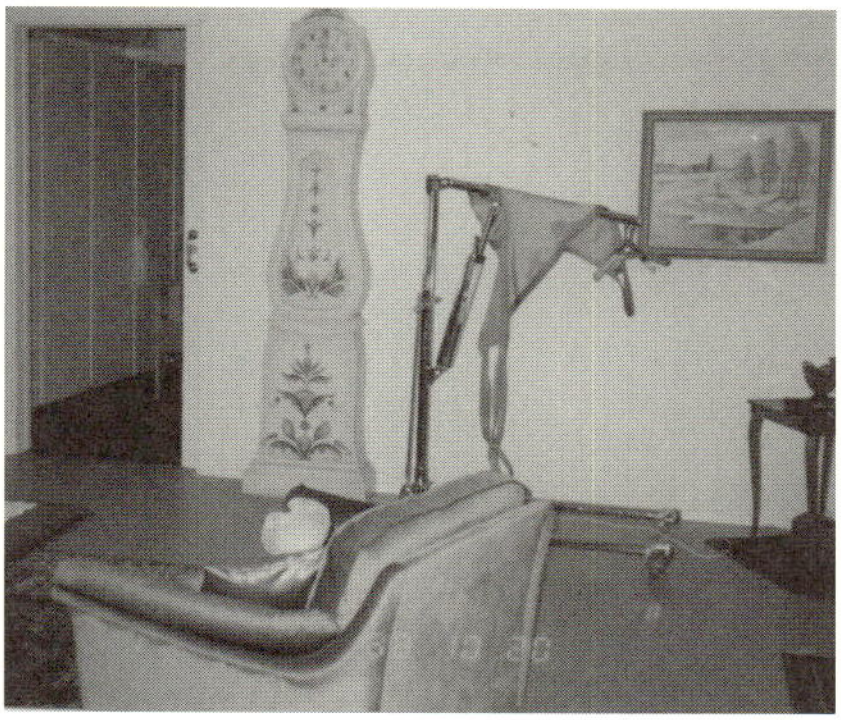

写真 1-4　先祖の家具で飾られた居間．ホームヘルパーの腰痛防止のためのリフトもみえる

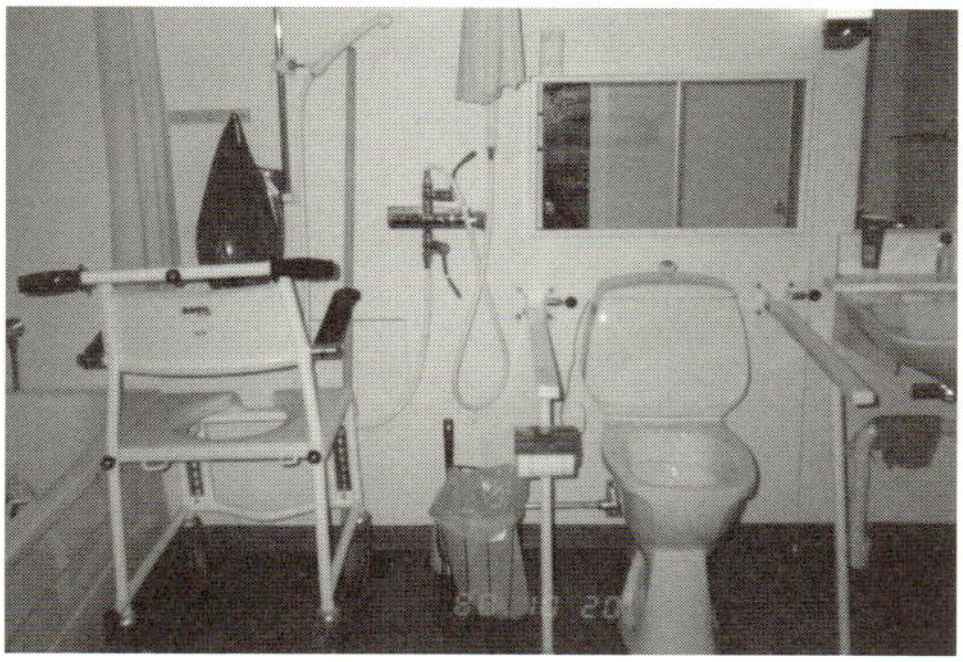

写真 1-6　広々としたバリアフリーのバスルーム

表 1-1　何日前にお子さんと会いましたか？
（別居老人への質問）　　（単位：%）

	デンマーク（65歳以上）	日本（60歳以上）
今日または昨日	53	28.9
2日以上〜7日	27	19.9
8日以上〜1カ月未満	12	31.3
1カ月以上〜1年未満	6	15.9
1年以上会っていない	2	3.8
不明	—	0.2

「老親との同居率こそ日本は高いが、別居の場合の老親との交流は、欧米の方がひんぱんだという統計もある」

表1-1は堀さんのこの論文からの抜粋です。

メディアはいまも……

福祉をめぐるデマとそれを無批判に伝えるメディアの状況は、その後も変わらないようです。

一般財源の三％を介護保険制度に上乗せして高齢福祉の質を高める政策をすすめてきた秋田県鷹巣《たかのす》町（市町村合併で現在は北秋田市の一部）について、メディアは「噂」を活字にして伝えました。

「福祉に力を入れすぎて商店街はシャッターを下ろす店が目立つ」

「福祉予算偏重で小学校の雨漏りは放置」

「個室の老人保健施設は自己負担が高く、貴賓室があるという」

ところが、東洋大学の大友信勝教授（のちに龍谷大学）のグループが調査したところ、福祉に不熱心な近隣の町村の方が商店街がさびれていました。

雨漏りをなくすための改修予算が小学校にきちんとついていました。

個室に自己負担料金はなく、貴賓室のカゲもありませんでした。

第2話　「自立」vs「自立」

前代未聞の研究会

中村秀一さんが在スウェーデン大使館勤務を志願して、「そんなことをしたらキミの役所での将来はないよ」と忠告されていた一九八〇年、厚生省社会局に、大きな起爆力を秘めた、小さな研究会が設けられました。「脳性マヒ者等全身性障害者問題研究会」です。厚生省、学識経験者、障害当事者団体が同じ土俵で論議する、当時としては前代未聞の研究会でした。

ここで「自立」という概念が確認されました。

---

①　真の自立とは、人が主体的・自己決定的に生きることを意味する。
②　自立生活は、隔離・差別から自由な、地域社会における生活でなければならない。
③　生活の全体に目を向けなければならない。
④　自己実現に向けての自立が、追求されなければならない。
⑤　福祉の主体的利用でなければならない。

この研究会がきっかけになって、一年後には省内に障害者生活保障問題検討委員会がつくられました。二年後には大臣の私的諮問機関、障害者生活保障問題専門家会議が生まれました。それが、障害基礎年金の創設や身体障害者福祉法改正の原動力にもなってゆきました。

法の目的が「更生への努力」から「自立と機会の確保」に変わったのです。

忍者屋敷のような〝秘密の隙間〟

研究会の仕掛け人は、七八年四月に社会局の更生課長に就任した板山賢治さん。のちに、日本社会事業大学常務理事などの要職をつとめることになる人です。

着任してみて、三年後に迫った「国際障害者年」の目標、「障害者の完全参加と平等」と日本の貧しい現実の差に愕然としました。

早速、実態調査にとりかかろうとしました。「データのないところに計画なし。計画のないところに行政なし」という信念からでした。

ところが、障害者団体は実態調査に強硬に反対していました。「調査して、施設に無理やり入れようという意図に違いない」と疑ったのです。

厚生省と障害者団体の当時の不幸な関係を象徴していたのが正面玄関のシャッターでした。厚生省にとって面倒な障害者団体が来ると閉じられてしまうのです。

〝秘密の隙間〟というのまでありました。

更生課と隣の課を隔てる壁に、部屋の入口からは見えない〝隙間〟がつくられていたのです。棚でカムフラージュされており、障害者団体が面会を求めて入ってきたとき、課長がそこから隣の課に忍者のように姿を消すことができる、そういう仕掛けです。

板山さんはシャッターを開け、徹夜もいとわず話に耳を傾けました。

丸山一郎さん（のちに埼玉県立大学教授・故人）を専門官にスカウトし、「障害者の代弁をするのがキミの役割」と言い含めました。丸山さんは米国の自立生活センターを初めて日本に紹介した人でした。一〇あまりの団体と五〇回以上話し合った板山さんは、「実態調査は地域での暮らしをバックアップするためのもの。その証拠に、重度の障害者が地域で暮らすための研究会を発足する」と約束し、一九八〇年、研究会が発足したのでした。

アメリカから鉄の肺利用の局長が来日

一九八〇年は障害者運動にとって、国際的にも大きな節目となった年でした。

それは、カナダで開かれたリハビリテーション・インターナショナル（ＲＩ）世界会議の席上で起こりました。「障害の問題をあつかう会議なのだから、障害当事者が各国代表委員の過半数であるべきだ」という動議が出されたのです。ところが、執行部はこの提案を拒否しました。

障害当事者たちは、障害の種別を超えた国際組織、障害者インターナショナル（ＤＰＩ）を結成し、ＲＩとタモトをわかつことになりました。

こうした動きの端緒を開いたエド・ロバーツさんが来日したのは八一年のことでした。この時、彼はカリフォルニア州政府のリハビリテーション局長になっていました。

空港に出迎えた人たちは肝をつぶしました。手も足も動かず、病院で一生を終えるしかない重症患者のように見えたからです。ポリオの後遺症で呼吸も自力では出来ず、夜眠る時は、「鉄の肺」に入らねばなりません。本当に、この人物が、二三〇〇億円の予算の責任をもち、二五〇〇人の部下を指揮

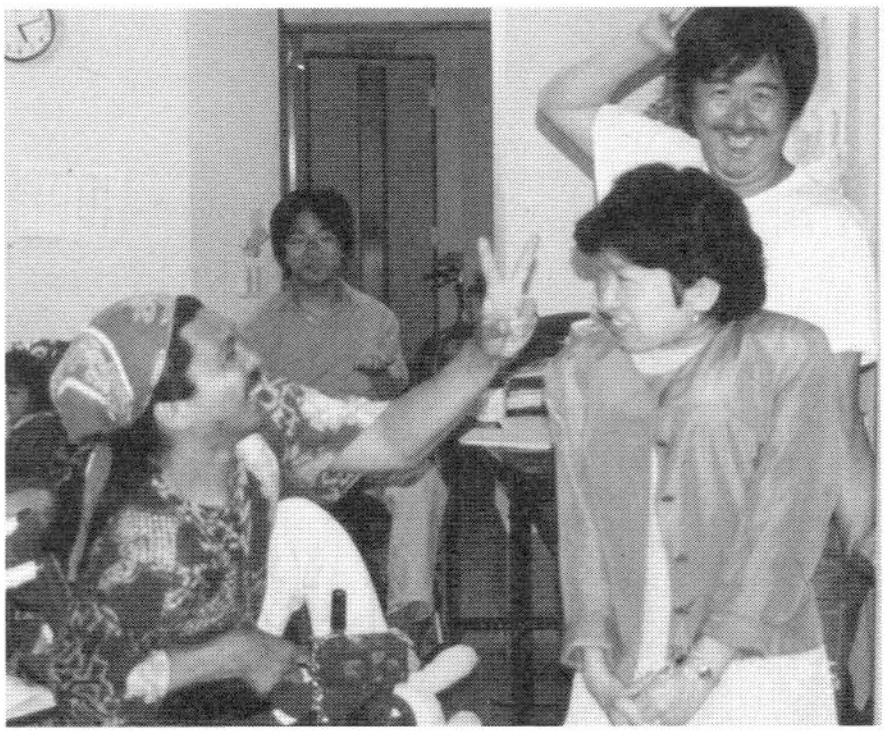

写真 2-1　町田ヒューマンネットワークを立ち上げた当時の樋口恵子さん(右手前)

している州政府の局長なのだろうか。

講演が始まると疑いは消え、感動が広がりました。「慈善から自立へ！　寿命がのび、だれもが障害者になる可能性をもつようになった。障害は人間全体の将来の問題です」

一歳半でかかったカリエスがもとで障害ある身になった樋口恵子さん(**写真 2-1**)はいいました。「当時の私は、人生の損なくじを引いてしまった、と思いこんでいました。講演で人生が変わりました」

八二年、ミスタードーナツが、創業一〇周年を記念して、障害者リーダーを育てる一年間の海外留学支援事業を始めました。この体験がきっかけで日本にも多くのリーダーが生まれ、自立生活の種をまいてゆきました。奥平《おくひら》真砂子、谷口明広、安積遊歩、井内ちひろ、平野みどり、石川准、川内美彦、松兼功……。のちに町田市議になった樋口さんもその一人でした。

デンマークでは、法律で保障

北欧でも一九八〇年は自立生活運動の節目にあたる年でした。デンマークでは、筋ジストロフィーのエーバルト・クローさん(**写真 2-2**)の発案で、ヘルパーを選んで雇用する仕組みが始まっていました。はじめは週四〇時間だったのですが、八〇年には週一六八時間、つまり、一日二四時間のヘルパー介助費用が公的に保障されるようになったのです。呼吸困難になったら、その期間ヘルパーを二人つけることも可能になりました。

最重度のクローさんの場合、月収二七万円ほどのヘルパー四人を雇用しています。その一人、ヤーンさん(写真右から二人目)の場合、募集条件は、「自動車の運転が上手でヨーロッパ各地を旅行できること。旅行の時、続けて二週間、家をあけられること」。

自動車整備工の免許をもつヤーンさんは八五倍の競争率を突破して採用されました。写真で一番左のヤスパーさんは音楽大学の出身。クローさんのアマチュアバンド「四輪駆動」のギタリストもつとめます。

写真 2-2 オーフス方式の生みの親クローさんと４人のヘルパー

この制度の利用者は、日本の人口に換算すると約一万人。内訳は、四肢麻痺二一パーセント、筋ジストロフィー一九パーセント、脳性麻痺一九パーセント、多発性硬化症一二パーセント、ポリオ四パーセント。一日あたりの平均利用時間は一五―一八時間。二四時間体制の利用者は全体の三分の一ほどです。

利用できるのは、服の着脱、食事、排泄、入浴に介助が必要で、学生または様々な組織・団体の仕事をしている人です。ヘルパーは、仕事場や学校に同行することになります。

ヘルパーの賃金は市町村と国から半々支払われ、労働条件など一般の労働者と同じ権利が保障されるので、志願者に不足することもありません。介助を受ける側も、日本のようにボランティアが来てくれるかどうかハラハラしたり、卑屈になったり、家族に負い目を感じたりせず、安心して自宅で暮らすことができます。

写真 2-3　レスピレーター(いわゆる人工呼吸器)がなければ死んでしまう筋ジストロフィーの人でも，結婚し，街中の自分の家で暮らす

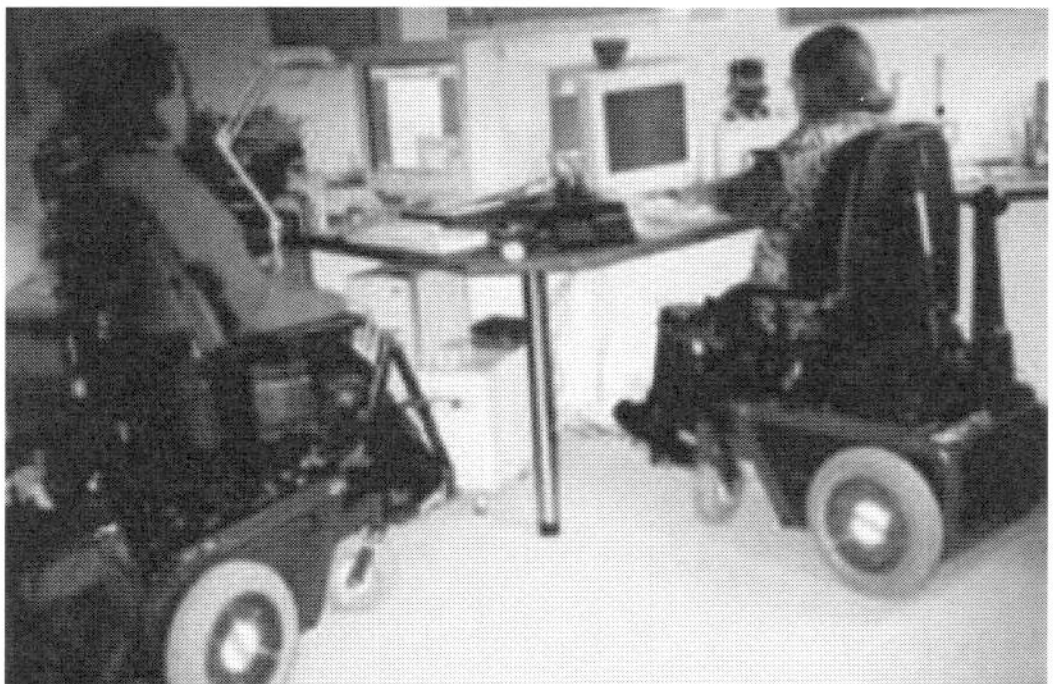

写真 2-4　ヘルパーによる 24 時間自立支援体制が整っており，特製のパソコンを使って仕事をすることもできる

レスピレーター(いわゆる人工呼吸器)がなければ死んでしまう筋ジストロフィーのクラウス・バックさんでも、結婚し、街中の自分の家で暮らし(**写真2-3**)、特製のパソコンを使って仕事ができる(**写真2-4**)のは、二四時間体制でヘルパーが自立を支援しているからです。

それがデンマークで可能になったのは、七六年に施行された生活支援法によって、縦割り制度がなくなり、支援サービスが「権利」として確立されていたからです。

このやり方は発祥の地の名前をとって「オーフス方式」と呼ばれています。フィンランドでは、同じ筋ジストロフィーの国会議員、カッレ・キョンキョラさんがオーフス方式を手本にした制度を法制化しました。

臨調・行革路線の「自立・自助」

話を日本に戻します。研究会の成果は『自立生活への道——全身性障害者の挑戦』『続・自立生活への道』(全国社会福祉協議会)にまとめられ、この分野の〝バイブル〟になりました。委員長をつとめた仲村優一さん(当時、日本社会事業大学教授)は、次のように書いています。

「自立」とは、生活保護や福祉サービスを受けないでもすむようになることを意味するものではありません。むしろ逆に、たとえどんなに重度の障害者であっても、彼、または彼女が、地域社会において主体的に生きる全一的な人格者としてその自己実現をはかることこそが、本当の自立であるはずです。したがって、(略)保護や福祉サービスを障害者が主体的に遠慮なく利用できるようになっていなければなりません。

(『自立生活への道』)

「自立」はいわば両刃の剣のような言葉です。使いようによって、まったく逆の意味になるのです。国際障害者年以来社会的に承認を得るようになった「自立」の観念と、第二次臨調・行革路線で強調されている「自立・自助」(第1話)とでは、同じ言葉がまったく反対の意味で使われました。介護保険制度での「自立」も、はじめ、仲村さんのいう意味の自立で組み立てられました。それが、次第に、変質していきました。

第3話　日本型福祉が生んだ二つの「日本型悲劇」

ボイコット運動のリーダーが

伊藤雅治さん。介護保険で提供されるサービスの基盤をつくった人物のひとりです。中村秀一さん同様、伊藤さんも危ない橋を渡ることにかけては人後に落ちません。

そもそも、厚生省に入ったきっかけが、尋常ではありませんでした。

伊藤さんの履歴書をみると、「一九六八年五月、新潟大学医学部を卒業」とあります。卒業といえば、ふつうは三月。それなのに五月なのには、わけがあります。「インターン制度廃止」をもとめて、新潟大学医学部の学生が卒業試験をボイコットしたため卒業が延期されたのです。若き日の伊藤さんは、このボイコット運動のリーダーでした。

インターン制度は、戦後、日本にも導入されました。

戦前の日本では、医学校を卒業すれば自動的に医師免状がもらえました。ところが、日本を占領した米国では、指導医の元で一年間、インターンとして研修しなければ国家試験を受けることができない仕組みになっていました。それが日本にも導入されたのです。患者から見ると、この制度はもっともに思えました。実地の研修も受けずに医師免状を手にして診療されたのでは物騒です。

ただし、この制度、米国から日本に入ってくるやいなや、形ばかりのものになってしまいました。

米国では、「イン」ターンの名のとおり宿舎が保障され有給です。研修プログラムもきめ細かくできています。ところが、日本では、身分保障もなく、宿舎もなく、無給。研修の中味も各科の見学程度でおざなり。それでいて、無免許状態で、治療行為を強いられるのです。医学生たちが不安に駆られて反対運動が起きたのももっともなことでした。

「安上がりの労働収奪機構ハンターイ!!」が、スローガンでした。

運動は実って、この年、一九六八年五月一〇日に医師法改正案が成立、五月一五日には改正医師法が公布・施行され、インターン制度は廃止されることになりました。伊藤さんたちの主張は公に認められたのです。

けれど、そこは、封建的なことでは定評のある医学部の教授会です。

「卒業試験ボイコット運動の張本人の伊藤を、大学に残すわけにはいかない」

「保健所でホトボリを冷ます」はずが……

衛生学の教授の粋なはからいで、「しばらく保健所に出てほとぼりをさまし、それから大学に戻っておいで」ということになりました。

ところが、現場に出た伊藤さんは行政の醍醐味に目覚めてしまいました。

そして、一九七一年、厚生省にスカウトされ、九八年保健医療局長、九九年健康政策局長、二〇〇一年医政局長……と医系官僚の最高位を歩むことになったのです。第1話の中村秀一さん同様、運命は不思議です。

伊藤さんが新潟大学医学部で学生運動のリーダーをつとめていたころ、東大で暴れていたのが、後に国会議員になり、介護保険の成立に大きな働きをした今井澄さんでした。

東大でも、六八年一月、インターン制度を巡り医学部学生が無期限ストに突入。これが発端で、学生の処分、医学部学生による安田講堂占拠、機動隊導入による排除などを経て、紛争は拡大。六月には文学部なども無期限ストに突入しました。一一月に大河内一男総長が辞任。六九年一月一八日の安田講堂での「攻防戦」には八五〇〇人の警察官が出動。四〇〇人弱の学生が二日間にわたって投石や火炎瓶で抵抗しました。

その「隊長」が今井さんでした。翌一九日午後二時半すぎ、今井さんは大講堂の壇上で逮捕されたのでした。今井さんには、下巻で再度登場していただくことにして、伊藤さんに話を戻します。

岡光老人保健福祉部長が「カバン持ち」に化けて

伊藤さんは、一九八九年六月、大臣官房老人保健福祉部老人保健課長に着任します。まず、驚いたのは「老人病院」の存在でした。東京都庁の担当課に典型的な老人病院を紹介してもらい、見にいくことにしました。

そのとき、「オレも行く」といいだしたのが、部長の岡光序治《のぶはる》さんでした。とはいえ、「厚生省の部長が視察」となると、ことはおおげさになります。そこで、岡光さんは「伊藤課長のカバン持ち」に化けることにしました。伊藤さんが公用車の上席に座って厚生省を出発しました。

そこでの風景を伊藤さんは、いまも忘れられないといいます。

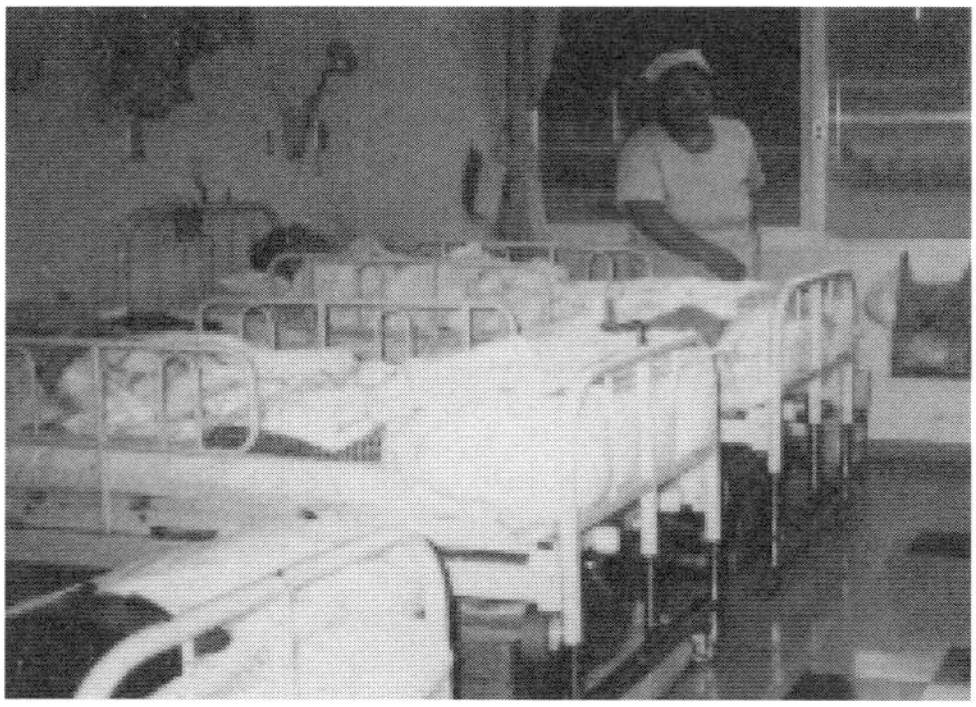

写真3-1 「付き添いさん」という無資格女性にゆだねられていた日本の老人病院

「お年寄りはマグロを並べたような扱いをされていました。付き添いの女性が廊下でタバコを吸っている。フロはない。退院のほとんどは死亡によるもの。なんとかしなければと思いました」

写真3-1はかつて私が写した老人病院の風景です。薬のせいでお年寄りは昼間もウトウトしており、奇妙に静かな時間が流れていました。写真に写っている「付き添いさん」は、資格がないため時給は安いのですが、病院に寝泊まりして二四時間勤務なので、まあまあの収入になります。付き添いさんは禁止されましたが、いまでも、このような病院が存在し続けています。

気の毒なのは、横たわっているお年寄りです。

家族の揉め事という日本型悲劇

第1話でご紹介した「日本型福祉政策」で施設福祉の予算も在宅福祉の予算も切り詰められました。

その結果、家族は疲れ果てました。

そこに医療保険、生活保護の財源をアテにした、日本独特の「老人病院」が、文字通り雨後の竹の子のように生まれてゆきました。

国際的に例のない奇妙な〝医療機関〟、元祖貧困ビジネスです。疲れ果てた家族、介護をめぐる揉め事、そして、老人病院に横たわるウツロな表情のお年寄りたち。「日本型福祉政策」が生んだ「日本型悲劇」でした。

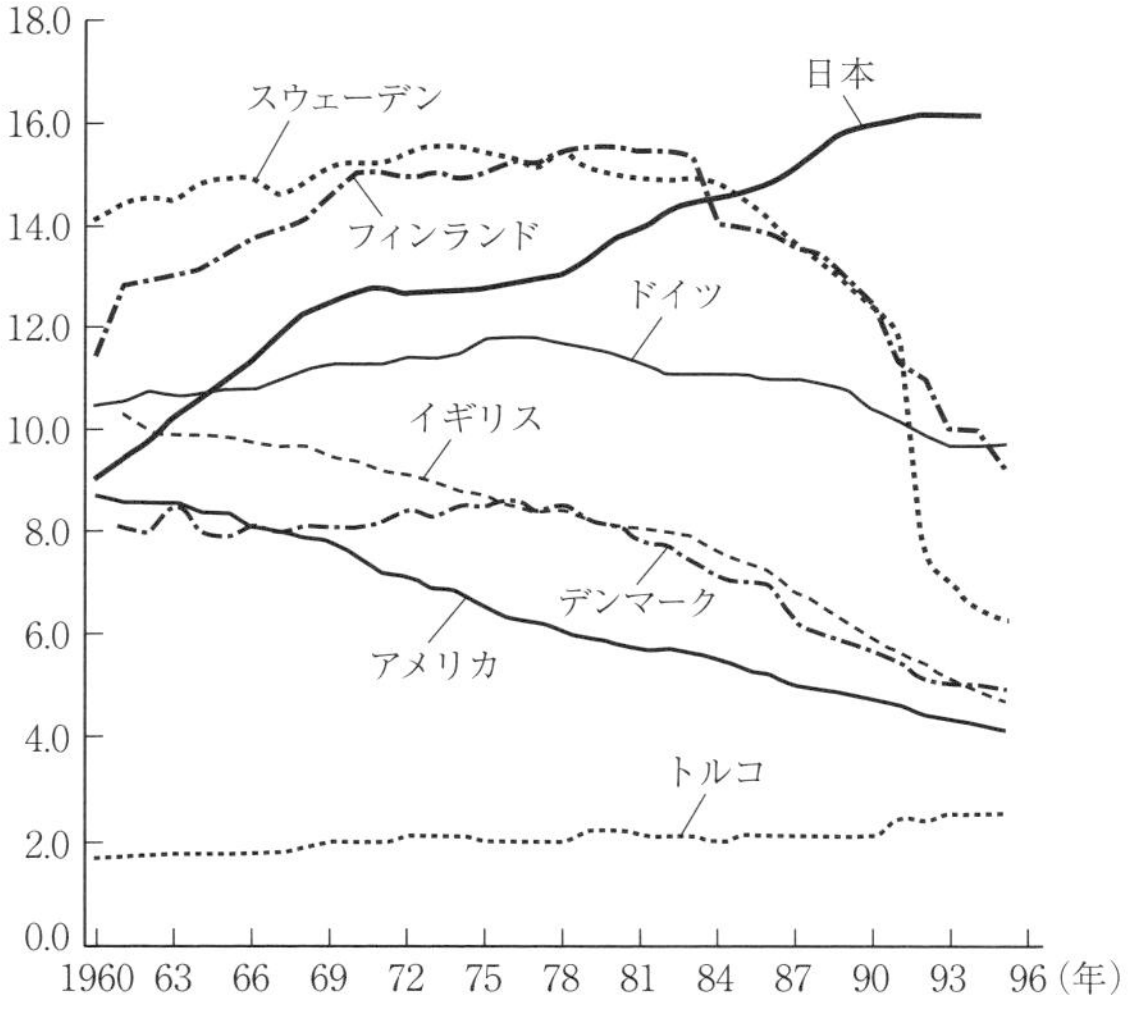

図3-1 人口1000人あたりの総病床数
(OECDヘルスデータより作成)

雨後の竹の子のように生まれた老人病院では

図3-1は人口一〇〇〇人あたりのベッド数です。日本(太線)だけが、奇妙に増え続けています。そのかなりの部分が老人病院と精神病院でした。

「老人病院」の経営実態は闇の中でした。例外的に明るみに出たのが、埼玉県にあった三郷中央病院でした。見るに見かねて県に内部告発した職員がいたのです。

「東京医科歯科大学出身の院長、新潟大学出身の副院長、一ヵ月三万円で完全看護」が売り物でした。事務職員は、東京・千葉・埼玉の福祉事務所を熱心に回り病院をPRしました。集められたお年寄りの七割が東京と千葉の住民でした。

一九八〇年七五床で開院、半年後には一七七床に膨れ上がりました。「三郷中央病院事件とその教訓」という県のマル秘文書からうかがわれる、そこでの「診療」は、たとえば、次のようなものでした。

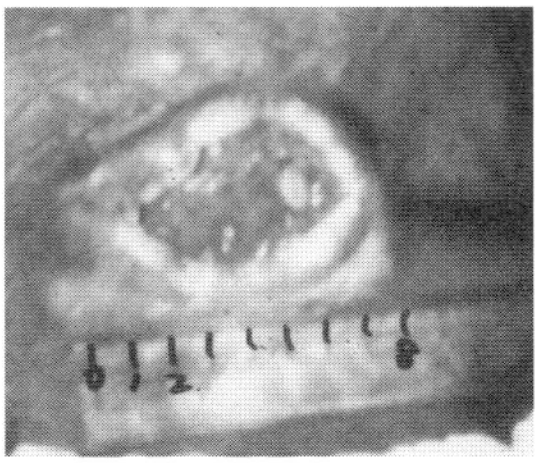

写真3-2　仙骨部分にできた直径8センチの褥瘡

●入院した人にはすべて「入院検査」と称して三一種類の検査を受けさせ、その後も毎月「監視検査」という名で二一種類の検査。

●検査はやりっぱなしで、検討された形跡はなし。

●テレメーターによる心臓の監視の架空請求で一〇〇〇万円を超える収入。

口から食べられる人にも点滴が行われ、お年寄りの顔はむくんでいました。

点滴を無意識に抜いたりするとベッドの柵に縛りつけられました。**写真3-2**のような褥瘡、尿路感染、肺炎、……、そして、平均八七日で死亡退院。

このような現実に、伊藤さんたちがどう立ち向かっていったかは、後の物語で。

第4話　〝認知症難民〟と消えた日本のデータ

謎の答えがOECDデータの中に

第4話は、ミステリー「消された日本のデータ」の物語です。

まず、**図4-1**と**図4-2**をご覧ください。人口一〇〇〇人あたりの精神病床数と精神病院平均在院日数の国際比較をしたもので、二〇〇〇年、覚えたてのエクセルで、苦労してつくったものです。

実は私は、「精神病床の国際比較データはないでしょうか？」と厚生省に二〇年も尋ね続けていました。厚生省は『精神保健福祉ハンドブック』という分厚い年報を発行しているのですが、そこに載っている国際比較グラフが毎年同じもの、しかも、一九七七年でプツンと切れています。それが気になって、もっと新しいデータを知りたかったのです。

担当課の返事は決まっていました。

「国立の研究所に調査させているんですが、手間どっているようでして……」

二〇〇〇年の夏、OECD（経済協力開発機構）が出している「ヘルスデータ」にめぐり会いました。覚えたばかりのエクセル機能を使って数字をグラフ化してみました。そこには、厚生省が一九七七年で途切れた不自然なグラフを毎年年報に出し続けている「謎」の答えがありました。

ほとんどの国で、一九七〇年代から精神病床が激減していました。ところが、日本だけ精神病床数

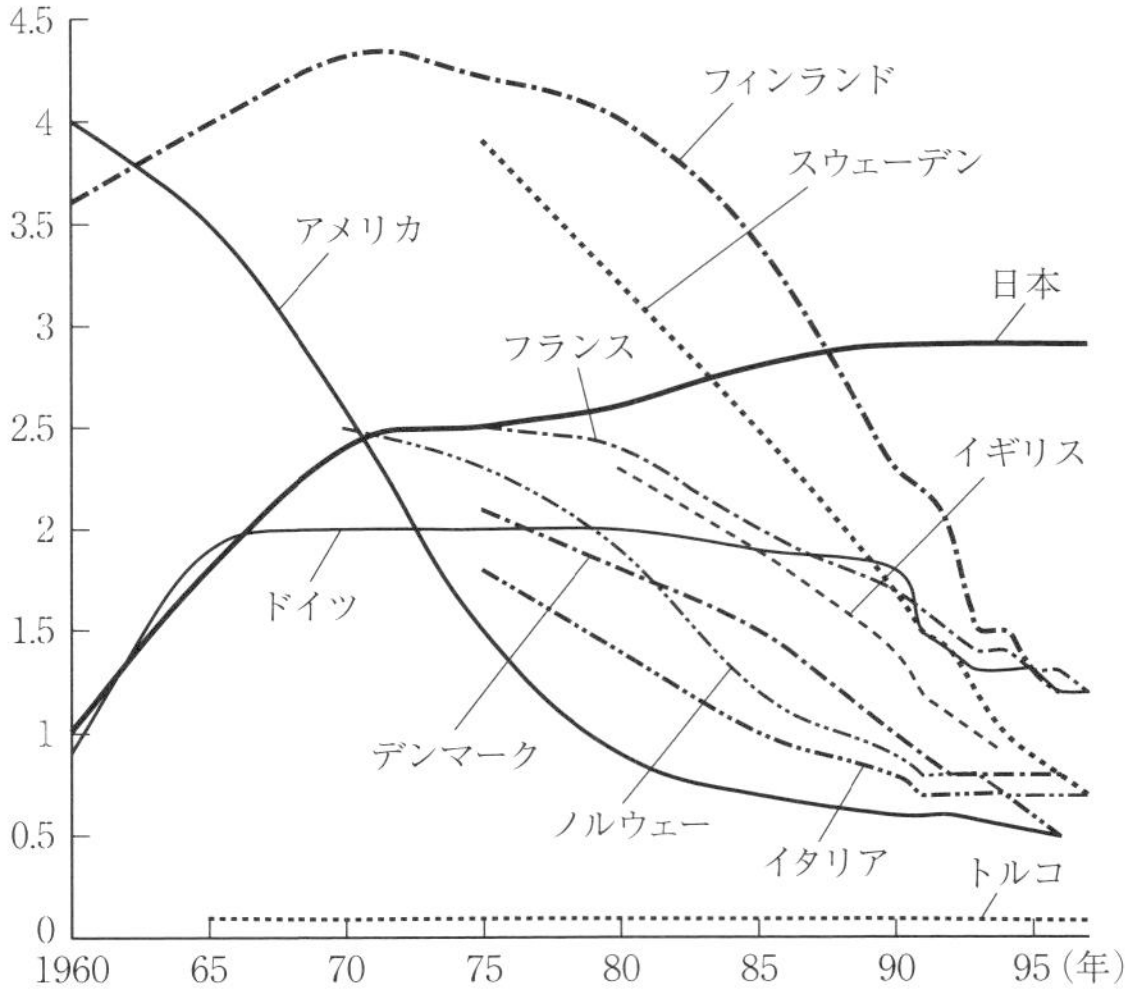

図 4-1　人口 1000 人あたりの精神病床（2000 年作成）

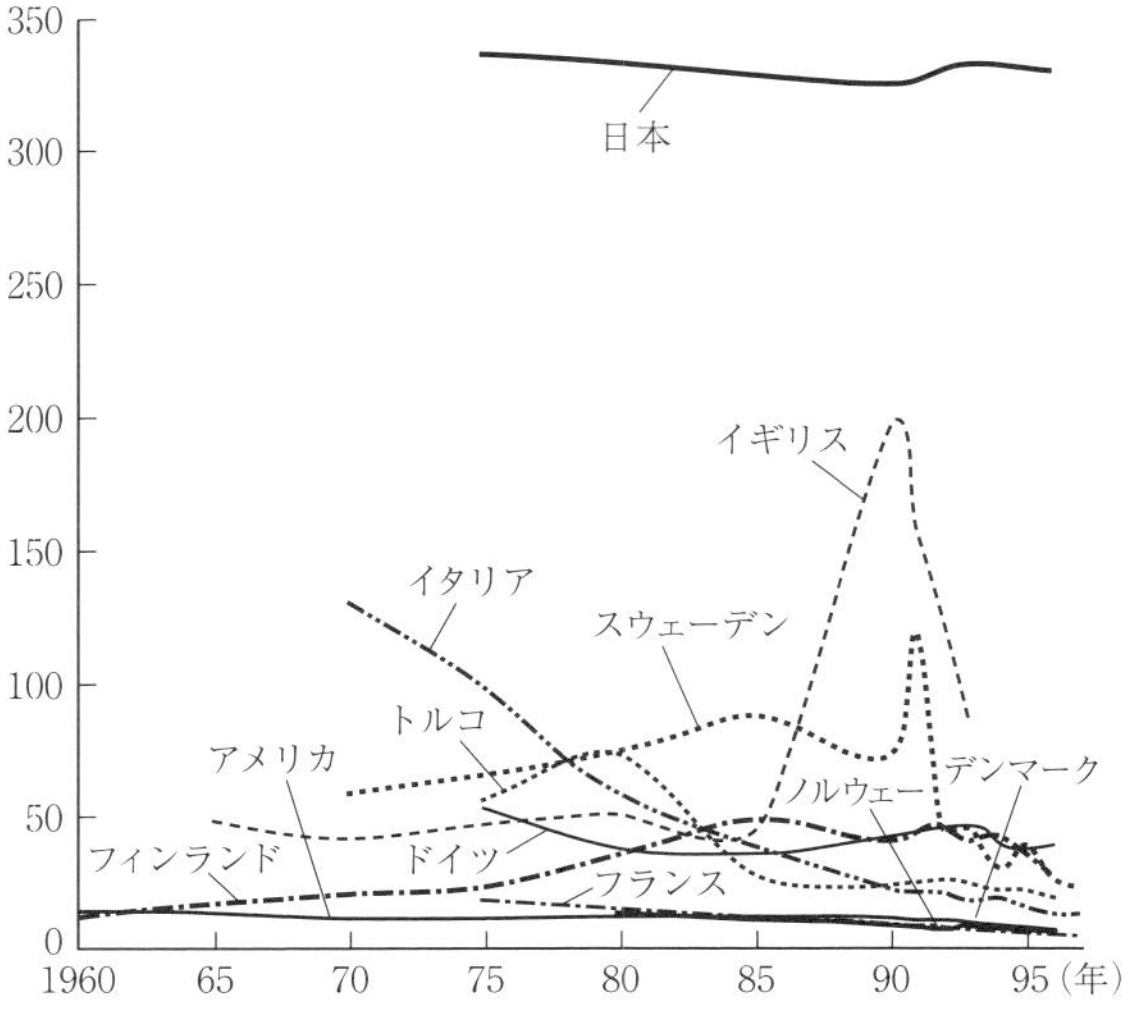

図 4-2　精神病院平均在院日数（2000 年作成．OECD ヘルスデータ）

が増え、その差が異常に開いているのです。

「特別に」レベルを下げた「精神科特例」

イギリスの保健省は五四年、「今後一〇年間に精神病院のベッド数を一〇万床減らす」と発表しました。急性期は精神病院ではなく総合病院で治療し、慢性期の人は地域の小規模な居住施設でケアサービスをするという政策転換です。デンマークでは五九年、ノーマライゼーション思想を組み込んだ世界初の脱施設の法律を施行しました。それらは、うねりとなって広がってゆきました。

イタリアは七八年、「精神病院廃絶法」をつくり、九九年三月までに、国中のすべての精神病院を閉じてしまいました。**写真4-1**は精神病棟を閉鎖して幼稚園にしてしまった北イタリアのトリエステの風景です。

日本だけが世界の流れから大きくとり残されてしまった、その理由ははっきりしています。

先進諸国が収容主義から地域中心へと政策転換に踏み切った時期、海外の事情にうとい日本政府は逆に「精神病院を増やさなければ」という考えにとりつかれて増床

写真4-1　幼稚園になったイタリア・トリエステの元精神病棟(大熊一夫『精神病院を捨てたイタリア・捨てない日本』岩波書店より)

政策を推し進めたのです。

そうはいっても、土地や建物、人手にかける予算は極力倹約したい。そこで、安上がりの「民活」を思いつきました。

「医師は他の診療科の三分の一、看護職員は三分の二で結構。山奥に建ててもかまいません。低利融資いたしましょう」という内容の「精神科特例」が、五八年、事務次官名で通知されました。

そして、故・武見太郎日本医師会会長が「牧畜業者」と名づけた志の低い病院経営者群が参入し、日本の精神医療を支配するようになってゆきました。

この精神病院に「患者」として吸い込まれていったのが、当時は「脳軟化症」と呼ばれていた認知症のお年寄りでした。

「不潔部屋」のお年寄り

七〇年の寒い冬の日、私は、家中のアルコールを飲み干し、アル中に化けた相棒を連れて、東京郊外の精神病院の門をくぐりました。あっという間に「診断」がつき、院長は「入院、保護室!」と屈強な男性に命じました。追いかけようとした私に職員は叫びました。

「ここから先は、家族の方はご遠慮ください!」

そこは、慶大、東大出身の精神科医が院長や顧問をつとめる、有名看護大学の実習病院でした。けっして「一部の悪徳病院」ではないのです。けれど、そこは一言でいえば「人間捨て場」でした。ここでの認知症のお年寄りの様子を大熊一夫著『ルポ・精神病棟』(朝日新聞社)から要約してみます。

看護婦詰め所の隣に、保護室とも違う檻のような部屋が三つあった。一部屋八畳間にたたみが六枚。コンクリートの床に楕円の穴があいた便所。暖房のないその部屋に六人の生ける屍があった。驚いたことに、この部屋の入口に「不潔部屋」と書いた木の札が掲げられている。落書ではない。病院側の手でかけられた、レッキとした表示である。

若い患者にそれとなく老人たちのことを聞く――。たまに家族が面会に来る。こんなとき、汚物まみれの着物を着替えさせ、おぶって面会所へ出ていく。面会に立ち会う看護婦は家族に「ごはんは余るほどだし、ストーブに近いし」などと説明するという。

聞くところによると、老人の多くは、昔から精神病だったわけではない。年をとって、脳軟化症になり、ボケたのだ。人生の終着駅が、この不潔部屋とは……。

このような事態は連綿と続いていきました。

二〇〇一年二月二六日の朝日新聞は「「痴ほう難民」精神病院に」という見出しで、次のように報じました。

乱脈医療で問題になっている埼玉県の精神病院・朝倉病院の医療監視に入った埼玉県の職員は驚いた。入院患者の八割以上が痴ほう症のお年寄りなのだ。しかも、平均四年近く入院している。（略）

三年前、痴ほう症の母親を精神病院に入院させた。（略）おしゃべりだった母は入院後、薬のせいか、ほとんどしゃべらなくなった。（略）散歩も許されない。まるで「収容所」だった。

一昨年、スタッフが一緒に寝起きする家庭的なグループホームに移って一変した。好きな服

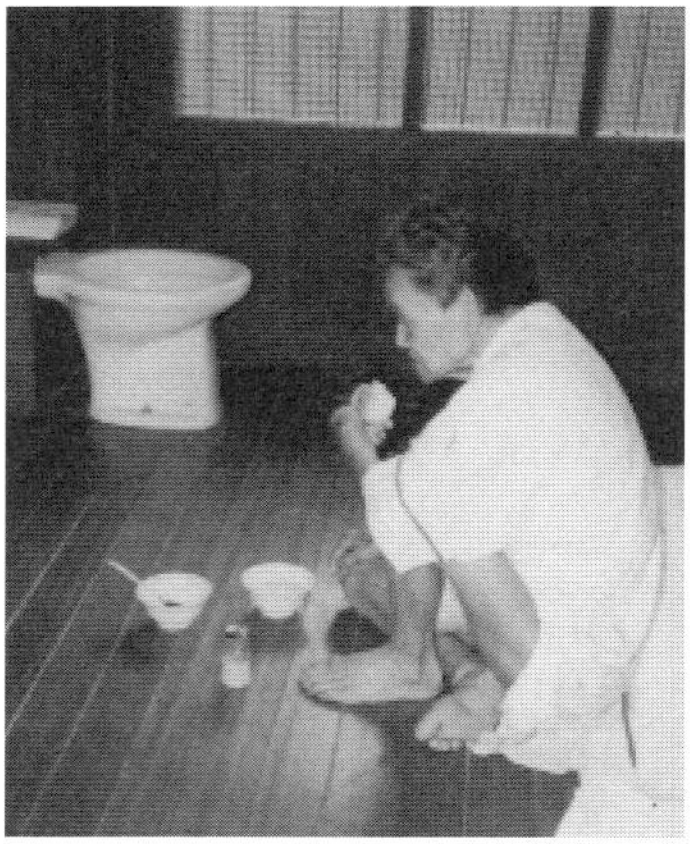

写真 4-2　認知症と呼ばれるお年寄りの「収容所」となってきた日本の精神病院

写真 4-3　思い出の家具に囲まれるデンマークのプライエムでお洒落している老婦人は上の写真と同じ症状

を着てスタッフと散歩や買い物を楽しめる。笑顔が戻ってきた。

写真4-2は、精神病院の独房のような部屋でお仕着せの寝間着姿の日本の認知症の老婦人。残念なことに、今もこのような状況は、なくなっていないのです。

写真4-3は同じ症状のデンマークの老婦人、かつては精神病院の認知症棟にいました。そのときは暴れ、無表情でした。

病棟婦長だった写真左のビエギッタ・ミケルセンさんは、精神病院の雰囲気や「患者」とみる医療の文化が認知症の人を混乱させ、症状を悪化させることに気づきました。そして、重症の人のためのケアホームをつくったのです。

そこには馴染みの家具が持ち込まれ、ゆったりした時間が流れ、お年寄りの表情はおだやかです。ケアの哲学と環境次第でこうも変わるのです。

圧力？ 外聞？ 実は……

さて、冒頭のグラフに話を戻します。

二〇〇二年作成のＯＥＣＤヘルスデータからは、日本のデータが消えてしまいました(図４-２参照)。外聞が悪いので厚生労働省がデータの報告をやめたのかしらと、わたしは疑いました。

「国際比較されるのを嫌った精神病院協会が圧力をかけたのではないか」と厚生労働省に問い合わせた国会議員もいました。

真相は、圧力があったのでも、外聞をはばかったのでもありませんでした。

ＯＥＣＤの専門家が、日本と他国データとのあまりの格差を不審に思い、統計学的見地から判断して削除したのだそうです。

「日本で精神病院と呼んでいるものは、国際常識の精神病院とは性格が異なるようだ」と。

精神病院が認知症のお年寄り「収容」の場にもなっていることを知ったら、ＯＥＣＤの専門家は、さらに驚くことでしょう。

第5話 「ヨメ」たちの反乱

三つの「もし」

●もし、朝日新聞に「人を見る目」があったら
●もし、女子東大生、柴田恵子さんのお見合いが不調に終わっていたら
●もし、一九七八年の厚生白書が同居は、「我が国の福祉における含み資産」と書かなかったら

この三つの「もし」が重ならなかったら、介護保険は、今より、ずっと後退した姿になっていたかもしれません。

「介護保険そのものが誕生していなかった可能性もある」という人さえいるのです。

敬老の日を前にした一九八二年九月一〇日、東京・新宿文化センターに六〇〇人を超える女性が全国から駆けつけました。この第一回女性による老人問題シンポジウムは、会場のいすが足りず、ゴザを敷いて座るという熱気です。

主婦、学者、弁護士、市民運動家、ジャーナリスト、国会議員……、三〇代から七〇代、有名、無名、実に多彩。熱心な自民党支持者から革新政党幹部まで、超党派というのも画期的でした。

女性たちを結びつけたのは、厚生白書の「同居は福祉の含み資産」という提言への戸惑いと怒りでした。呼びかけ人六三人のカナメ、評論家の樋口恵子さん(第2話の樋口恵子さんは同姓同名の別人です)

は、当時を回想して、こう書いています。

かつて孝行の範囲で考えられていた親の介護が長期化、重度化、かつ老老介護化していることを介護の最前線にいる女性たちは知っていた。社会全体で支える新たなシステムが必要だ。それなのに、同居率が高ければ家族だけで介護可能と考える極楽トンボぶりに女たちは怒りといらだちを募らせていた。

樋口さんは当時、中央社会福祉審議会の委員で、老人問題の部会に属していました。そこで、折に触れて力説しました。

「家族の看病のために退職する人の九割が女性です。早い退職は女性の無年金、低年金、資産形成力の不足を招きます」

「独り暮らし老人の四分の三は女性。家族介護のはてに、長い老いを貧しく生きる女性。高齢化問題は女性問題でもあるのです」

けれど、樋口さん以外の委員はすべて男性。「また、始まった」といううんざりした顔がかえってくるだけで、訴えても、訴えても、中心テーマになることはありませんでした。

「模範嫁表彰」に危機感

全国に広がりつつあった「模範嫁表彰」「孝行嫁さん顕彰条例」も危機意識に拍車をかけました。一枚の紙切れでことをすませようとするなんて！

樋口さんの回想記から、引用します。

写真5-1　記念すべき第1回シンポジウム

当時四〇代だった私の世代は、子育てで仕事を中断、ようやく再就職のスタートをきったものの、舅姑の介護で再中断、というケースも珍しくなかった。介護は女性、とくに長男の嫁に一極集中し、その立場にある女性は経済的自立も住民参加も不可能であった。一九七五年の国際婦人年をへて、八五年の女子差別撤廃条約の批准に向けて男女の固定的性別役割分業の見直しが唱えられる中で、嫁・女性の役割がむしろ強化されていた。いつか女性の声を結集して政策提言する必要を痛感していた。

「女の自立と老い」(写真5-1)のシンポジウムに集まった女性たちは、こうした思いを共有していたのです。

「高齢社会をよくする女性の会」誕生

熱気はあっというまに伝染しました。

最前列いす席の村岡洋子さんとゴザに座っていた山林知左子さんの間で、「第二回を、関西で開きたいのやけど」「うん、やろ」と、休憩の合間に、あっというまに話がまとまりました。

村岡さんは四世代家族で「嫁」の苦労を味わっていました。山林さんは灘神戸生協の福祉コーディネーター。「京のおんな大学」の運営委員をつとめた井上チイ子さんが加わって、その一〇日後には

「第二回女性による老人問題シンポジウム準備会」が発足しました。

翌八三年九月一〇日の大会には七〇〇人が神戸に集まりました。神戸市、兵庫県、大阪市、大阪府、京都市、京都府の後援をとりつけ、以来、開催地の自治体の首長がシンポジウムに加わるのが恒例になりました。

八三年三月には、「高齢社会をよくする女性の会」が誕生しました。「永続的な組織を」という声にこたえたもので、個人会員五〇〇人、グループ会員一三で発足したのですが、八年後には北海道から沖縄まで個人会員八二七人、グループ会員七二にふくれあがりました。五〇〇人を超える大グループも生まれました。

「見える政治」「開かれた行政」をつくりあげていく活動のさきがけでした。二〇〇四月九月一一日には、一八〇〇人が入場できる新宿文化センターで第二三回全国大会が開かれました。

同じ建物の中の三〇〇人の会議室から一八〇〇人の大ホールへ。このような支持を得た秘密を探って、四つの「秘密」を見つけました。

第一は、ゆるやかに、横につながっていく、という方法です。グループ会員の活動はまったく自由、本部・支部といったタテの関係はまったくありません。土地柄にあわせた独自な活動を展開します。

第二は、「嘆きあう会」「こぼしあう会」から脱皮した調査活動と月一回の勉強会です。大学や研究所にはない、目のつけどころが身上です。しかも、調査結果の広め方がユニークです。樋口恵子代表が中心になって、川柳や狂歌にしてしまうのです。

家族だけでは介護ができない状況を「ジジババも二階だてなり長寿国」「母ねたきり娘ぼけるや長

写真 5-2 大江戸歳末名物として恒例になった「女たちの討ち入りシンポ」.「官尊民卑・男尊女卑・中尊地卑」の横断幕も

寿国」などとまとめます。サービスの実態調査も「在宅が中心なんてよく言うよ、給食週一、フロは月一」と表現すると風景がまざまざと浮かびます。印象に残ります。

第三は、会員が政治に進出していったことです。いまでは一〇〇〇人を超える会員が、国、県、市町村の議員をつとめています。その多くが「ふつうの主婦」だった人々です。第一〇回大会では地方議員である二二人の会員が一斉に舞台にのぼりました。しかも、自民、社会、公明、共産、無所属と当時の全党派を網羅していました。

その当時、女性の会が女性地方議員全員にアンケート調査しました。結果は、「過去に介護を体験した」が五割、「現在介護中」が一割、「これから可能性あり」が四割。こうした体験から、ほとんどすべての女性議員が「介護の社会化」を重視していました。

第四は、「大江戸歳末名物・女たちの討ち入りシンポ」(**写真5-2**)に象徴される遊びとユーモア精神です。なだいなだ、永六輔など男性陣も馳せ参じます。替え歌も人気の定番です。たとえば、都はるみの「北の宿から」はこうなります。

あなた負担はいやですか〜

日ごと手足が弱ります〜
来てはもらえぬヘルパーを〜
おむつ濡らして待ってます〜
公的介護はまぼろしでしょうか〜
介護、恋しい、日本の老い〜

「涙こらえて」を「おむつ濡らして」にしてしまうのが凄いところです。

「それより凄いのは、保険料負担に抵抗を感じる女性たちの気持ちを変えたところです。樋口恵子さんがいなかったら、いまの介護保険はなかったかもしれません」と政策策定にかかわった山崎史郎さん(のちに内閣府政策統括官)はいいます。

言葉の魔術師「樋口恵子」誕生の秘密は

毒舌で知られる社会学者、上野千鶴子さんも、樋口さんには一目おいています。

「偉いところは、自民党婦人部から労組女性部まで、自治体トップから草の根の女性団体まで、呉越同舟の集まりを可能にしたところ。さらに抜群の実践性と地に足のついたリアリズム、それに加えて向日性の華のあるお人柄。余人をもって代え難いお方」と評します。

そんな世直し達人、樋口恵子さん誕生のきっかけをつくったのは、「人を見る目がなかった」朝日新聞だった、というのが私の説です。

東大の新聞研究所で学び、旧姓の柴田恵子を縮めた「東大新聞のシバケイ」としての名を轟かせていた人物を朝日新聞が採用試験で落としたのです。「女は新聞社にはいらん」と、どの新聞も考えていた時代とはいえ、惜しいことをしたものです。

失意の恵子さんは、早々と見合いをし、見合いの相手に恋をし、精密工学科を出たエンジニアと結婚してしまいました。そして、刺繍と料理と子育ての日々を送ります。

ところがある日、夫の樋口氏がいいます。

「僕たちは国民の税金で大学を出たんだ。子育てが終わったときのために勉強しておくといい」

その樋口氏、劇症肝炎で若くして、あっというまに亡くなってしまいます。夫の勤め先だったキヤノンのはからいで同社の広報宣伝課へ。ここで、人びとの心をつかむ言葉の魔術師の才能に磨きがかかりました。「評論家樋口恵子」誕生です。

九〇年代、介護保険策定に参画してからの樋口さんと「女性の会」の活躍については後の回に譲り、ここでは、第2話に登場したデンマークのエーバルト・クローさんをご紹介します。

クローさんは、長時間介助を必要とする人のために「ヘルパーを自分自身で選び、雇用する。費用は公費で保障する」という〝究極の自立支援法〟の法律化を実現した人物です。その秘訣をクローさんから聞き出して、「世直し七原則」をつくりました。

●グチや泣き言では世の中は変えられない
●従来の発想を創造的にひっくり返す
●説得力あるデータにもとづいた提言を
●市町村の競争心をあおる

●メディア、行政、政治家に仲間をつくる
●名をすてて実をとる
●提言はユーモアにつつんで

海を隔て、出会ったことのないクローさんと樋口さん、驚くほど似ているとお思いになりませんか？

第6話　「ぼけ」を社会問題にした男たち

ふたたび、三つの「もし」

「ぼけても安心して暮らせる社会を」というメッセージを発信し続けてきた「呆け老人をかかえる家族の会」が、二〇〇四年一〇月の三日間、京都で大がかりな国際会議を開きました。六七カ国から四〇九八人が集まった「国際アルツハイマー病協会第二〇回国際会議・京都二〇〇四」です。研究者、家族、そして、認知症のご本人も各国から二二人参加、そのうち七人は発表もして、メディアにも大きく紹介されました(**写真6-1・2**)。

介護保険制度の質の向上を語る上で、いまや欠かせない存在になった「家族の会」ですが、前回の「物語」同様、三つの「もし」が重ならなければ、存在していなかったかもしれません。

生まれたとしても、四四都道府県に支部をもち、会員数九〇〇〇人、国際アルツハイマー協会と共催で第二〇回という節目の国際会議を開く、いまのような姿にはなっていなかったことでしょう。

その「もし」とは――

●マグニチュード七・一の直下型地震が福井平野を襲わなかったら

●失禁で異臭を放つ認知症の老婦人が皮を剝いたミカンを、京大出身の若き医師、三宅貴夫さんがパクっと食べなかったら

天窓から這い出した少年

一九四八年六月二八日午後四時一三分、福井市北方、丸岡町(現・坂井市丸岡町)を震源とした大地震が起きました。消防白書によると死者は三八四八人。五万棟の家が全半壊しました。

写真 6-1　アルツハイマー病国際会議(2004).認知症ご本人の話に会場は涙，涙……

写真 6-2　67カ国から集まった人々

後に「家族の会」の代表になる高見国生少年の運命は、この時を境に激変しました。織機を商う裕福な家に生まれ、何不自由ない毎日を送っていたのに、祖母、父、母、そして弟が梁の下敷きになり命を落としたのです。

当時五歳、小柄だった国生少年は、中学を出たばかりの丁稚どんと一緒に小さな天窓から脱出することができました。姉もお使いに出ていて無事でした。しかし、孤児になってしまったのです。そして、父の二人の姉のもとに一人ずつ引き取られることになりました。

少年を育ててくれたのは、京都・西陣で糸繰りの仕事をしていた伯母でした。すでに五〇歳をすぎていましたが、わが子同様可愛がってくれました。というより、国生少年は、高校に入るまで「実の母」と信じきっていました。

「私が病身やったから、福井の田舎の親戚に預けてあったんや」と聞かされていたからです。

その「母」にぼけの症状が出始めたのは七七歳。有吉佐和子の『恍惚の人』が出版された翌年の一九七三年のことでした。少年はすでに三〇歳。京都府庁の職員として仕事に没頭していました。

近所の人から「おばあちゃん、病院にいくいうて、全然違う方に向こてはった」といわれても、「歳をとるとそんなものなのだろう」と気にもとめませんでした。『恍惚の人』も別世界の話と思っていました。

けれど、記憶を保っていられる時間は次第に短くなってゆきました。昨日のことを覚えていないな、と思っているうちに、その日のことを覚えていないようになり、やがて、お膳の上に、いま使った食器が並んでいるのに、「ごはんまだ?」。

深刻さを悟ったのは、廊下に便が点々と落ちてスリッパで踏みつけてある、という日が続き、その〝犯人〟が、綺麗好きだった母と判明したときでした。困った行動は日を追って激しくなってゆきました。スプーン、はし、洗濯物、トイレットペーパー、なんでもかんでも、箪笥にしまい込みます。夏の暑い日に着物を何枚も着込み、タオルや風呂敷を首に巻きつけます。台所の醤油を飲む、磨き砂をやかんに入れて沸かす、やかんや鍋をトイレに置く……。

共働きの夫妻の毎日は戦場のようなありさまとなりました。

同じ京都府庁の保健予防課に、「ぼけに詳しいお医者がいる」と聞いて相談にいったのは、一九七九年の夏のことでした。ハイハイを始めた長女の育児と重なり、心身ともに疲れ果てていた時期でした。

話を聞いた三宅貴夫さんが「それじゃ、今夜、お宅にうかがいましょう」といったとき高見さんは驚きました。以前、病院でみてもらったとき「治りません」と突き放され、医師不信におちいっていたからです。

三宅医師は失禁のせいで臭う母に優しく質問し、彼女が剝いて差し出したミカンを、「ありがとうございます」といって、なんのためらいもなく口に入れたのです。

「やんわり断るか、受け取っても食べないだろうと私は想像していました。息子の私でもようせんこと、やらはった……、凄い、おもいました」

この気持ちが、その後二〇年を超えて続く「代表」「副代表」の絆になりました。

困惑・戸惑い、悲しみ・疲れ

三宅さんがふつうの医師と違っていたのにはわけがあります。その二年前、京都新聞が近鉄百貨店の一隅を借りて始めた「高齢者なんでも相談」のひとつに、当時としては珍しい「ぼけ相談」のコーナーがありました。『わらじ医者京日記――ボケを看つめて』(ミネルヴァ書房)で知られる堀川病院の早川一光さんに誘われて、三宅さんもそこで、月二回の相談を受けていたのです。

相談にくる家族たちは困惑し、戸惑い、悲しみ、心身ともに疲れ果てていました。介護の苦労を話してもだれも理解してくれないと、孤立感に苦しんでいました。

三宅さんは、家族どうし体験を話しあう機会をつくってはどうかと思い立ちました。相談にくる人に「家族の集い」を呼びかけました。こうした集いを月一回続けるなかで、継続的な「家族の会」を、という話が持ち上がりました。

そのとき、「代表に」と白羽の矢がたったのが、京都府庁で広報や福祉関係の仕事を経験していた高見さんでした。

サファリ方式で家族がカギの中に

けれど高見家は、会の世話どころではない日々でした。母に〝荒らされない〟ように、土間を改造して一部屋をつくりカギをかけ、「安全地帯」をつくりました。その中に大事なものを置きました。そこで、こどもを安心して遊ばせました。

台所セットの前にはベニヤ板三枚で、取り外し可能な塀をつくりました。冷蔵庫のドアは紐でくくりつけました。食器棚は、カギをかけた部屋に入らないと取り出せないように裏返しに置きました。押し入れには南京錠をとりつけました。

これで、夜中にどんなに歩き回られても大丈夫になりましたが、夫妻の生活は不便極まりなくなりました。水いっぱい飲むにも、裏返しにした食器棚からコップを取り出し、ベニヤ板をはずして蛇口をひねらなければならないのですから。

高見さんはこれに「サファリ方式」と名付けていました。猛獣が自由を謳歌できる一方、人間が車の中に閉じ込められるサファリパークに似ているような気がしたからだそうです。

そんな高見さんが、「家族の会だから、代表は家族でなくては。名前だけ貸してくれれば、実務はいっさい私たちがやります」といわれて代表を引き受けることにした理由は二つありました。

「家族の集いに救われた」という思い、そして、「京都の二〇家族くらいの会だからたいしたことはないだろう」と思ったからでした。

ところが、思いがけないことになりました。

二〇家族の会のはずが、全国組織に

舞台は京都新聞から朝日新聞に移ります。

朝日新聞の大阪本社版で、当時は珍しかった「みんなの老後」というページを担当していた黒田輝政さんは、京都新聞の小さな記事にフト目をとめました。次のような要旨でした。

——京都市内で七九年六月にスタートした〝家族のつどい〟が六回会合を重ねてきたが、苦労話——

写真6-3　京都で開かれた「家族の会」結成総会(1980年1月20日)．立っているのが斉藤貞夫さん

> を話し合うだけでなく、横の連絡を密にして対策の遅れを取り戻す社会運動を展開しなければと、一月二〇日に、京都を中心に〝家族の会〟を結成することにし、堀川病院に事務局を置いた。

黒田さんの記者魂が揺さぶられました。これをローカルなものに終わらせず、全国レベルのものにできないだろうか。

早速、堀川病院人事部長の斉藤貞夫さんに連絡、「全国に呼びかけたい」と提案しました。三日後、「よろしく」という返事がきました。こうして、一月一八日の朝日新聞の全国版に二段見出しで掲載されることになりました。

反響はすさまじく、病院は仕事に差し支えるほどでした。こうして迎えた八〇年一月二〇日は、雪の日でした。にもかかわらず、全国から九〇人が集まりました。ものすごい熱気でした(**写真6-3**)。

春には早くも、京都、大阪、岐阜に支部が誕生。無給の事務局長に指名された斉藤さんは、各地に呼ばれて支部を立ち上げる縁の下の力持ちをつとめることになりました。

「家族の会」は、お年寄りが施設や病院で縛られたり閉じ込められたりしている実態を明るみに出し、身体拘束ゼロ作戦をバックアップしました。認知症の人の介護度が低く出てしまう原因をつきとめ、判定方式変更のきっかけをつくりました。毎年九月二一日の世界アルツハイマー・デーには、繁華街で「ぼけ」への理解を深めるためのリーフレットを配って社会に呼びかけています（写真6-4）。「呆け」という文字に抵抗を感じた人がいて、名称は「認知症の人と家族の会」になりました。

「あのとき、京都新聞の記事に気がつかなかったらどうだったろう、といまも時々思います」と、八〇歳を迎える黒田さんは感慨に耽ります。黒田さんはその後、本格的なアルツハイマーの義父をかかえることになり、文字通り「家族の会」の一員になりました。

写真 6-4　9 月 21 日の世界アルツハイマー・デーに繁華街や街頭でリーフレットを配布し，「ぼけ」への理解を呼びかける参加者

患者会やボランティア組織には分裂や揉め事がつきものです。そのことに心を痛めてきた私には、前回の「女性の会」と、この「家族の会」の長命は奇跡にも思えます。

二つの会には、共通することがいくつかあるように思えます。

- 慰め合いにとどまらず、国や自治体に新しい制度や政策を提言していったこと。
- 説得力をもたせるために、調査に力を注いだこと。
- リーダーに広報経験があり、言葉が人の心を動かすことを知っていたこと。

高見さんがつくった言葉、「ぼけても安心して暮らせる社会」は、介護保険制度を深めるキーワードになりました。

第7話　「寝たきり」は「寝かせきり」

「日本は医学レベルが高いから寝たきり」⁇

日本の「寝たきり老人」は、「寝かせきり」にされ廃用症候群に陥った犠牲者だったのだ——と気づき、「寝かせきりゼロ」のキャンペーンを始めたのは、朝日新聞論説委員に着任して一年後、一九八五年秋のことでした。

この〝発見〟に、専門家と呼ばれる人びとは極めて冷淡でした。

「北欧では寝たきりになるような年寄りは医療の手を抜いて適当に殺しているに違いない」

「外国からの客に見えないどこかに隠されているのだろう」

「日本は医学レベルが高い。だから、寝たきりになるような年寄りまでむりやり生かしてしまうのだ。困ったことです」

窮地に陥った私を励ましてくださった専門家はたった二人でした。

ひとりは、小田原の特別養護老人ホーム潤生園の施設長、時田純さん。未知の私を元気づける丁寧な手紙をくださいました。もう一人は医学記者時代から旧知の故・荻島秀男さん。日本でまだリハビリテーション科が認められていない時代、米国でリハビリテーション専門医の資格をとった日本人第一号です。

荻島さんはいいました。
「欧米では救急病院にリハビリテーション科があって、専門医が、救命の時期から社会復帰を念頭において患者さんを見守ります。ところが日本は、申請すれば救急病院を名乗れるというひどい仕組みです。日本の寝たきりは「つくられた寝たきり」なのです」

西暦二〇〇〇年には一〇〇万人に!

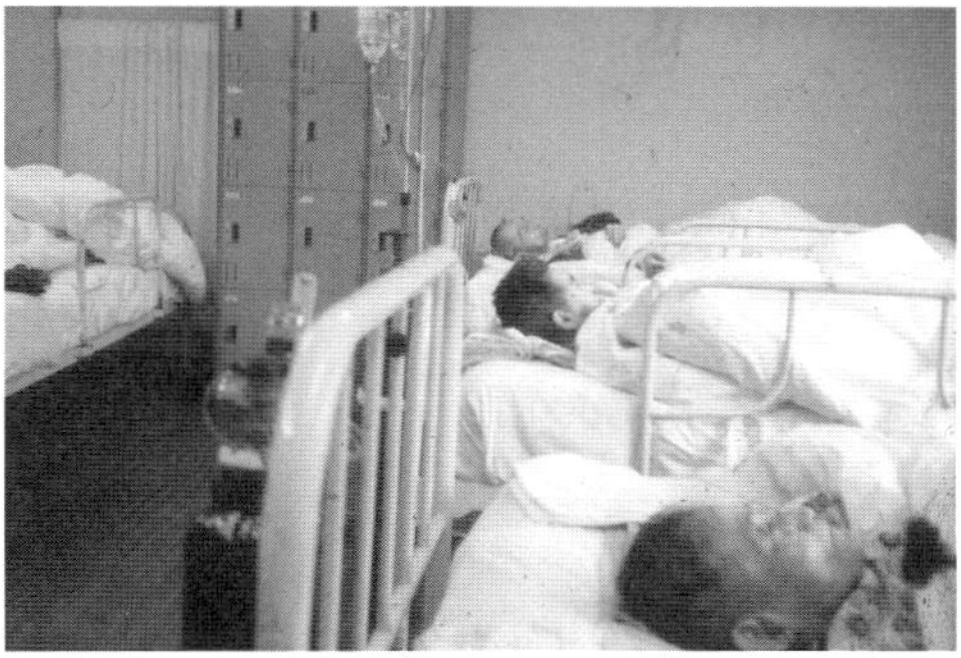
写真7-1　西暦2000年には100万人になるといわれていた日本独特の「寝たきり老人」

その前年、私は、厚生行政と科学技術行政を担当する論説委員を命ぜられました。大学で学んだのは自然科学、朝日新聞に入ってからも二〇年近く科学記者。そのような次第で、福祉の世界には素人でした。
そこで、勉強を始め、出会ったのが、当時の厚生行政の難題「寝たきり老人問題」でした。「西暦二〇〇〇年に一〇〇万人になる寝たきり老人」という決まり文句が、様々な文書にあふれていました。いまでは毎日のように新聞やテレビにあふれている「介護」という言葉は、当時は専門用語でした。新聞に登場するのは、もっぱら「寝たきり老人」という言葉でした。
私は、「寝たきり老人」に会うために老人病院や特養ホー

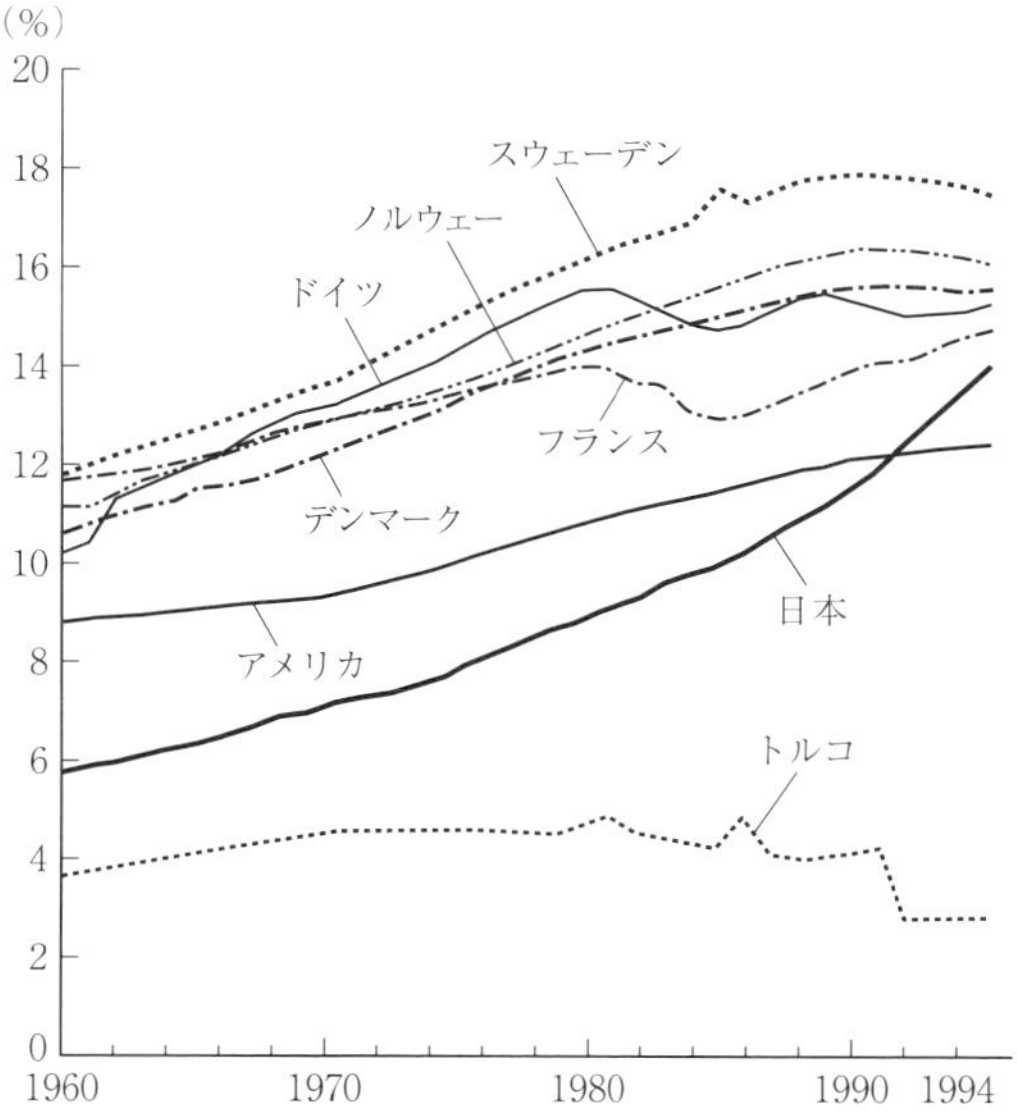

図 7-1　高齢化率の国際比較(65歳以上人口の割合)

ムを訪ねました。そして、うつろな表情(**写真7-1**)にショックを受けました。

なんとか解決の方法を見つけなければと、八五年夏、日本より先に高齢化の進んだ北欧・西欧の国々を訪ねました。「日本の高齢化のスピードは世界一。手本はない」とよくいわれますが、日本より先に高齢化社会、高齢社会を経験した国は、**図7-1**のようにたくさんあります。その経験を学ぼうと考えたのです。

ところが、そこには「寝たきり老人」にあたる役所用語も日常語もありませんでした。

日本でなら病院や施設のベッドに寝間着姿で横たわっている重い障害のある人々が、お洒落をし、車いすに乗って外出し(**写真7-2**)、思い出いっぱいの自宅で暮らし続けていました。家族が同居していなくても、なのです。

以来、休暇を利用し、貯金を下ろしては高齢化の先輩国を訪ねました。「寝たきり老人」という日常語や役所用語がない、そのわけを突き止めたかったのです。

「寝たきり老人」は「寝かせきり」の犠牲者だった!

最も進んでいると思えたのがデンマークでした。謎は次々と解けてゆきました。

- 寝返りが打てないほど障害の重いお年寄りでも、ホームヘルパーが朝、ベッドから起こし、着替えを手伝い、夜、また訪ねてきて、ベッドに。
- 起こすための様々な道具(**写真7-3**)。
- ホームヘルパーは、日本の家庭奉仕員と違って、生活の節目節目に毎日、訪ねてくる。
- 家に閉じこもらないための小学校区に一カ所ほどの憩いの場、デイサービスセンター。

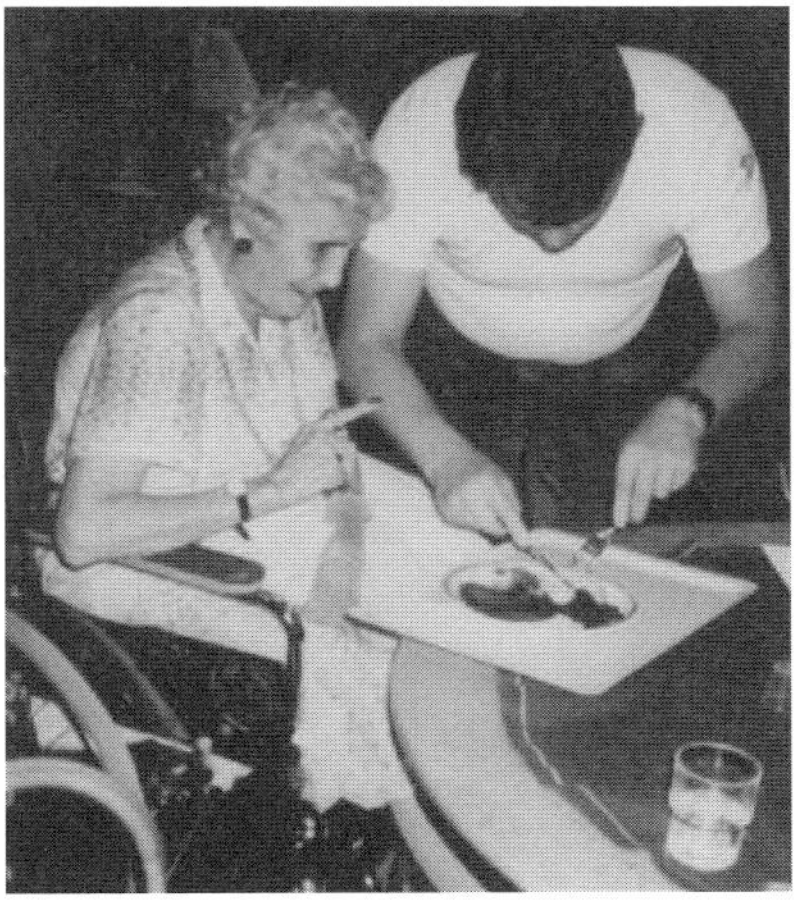

写真7-2　「寝かせきり」という言葉を思いつくきっかけになった，お洒落して車いすに乗っている独り暮らしのデンマークのお年寄り(1985年，コペンハーゲンのデイサービスセンターで)

写真7-3　起こすための様々な道具(デンマークの補助器具センターのカタログから)

●家族がいなくても外出できるための送迎サービス。
●車いすや自助具を体にあわせて貸し出す補助器具センターが人口二〇万に一カ所ほど。
●補助器具を調整してくれる作業療法士が補助器具センターに常駐。
●入院中から、ご本人を交えての退院計画。
●入院中に、自宅の玄関、トイレ、風呂場、キッチンを、公費でバリアフリーに改善してしまう仕組み。
●必要なサービスを組み合わせて福祉と医療をつなぐ〝動く司令塔〟のような訪問ナース。
●国民すべてがもっているデンマーク独特の「家庭医という名の専門医」の気軽な往診。

そうしたシステムが、「寝たきり老人」という日常語のない秘密でした。

日本で「寝たきり老人」と呼ばれている人々は「寝かせきり」にされて、廃用症候群に陥った犠牲者だったのです。

しかも、年金・医療・福祉をあわせた一人あたりの費用は、デンマークと日本とであまり変わらないのです。

起きると笑顔と目の輝きが

繰り返し書いたり話したりしているうちに、いくつかの現場が真剣に反応してくれました。

たとえば群馬県伊勢崎市の「愛老園」のスタッフはお年寄りを起こす努力を続け、一年後には、五〇人すべてを「寝たきり状態」から救い出しました(**写真7-4**)。

すると、予想を超えることが起きました。お年寄りの目が輝き始め、外へ出たいと言いだしました。便秘や肺炎も減りました。二年目には、床ずれもゼロになりました。車いすで外に出るようになると、お年寄りは買い物にセンスを発揮するようになり、身だしなみに気を配るようになりました(**写真7-5**)。

写真7-4は起こしてまもなくの時期、表情がもうひとつ冴えません。写真7-5はご本人の希望でスタッフと一緒に温泉で過ごしたときのもの。見違えるような笑顔です。

「発想の転換」だけでこうなったわけではありません。介護スタッフの数を国の基準より二五パーセント多くし、体格のいい男性を加えました。事務職員も手伝いました。食事やレクリエーションのための空間を確保しました。

写真 7-4　群馬県の愛老園の「寝かせきり」から起こしたお年寄り

写真 7-5　ご本人の希望で温泉に出かけたら生き生きとした表情に

厚生省に同志が

厚生省の中にも同志が現れました。たとえば、一九八六年、老人保健福祉部老人保健課に課長補佐として着任した依田晶男さん(のちに内閣府障害者施策担当参事官)です。

「八二年から八三年にかけて社会局の老人福祉課にいました。当時は、「寝たきりは寝かせきり」なんて思ってもみなかったのです。朝日新聞の記事を読んで目からウロコでした。贖罪の意味でも寝たきりにしないための政策をつくらなければ、と」

「依田さんが、真ん中に矢印を一本書いた紙をもって各課、各係を走り回って説得していた姿が目に浮かびます」と、当時、老人保健課の主査だった野村隆司さん(のちに千葉県健康福祉指導課長)は回想します。

「真ん中に矢印の紙」って?

あちこち探して、とうとう見つけだしたのがこの**写真7-6**です。

米・ハーバード大学で公衆衛生を学んだ長谷川敏彦さん(国立保健医療科学院政策科学部長を経て日本医科大学教授)も、同課に着任。八九年一月、研究班「寝たきり老人の現状分析並びに諸外国との比較に関する厚生科学研究特別研究事業」を立ち上げてくれました。班長は、元健康政策局長の竹中浩治さんです。

この研究班の報告書は、私の〝発見〟を裏付けてくれました。そして、「日本でも各種の政策によって欧米のレベルまで寝たきり老人を減らすことが可能」と結論しました。

初代老人保健福祉部長の多田宏さんのもとでは、研究班の結論を待たずに、寝たきり予防を新規予算の目玉にする作戦が進められていました。

八九年八月二六日の朝日新聞朝刊は次のように報じました。

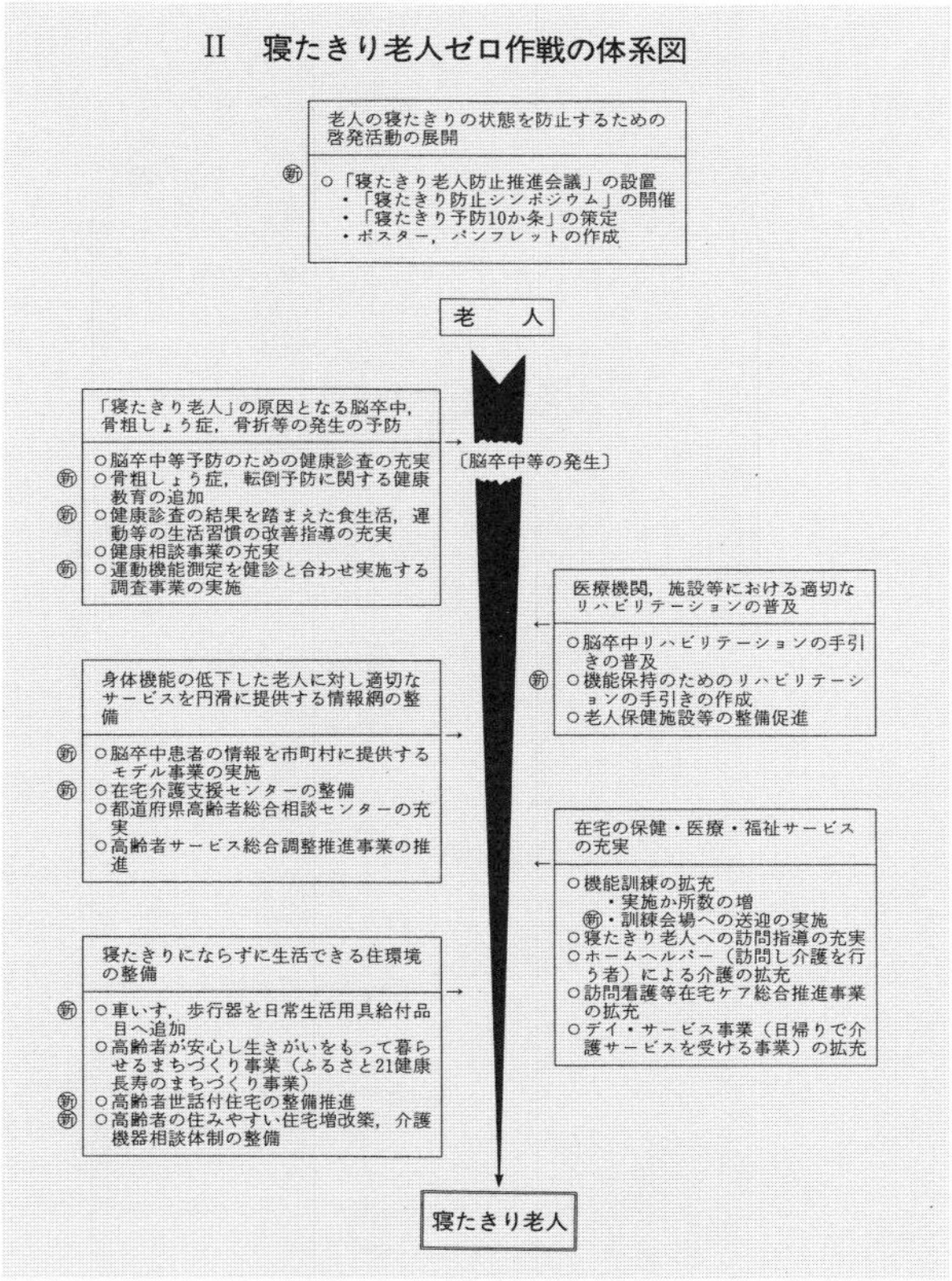

写真 7-6　老人保健課依田晶男課長補佐の力作
「寝たきり老人ゼロ作戦の体系図」

「寝たきり老人ゼロ作戦」と銘うった、厚生省の新たな高齢者対策が来年度からスタートする。「寝かせたまま」を前提にしたこれまでの老人医療や介護のあり方を反省、病気やけがで倒れたお年寄りをできるだけ動かすことに努め、寝たきりにしない方向へと転換を図る。具体策として、超早期から機能回復訓練を行うための手引きの作成や、家庭から訓練施設までお年寄りを送り迎えするバスの配置などを計画している。二十五日にまとまった同省の来年度予算概算要求に組み込んでおり、その額は新規事業分だけで四十三億七千万円にのぼっている。

「真ん中に矢印」の図が予算に昇格したのでした。

第8話　寝たきり老人ゼロ一〇カ条の秘密

早期リハビリから超早期リハビリへ

八九年七月、老人保健課長に着任した伊藤雅治さん（この物語の第3話に登場）は、「これを国民運動にしよう」と考え、「寝たきり予防一〇カ条策定委員会」をスタートさせました。

九〇年一一月に初会合。翌九一年三月には次のような「寝たきりゼロへの一〇カ条」が発表されました。

第1条　脳卒中と骨折予防　寝たきりゼロへの第一歩
第2条　寝たきりは　寝かせきりから作られる　過度の安静　逆効果
第3条　リハビリは　早期開始が効果的　始めよう　ベッドの上から訓練を
第4条　くらしの中でのリハビリは　食事と排泄、着替えから
第5条　朝おきて　まずは着替えて身だしなみ　寝・食分けて生活にメリとハリ
第6条　「手は出しすぎず目は離さず」が介護の基本　自立の気持ちを大切に
第7条　ベッドから移ろう移そう車椅子　行動広げる機器の活用
第8条　手すりつけ　段差をなくし住みやすく　アイデア生かした住まいの改善
第9条　家庭《うち》でも社会《そと》でも喜び見つけ　みんなで防ごう　閉じこもり

第10条　進んで利用　機能訓練　デイ・サービス　寝たきりなくす人の和　地域の輪

七五調で覚えやすく、あっというまに全国に広がりました。

誰か、文学的な素養のある人が一役買っているに違いない！

そのような仮説のもと、一〇人の策定委員に尋ねて回りました。けれど、七五調づくりに堪能な人は見つかりません。

ついに捜し当てたのが、当時の担当課長補佐、石塚正敏さん（のちに厚生労働省の食品安全部長）でした。石塚さんの原案に一〇人の委員が肉付けしていったのです。

気合を入れて超早期リハビリ

たとえば、第3条は、石塚原案では五七五・七七の型どおりに「ベッドの上から始まる訓練」だったのですが、文章にもっと気合を入れようと、「始めよう　ベッドの上から訓練を」に変わりました。竹中浩治さんは「気合」を入れた理由について、こんなメールをくださいました。

「当時はせいぜい発作後一カ月位の早期リハビリが話題になっていたのですが、我々は一週間以内の超早期リハビリが重要だと考えました。老人保健課に言うと、データが無いと抵抗されましたが、解説に盛り込むことで折り合いをつけました」

第7条は、石塚案では「自立を促す機器の活用」でした。ところが、「安易に自立という言葉を使うべきではない」と異論がでて「自立」の文字がなくなり、「進んで移ろう車椅子」も「移ろう移そう車椅子」に変わりました。

第６条の「手は出しすぎず目は離さず」は委員から出たフレーズ。第10条の「人の和」は、多田宏さんの後任、岡光序治老人保健福祉部長の指示でした。

「字余りになるので気が進まなかったのですが、部長には逆らえず書き換えました。でも、よくよく考えてみると原案より格調高くなっていて、よかった、と思えたことを覚えています」と石塚さんは回想します。

ついに発見！「一〇カ条」のモト

その石塚さんが「ヒントにしたのは、伊藤雅治さんの先代老人保健課長、野村瞭さんの走り書きでした」というので、八方探し回りました。

野村さんご本人が「昔のことで、メモを書いたことさえ忘れていたくらいです」というのですから、発見には手間取りました。

やっとのことで見つけ出したそのメモをご紹介します。

1　脳卒中　予防が寝たきり　なくす道
2　リハビリの　遅め早めが　別れ道
3　ベッドから　何とか起こそう　車椅子
4　食べるのは　床の上より　食卓で
5　朝起きて　先ずは着替えて　身だしなみ
6　お掃除は　自分の仕事よ　おじいさん

していきます。

――7　約束の　ゲートの時間よ　おばあさん
8　年老いて　何はなくても　わが住みか――

デートとゲートを引っかけた「約束の　ゲートの時間よ　おばあさん」など、かなりお役人ばなれしていきます。

「住い」を入れたのは先見の明でした。けれど「10カ条」では残念なことに消えてしまいました。野村さんの原案の第2条「リハビリの　遅め早めが　別れ道」が、「一〇カ条」の第3条で「リハビリは　早期開始が効果的」に変わったのには、実は、訳がありました。

野村メモのままだと、「寝たきりになるのは、医療機関の対応の遅れが原因」ということになってしまう。そうなると医療機関から反発が出るだろう。そう、心配する声が出て、無難な表現に落ち着いたのでした。

第9話　日本型福祉に反逆した介護対策検討会

吉原次官の密かな決意

介護という名のついた日本初の国レベルの検討会「介護対策検討会」が発足したのは一九八九年の七夕の日のことでした。

発案したのは、その前の年に事務次官になった吉原健二さんです。二〇〇八年に起きた厚生省元高官連続襲撃事件で夫人が重傷を負わされた、といえば思い出す方も多いことでしょう。

話は八〇年五月に遡ります。吉原さんは環境庁官房秘書課長から厚生省の官房審議官に呼び戻されました。老人医療費の伸びに歯止めをかけるプロジェクトのためでした。

医療費が伸び続けている主な原因は二つありました。一つは要介護のお年寄りを「患者」として病院に収容するという日本的現象、もう一つは老人医療費無料化による「受診しやすさ効果」でした。

大蔵省は「一部負担を導入して受診・入院を抑制するように」と矢の催促です。その一方で、日本医師会や野党、世論は「一部負担などとんでもない！」と猛反対です。

四面楚歌の中で、厚生省は、事務次官を本部長とする老人保健医療対策本部をつくり、その責任者として吉原さんに白羽の矢がたったのでした。

八一年五月、老人保健法案が紆余曲折の末、国会に提出され、八二年八月本会議で可決成立しました。九月には公衆衛生局に老人保健部が創設され、吉原さんは初代の部長に就任して老人保健法実施の指揮をとりました。八三年八月、児童家庭局長になってこの分野を去ることになった時、心残りなことがありました。そのことを、吉原さんは「老人保健法制定経過等に関する資料収集委員会記録」の座談会でこう述べています。

「医者も看護婦もあまりいなくて医療体制が不十分なのに、老人ばかりをただ入れただけで、過剰な注射や検査をして、やたらに儲けている病院をなくさないといけない」

吉原さんが、八九年に介護対策検討会をつくったのは、このときの思いからでした。

「望まれているのは老人病院ではなく介護だと気づいたのです。事務次官になったら、介護に光をあてようと密かに決意していました」

社会保険庁長官をへて次官に就任するや、吉原さんは政策課長の横尾和子さん(のちに最高裁判事)に介護対策検討会の構想を打ち明けました。人選については、「座長は福武直《ただし》東大名誉教授に」とだけ指示し、その他のメンバーは横尾さんに一任しました。福武さんは、社会保障研究所所長もつとめ、吉原さんが年金行政にたずさわっていた時代の相談相手でした。

それだけでなく、三年前に亡くなった福武さんの夫人、良子さんが要介護状態だったこともあって、この問題に関心が深いことを知っていたからでした。

「霞ケ関に時限爆弾をもちこむような気分」

審議会や委員会には、「かくがわ(各側)」といって、財界代表、医師会代表といった業界利益代表が並ぶのがしきたりです。横尾さんは、それとはほど遠い人々を集めました。

第一のグループは、サービス提供の現場にいた、当時は無名に近い「若手・草分け四人組」です。日本のデイサービスの草分け、弘済ケアセンター所長の橋本泰子さん(のちに大正大学教授)、老人保健施設の草分けで、重いリウマチのため車いすを利用するお医者さん、矢内伸夫・南小倉病院院長(故人)、稲毛ホワイエという認知症デイケアの草分けを支援していた中島紀恵子さん(のちに新潟県立看護大学学長)、特別養護老人ホーム次長の石川三義さん。

第二のグループは「制度・財源三羽がらす」。

厚生省国際課長補佐時代に人工透析が必要な身となり学者に転身した堀勝洋・社会保障研究所調査部長(第1話にも登場、のちに上智大学教授)、西独の日本大使館勤務と厚生省老人福祉課長の経験をもつ古瀬徹・日本社会事業大学教授、山崎泰彦・上智大学助教授(同大教授をへて、現・神奈川県立保健福祉大学教授)、いずれも、「介護サービスの財源として社会保険方式を考えてはどうか」と発言していました。厚生省がこの時点から税財源に見切りをつけ、「公的介護保険」を構想していたことがうかがわれる布陣です。

残る三人は、老人保健法制定時の吉原さんの同志で第7話にも登場した元健康政策局長の竹中浩治さん、民間企業の事情に詳しい長銀調査部長の町田洋次さん、そして、福祉の世界の新参ものだった私。日本型福祉を批判し、「日本の寝たきり老人は、「寝かせきり」にされたお年寄り、高齢化の先輩国には寝たきり老人という日常用語はない。その秘密はかくかくしかじか」と朝日新聞でキャンペーンをしていました。

横尾さんは二児の母。労働時間短縮のきざしもない職場で、子連れ出勤の苦労も味わった苦労人です。日本型福祉のもとでヨメと呼ばれる人が苦労している事情を知り抜いていました。

そして、実は、東京・世田谷の同じ小学校と中学校で私の一年後輩だったよしみから、社説や連載を丁寧に読んでくださっていたのでした。

とはいえ、当時(いまも?)、私は厚生省にとってあつかいにくい存在だったようです。横尾さんは、そのときのことを九一年九月に朝日新聞が開いた「女性による、すべての人のための高齢化国際シンポジウム」でこんな風に表現なさいました。

「それは、霞ヶ関に時限爆弾をもちこむような気分でございました」

第一回の検討会の日取りも決まっていた七月二日、思いがけないことが起こりました。福武さんが心筋こうそくで急逝したのです。福武さん同様、吉原さんの信任あつかった伊藤善市・東京女子大学教授(故人)が座長に迎えられました。

どこでも、いつでも、質の良い二四時間安心できるサービスを、気軽に

私はこのチャンスを生かそうと懸命でした。介護の質と量が違うとお年寄りがどう変わるかについての図を描いたり(**図9-1**)、「介護をめぐる九つの誤解」という挑発的なレジメをつくったりして配りました。

---

① 自分が倒れても妻か息子のヨメが介護してくれるから大丈夫。(男性の政治家・男性の行政官・男性のジャーナリスト)

---

②自分は、食事に気をつけ、アタマを使い、体をマメに動かしているから「寝たきり老人」や「ぼけ老人」にはならない。（多くの日本人）
③在宅医療・在宅福祉は家庭介護が前提。（日本のお医者さん・日本の行政官）
④ホームヘルパーの勤務時間は昼間の八時間。（日本のこれまでの行政）
⑤うちの女房だってやっているのだから介護なんてだれでもできる。それを資格なんて。（某省元事務次官）
⑥介護には、おおいに外人労働者を活用すればいい。なにしろ安いですから。（某省高官）
⑦ボランティアを介護に活用すれば、費用面の問題を解決できる。（某財界人）
⑧日本人は、家庭内に介護が入るのを好まない。（現場にウトイ行政官）
⑨福祉先進国なみのホームヘルパーを揃えたら、財政的にとんでもないことになる。（心配症の行政官）

検討会には吉原次官がかならず出席し、「現場にウトイ行政官」「心配症の行政官」などという穏やかでない私の発言にも、優しくうなずきながらきいてくれました。次官が毎回出席するせいか、関係課長は毎回出席し、熱心にメモをとっていました。

ここには配布資料の見出しだけを掲げてありますが、現実の資料には解説をつけました。たとえば、②にはこんな説明をつけました。

いま「寝たきり老人」「ぼけ老人」と呼ばれている人のほとんどが、自分の身に降りかかるまでは「自分は大丈夫」と信じて介護問題に関心がなかった。

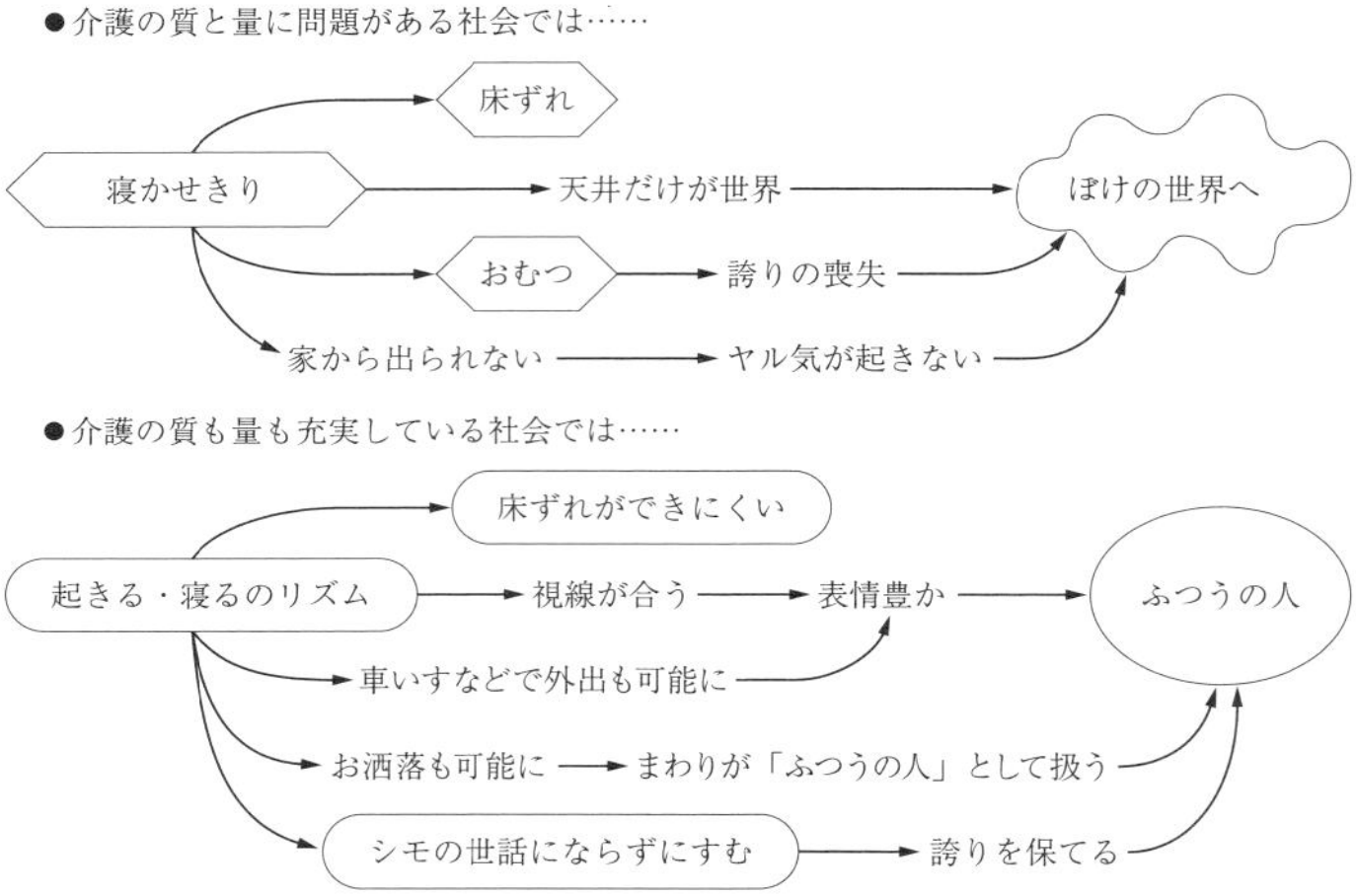

図 9-1　介護が充実した社会かどうかで，どう違ってくるか

「寝たきり」「ぼけ」になるかどうかは「クジ運」×「介護の質と量」×「医療の質」×「社会資源の質と量」に左右される。「クジ運」は変えられなくても、その他のファクターは行政と政治の力で変えることができる。個人の努力では難しい。基盤となる特に重要なファクターが、「介護」。

この部分に、山崎泰彦さんが「我が意を得たり」と発言をもとめました。

「クジ運ということは、社会保険になじむということですよね」

そして、「この九つは、そのまま、本の章のタイトルになっています。がんばって本にしてください」と励ましてくださいました。その言葉に力づけられて書いたのが『「寝たきり老人」のいる国いない国』です。社員二人の超零細出版社ぶどう社がだしてくださったのですが、いまも増刷が続いて二九刷、一一万部を超えました。

「ホームヘルパーが朝、昼、晩現れる」「○○床の施設と○○室の施設」「在宅福祉三点セット」「法律破りをどうぞ、という制度」など、この本で提言したかなりが介護保険やその後の政策で実現することになりました。

ところで、半年間に九回の論議を重ねたこの検討会の報告書を四○ページの冊子にまとめ上げたのは、横尾さんの右腕、企画官の柴田雅人さん(内閣官房内閣審議官を経て、国保中央会理事長)でした。

柴田さんは、三重県庁に老人福祉課長として出向していたときには認知症ケアのパイオニア、第二小山田特別養護老人ホームと協力して認知症の問題に取り組み、厚生省にもどってからは医療保険にも取り組みました。この問題の事務局に打ってつけの人物でした。

八九年一二月一四日に公表された報告書は日本型福祉に反逆するものでした。抜き書きしてみます。

● 介護にあたる家族が負担だけ感じ、要介護者も遠慮と不満ばかりが先行するような家族介護は双方にとって不幸である。

●「在宅サービスなしにお互いに無理を重ねる家族介護」から「在宅サービスを適切に活用する介護」への発想の転換が重要だ。

● どこでも、いつでも、的確で質の良い二四時間安心できるサービスを、気軽に受けることができる体制をめざすべきである。

● 要介護者の自立を助け生活の質を高めるようなサービス内容をめざすべきである。そのためには、福祉機器、住環境、まちづくりの整備も不可欠である。

● 住民に身近な市町村を中心に施策を展開すべきである。

——●財源、制度については、公費、社会保険料、双方の組み合わせのいずれにするか検討をすすめ、国民の合意形成につとめるべきである。——

「どこでも、いつでも、的確で質の良い二四時間安心できる」——当時としては、「まるで野党案みたいだった」と関係者の誰もが述懐する内容です。

一九九四年、高齢者介護対策本部事務局次長として「高齢者介護・自立支援システム研究会」報告書の案文を書いた山崎史郎さんは、「あれを書くときに、もっとも参考になったのがこの報告書でした」と打ち明けます。

介護対策検討会の思想は、介護保険法の創設につながってゆきました。

老人保健法創設のノウハウが介護保険法に

介護保険は実は、老人保健法と縁が深いのです。

八〇年に吉原さんが老人保健医療対策本部担当審議官になったとき、事務局のカナメになったのが堤修三さん。のちに介護保険担当審議官、老健局長となって「介護保険産婆役」と名乗ることになります。

事務局長が、古川貞二郎国保課長(のちに内閣官房副長官)でした。古川さんは、このときの経験から、事務次官になったとき、高齢者介護対策本部を立ち上げ、介護保険に道を開いたのでした。

介護保険法成立のノウハウは、実は、八〇年の老人保健医療対策本部にあったのです。

第10話　ゴールドプランと男は度胸三人組

デンマーク世界一、日本は一四位

「世界で最も進歩している国は、デンマーク。日本は十四位で、米国(十八位)、ソ連(四十二位)より上位――。米ペンシルベニア大はこのほど、国民生活の観点から世界各国のランキングを発表した」一九九一年八月一九日の朝刊に載ったワシントン発UPI共同電です。

一二四カ国を対象に、国連、世界銀行のデータなどを使い、保健・医療、人権、一人あたりの国民所得など四六項目を調査して評価した、とありました。記事はこう、続きます。

同大のリチャード・エステス博士によると、デンマークは社会福祉制度が確立、教育、住宅政策も優れており、研究を始めた二十年前以来トップの座を維持。(略)米国は(略)膨大な軍事支出、白人と黒人らとの格差など社会的不公平が響いて評価を下げた。ソ連も、官僚制度の腐敗が社会的発展を阻害しているとして、二十年前の二十五位から四十二位に転落した。

エステスさんは、教授になってからも調査を続けました。**表10-1**は二〇〇〇年の順位。対象は一二四カ国から一六三カ国に増えています。表の右の欄は九〇年と比べての順位の変化を表しています。デンマークはその後も一位を続けています。

表 10-1　エステス教授のランキング (163 カ国中の順位)

国　名	2000 年の順位	1990 年との比較
デンマーク	1	0
スウェーデン	1	↑2
ノルウェー	3	↓1
フィンランド	4	↑5
ルクセンブルク	5	0
ドイツ	5	0
オーストリア	5	↓1
アイスランド	8	0
イタリア	8	0
ベルギー	10	0
イギリス	11	↑1
スペイン	11	↑8
オランダ	13	↓8
フランス	14	↓8
アイルランド	14	↓1
スイス	16	↓5
ニュージーランド	16	0
日　本	18	↓4
ハンガリー	18	↑4
ポルトガル	20	↑3
アメリカ	27	↓9

「自己資源の活用」って?

八五年の旅で「寝たきり老人」という概念が日本にしかないことを〝発見〟してショックを受けた私は、貯金を下ろしては毎年のように海外に出かけました(第7話)。そして、デンマークのシステムが最も参考になるのではないかと考えるようになりました。

かけている費用はドイツやオランダや他の北欧の国より少ないのに、お年寄りや家族、ケアスタッフがゆったりとして、実にいい笑顔なのです。

いったいなぜ?

たどりついたのが「高齢者医療福祉政策三原則」でした。ロスキル大のベント・ロル・アナセン教授を中心とする制度改革委員会が三年がかりで検討し、八二年に提言したもので、いまにして思うと、認知症ケアや介護予防にとっても、大事な意味をもっていました。

●人生の継続性の尊重
●自己決定の尊重
●自己資源の活用

最後の「自己資源」の意味が、はじめ、わかりませんでした。

それは、「補助器具や住環境を整え、過剰なお世話を避け、ご本人の人生を知って、誇りを大切にし、その人が持っている力を可能な限り引き出す」という、デンマークで八〇年代初めに到達した新しい考え方でした。

「本人の満足度が高いだけでなく、結果として費用も節約できる」と聞き、目からウロコが落ちました。「イエルプ・ティル・セブイェルプ（セルフヘルプできるように支援する）」というフレーズをあちこちで聞きました。

このケアの革命を日本に伝えたい。でも、自己資源と直訳すると「自己資産の活用」と間違えられ、自助努力を強調する守旧派の皆さんを喜ばせることになりそう。そうなっては、一大事です。

そこで、しばらくは、「残存能力の活用」と意訳して日本に紹介することにしました。そして、こちらの方が日本で定着することになりました。

「寝かせきりゼロへの挑戦」にアナセンさんを

八九年秋、私は朝日新聞主催のシンポジウム「寝かせきりゼロへの挑戦」を企画しました（写真

10-1参照)。

パネリストは、当時は無名だった外山義《とやまただし》さん(病院管理研究所主任研究官、のちに京大大学院教授・故人)、岡本祐三さん(阪南中央病院内科医長、いまは国際高齢者医療研究所主宰)、中学校の社会科の先生からホームヘルパーに転じた井上千寿子さん(のちに金城学院大学副学長)、介護対策検討会の委員で、重いリウマチで車いすを利用している医師、矢内伸夫さん(のちに全国老人保健施設協会初代会長・故人)。

基調講演はアナセン教授にお願いしました。「三原則」の提言と同時に社会大臣に任命され、「デンマークの高齢福祉の父」と呼ばれていたからです。

アナセンさんは、包括性と継続性、市町村の役割の大切さ、ケアマネージメントの重要性を説きました。経済性については、数字をあげながら、こう発言しました。

「助けを呼ぶと一〇分以内に訪問ナースとホームヘルパーが駆けつける在宅ケア二四時間態勢の試

写真10-1 朝日新聞にのった「寝かせきりゼロ」シンポの見開き記事

みが七〇年代の終わりから始まっていますが、高齢者のための安心感と同時に経済性もあることが分かりました。

人口四〇〇〇人のある自治体では二四時間ケアが始まったら病院のベッド一〇床分とプライエム(ケアホーム)五〇人分がいらなくなり、二億五〇〇〇万円浮きました。二四時間ケアにしたための経費一億五〇〇〇万円を引いた一億円が節約できたことになります。高齢者が安心して自宅で生活できるようになった、それが最も重要なことですが、経済性もあったのです」

シンポジウムに先だって、アナセンさんは岡本さんの案内で日本の現実を体験しました。

「日本の〝在宅寝たきり老人〟といわれる方々の現状を昨日と一昨日見せていただきました。お世話しているご家族の努力には頭が下がります。しかし、主婦にすべてを頼るというようなやり方を続けていけば、恐らく世代間での緊張が増し、地中海諸国のように、家族崩壊も起こるでしょう」

アナセンさんは、初入閣して張り切っている戸井田三郎厚生大臣や厚生省の面々とも意見交換をすることになりました。

当時老人福祉課長だった辻哲夫さんは、「三原則との出会いが、高齢者福祉の改革を考える上でのよりどころになりました」と述懐します。

政治史上の大事件が……

吉原健二事務次官の肝入りで八九年七月七日に始まった「介護対策検討会」に話を戻します。

検討会の報告書は、そのまま、棚の中で眠ってしまうことがしばしばです。それが、後の介護保険に大きくかかわることになったのは、検討会発足の一六日後に起きた政治史上の大事件がきっかけでした。

参院選で自民党が大敗したのです。

朝日新聞の名政治記者、故・石川真澄さんは「政治史に新ページ――有権者の意識が大変動」というタイトルでこう書いています。

第二院の参院選挙とはいえ自民党が過半数を割ったことは、戦後政治史に新しいページを開く大事件である。(略)原因としての有権者の政治意識の大変動という点でも、日本の民主政治上、画期的な出来事ということができる。(略)一九五五年(昭和三十年)に保守合同で自民党が誕生して以来、同党が参院選で得た議席の最低記録は(略)六十一だった。(略)それが四十以下にもなりそうな落ち込みようだ。大事件に違いない。

(八九年七月二四日：朝日新聞朝刊)

社会面はこう報じています。

女性パワーが爆発――二十三日、即日開票が行われた参院選の結果、「自民支配」が続いた日本の政治構造に大きな地殻変動が起きた。自民大敗の原動力になったのは、普通のおばさんたち。(略)「男たちに政治を任せておけない」と女性たちを怒らせたのは消費税だった。

(八九年七月二四日：朝日新聞朝刊社会面)

六月三日に誕生したばかりの宇野内閣はあっけなく消え、八月一〇日、海部内閣が発足しました。海部さんは、消費税を嫌って自民党離れした女性票に気を使って女性閣僚を任命しました。経済企画庁長官に高原須美子さん、環境庁長官に森山眞弓さん。そして、大蔵大臣には、当時、女性に絶大な人気があった橋本龍太郎さん。

首相の座をめざす橋本さんにとって、消費税不人気を乗り切れるかどうか、まさに正念場です。そこで、かつて大臣をつとめた厚生省に助けを求めました。消費税の大義名分になる新たな政策を九〇年度予算案の目玉に盛り込んでほしいというのです。

こうして、介護対策検討会での論議がにわかに注目されることになりました。

まず、「寝たきり老人ゼロ作戦」が打ち出されました(第7話)。

この計画、厚生省老人保健課の原案は「寝たきり老人半減作戦」でした。ところが、老人保健福祉部長の多田宏さんのところにもっていったら、「半減なんてケチなことをいうなよ」といわれ、「ゼロ作戦」に。

「半減でも難しい、おこがましいと思っていたんですが……。でも、ゼロにしたから政策としてパンチがききました」

これは、このころ同課の課長補佐、後に堂本暁子千葉県知事のもと、住民とともに政策をつくる健康福祉千葉方式のカナメになった野村隆司さんの証言です。

ホームヘルパー五万人→一〇万人計画

似たようなことは、ホームヘルパー大増員計画についても起こりました。

当時、官房政策課の課長補佐、後に年金局長になった渡邉芳樹さんが「ホームヘルパー五万人計画」をつくって吉原健二事務次官に提出したら、「それでは迫力がない。一〇万人計画にしなさい」

と一喝されたのだそうです。

「五万人でもずいぶん背伸びした案だったのですが」と渡邉さんは当時を振り返ります。そのころのホームヘルパーは、目いっぱい多めにみても、二万人ていどだったのですから。

八九年の暮れ、「寝たきり老人ゼロ作戦」と「ホームヘルパー一〇万人計画」を目玉にした「ゴールドプラン」が登場しました。一二月二三日の朝日新聞は「老人福祉で一〇年戦略――ヘルパー一〇万人に」というみだしでこう書いています。

一九九〇年度(平成二年度)予算大蔵原案決定に先立ち、二十一日午後、大蔵省で橋本蔵相、戸井田厚相、渡部自治相の事前協議があり、「高齢者保健福祉推進十カ年戦略」が決まった。老人福祉施設などについて、九〇―九九年度の十年間に整備すべき水準を示したもので、自民党が今月一日、消費税の見直し案を決めた際、いわゆる社会的弱者である高齢者対策の基本指針を策定するよう求め、政府が検討を進めてきた。(略)総事業費は、厚生省試算で六兆円強、……

消費税収入は年六兆円、ゴールドプランは一〇年で六兆円。値切られた気もしたのですが……。

銀から金へ

「ゴールドプラン」の命名者は、故・戸井田さんでした。デンマークの社会大臣だったアナセン教授と会ってからというもの、この分野への関心は高まる一方でした。

吉原事務次官が差し出した「シルバープラン」を「これでは景気が悪いよ。ドンと元気に金にしよう」と銀から金にグレードアップしたのだそうです。文法的には「ゴールデンプラン」でないとヘンなのだそうですが、大臣の鶴の一声、そのまま「ゴールドプラン」が正式の愛称として定着してゆきました。

「ゴールドプランじゃなくて、ゴールドプランだ」「これじゃあ、金メッキプランだ」などという悪口もでましたが、悪口も人気のうちです。シルバーでは、たしかに関心が深まらなかったに違いありません。

「男は度胸」の見本みたいな三人のリーダーによる「半減↓ゼロ」「五万↓一〇万」「銀↓金」への格上げで、介護の社会化は一歩を踏み出すことになりました。

第11話　スピーチセラピストが開いた介護福祉士資格

二〇〇五年の元旦、「わが道」をテーマにした朝日新聞「声」欄を見て、私は涙ぐんでしまいました。二〇年前、高齢化の先輩国を訪ねたときのことを思い出したからです。

それらの国には、日本ではごくあたりまえだった「ザン切りアタマが並んだ雑居の施設」の風景がありませんでした。「寝たきり老人」という概念もありませんでした。

その代わりに、たとえば、朝・昼・晩と生活の節目に現れる「プロの」介護職（写真11-1・2・3）、一人一人の意志を尊重するケア、趣味や食事を楽しめる自宅近くのデイサービスセンター、送迎サービスがありました。一方、私たちの国では、介護は「女ならだれでもできる仕事」と軽んじられ、介護地獄が日常化していました。

「声」に投稿したのは、長野県千曲市の高校生の中山裕美子さん。タイトルは、「介護福祉士へ　夢に一歩前進」。抜粋してみます。

私には「介護福祉士になりたい」という夢がある。

（略）中学生になって、自分には何ができるだろうかと考え、デイサービスセンターで短期間ボランティアをしてみた。そこの職員の方とお話をして、お年寄り一人ひとりの立場を尊重して接することが大切だと知った。（略）高校の夏休みにもデイサービスセンターで食事介助などを手伝い、夢実現の決意を固めた。そして、念願の介護福祉を学べる専門学校に合格。春から通学する。(略)いろんな人と出会って教えを請い、(略)体と心に目いっぱい詰め込みたい。

一九八五年当時、北欧の国々のシステムを伝えても「夢物語」としか思ってもらえませんでした。それがごくあたりまえに、「現実」として少女の文章に書かれていました。

第11話は、時代を少し前に戻して、介護保険の露払いとなった介護福祉士制度誕生にまつわる物語です。

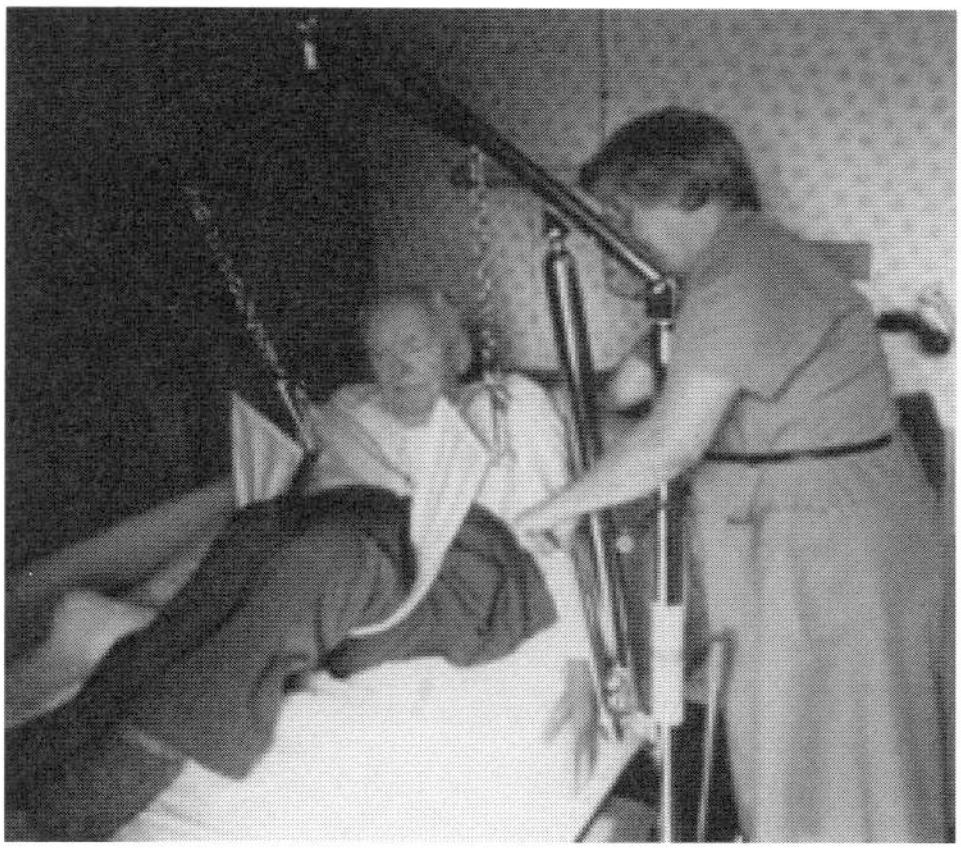

写真 11-1　リフトを巧みに使って，重症筋無力症の 90 キロの男性をベッドに寝かせるホームヘルパーの技にびっくり(デンマークで)

写真 11-2　「ホームヘルパーはやりがいのある仕事!!」というワッペンをもって呼びかけるホームヘルパーのリーダー(スウェーデンで)

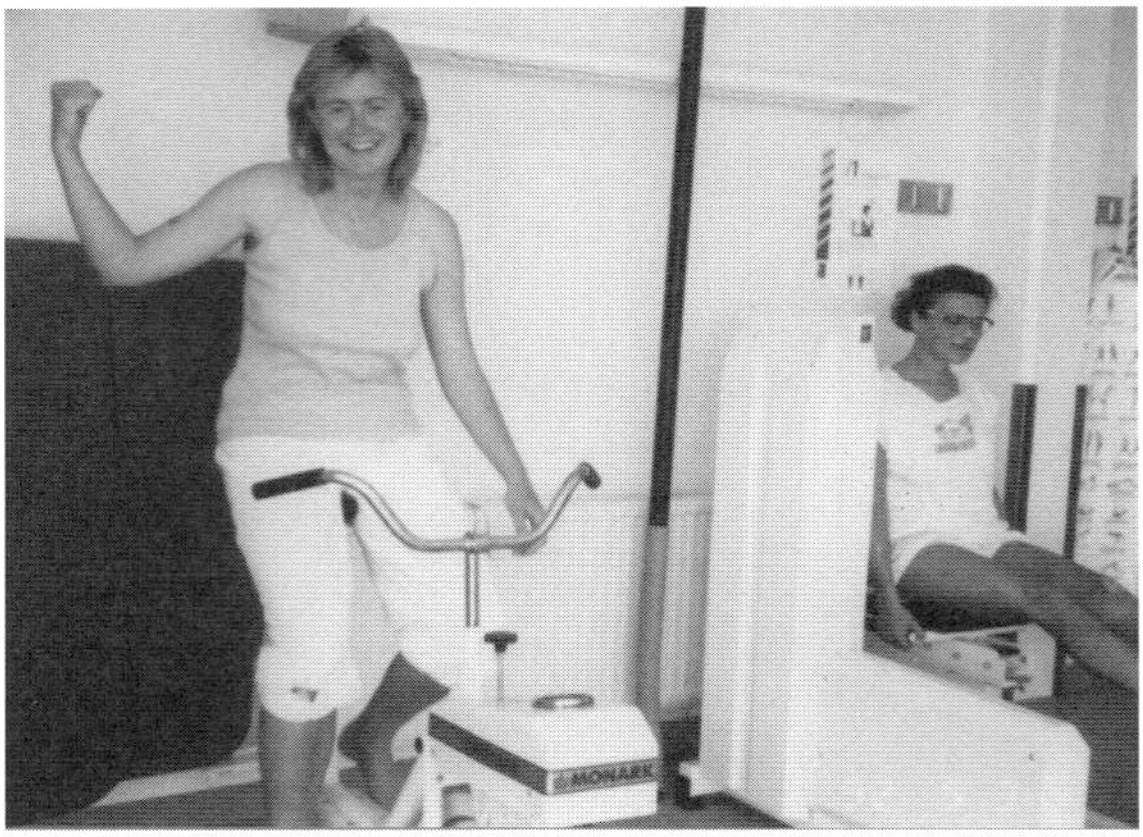

写真11-3　スウェーデンでは，介護スタッフの健康のために，様々な器具を用意した部屋があるのにびっくり

この制度も、いくつもの幸運と偶然が重なって生まれました。この物語の定番になってきたのですが、「もし」を並べてみますと——

- もし、斎藤十朗さんの入閣が予想通りだったら……
- もし、小林功典《よしのり》局長がふつうの男性だったら……
- もし、京極高宣助教授がふつうの学者だったら……
- もし、辻哲夫室長が内閣法制局を説得する理論を考えつかなかったら……

介護福祉士制度は、生まれていなかったに違いありません。

「介護に専門性など、ない」？？？

新たな資格制度は、法案ができる前につぶれてしまうことがしばしばです。既得権をめぐる思惑、省庁や局の縄張り、これに、理想派vs現実派の争いがからむからです。そのため、一つの団体が一致団結して議員を説得して回り、超党派による法案提出にこぎつけて省庁間の争いもクリアする、つまり「議員立法」でなければ資格制度はできない、という長年のジンクスがありました。介護福祉士と同時に制度化された社会福祉士も例外ではありませんでした。七一年以来、試案ができては流産する、という歴史を繰り返していました。

この分野には、戦後の人材不足の応急処置として社会福祉主事という〝資格〟がつくられていました。厚生大臣の指定した三科目の単位をとれば自動的に社会福祉主事になれることから、「三科目主事」と揶揄《やゆ》されていました。

「国際的に通用する、まともなソーシャルワーカー資格を」という声が繰り返し盛り上がるのですが、「新しい資格ができると自分の職場での地位が危うくなるのではないか」という疑心暗鬼が福祉現場、教育の現場に生まれ、振り出しに戻るのでした。

立ちふさがった四つの壁

介護福祉士の資格化には四つの壁が立ちふさがりました。

ひとつは、「介護に専門性など、ない」という根強い偏見です。厚生省の社会局でさえ、それが多数派を占めていました。老人福祉課長だった古瀬徹さんが、西ドイツの日本大使館での経験から、「ドイツの老人介護士のような資格をつくるべきだ」と強く主張しても、少数派ゆえ、引き下がるしかありませんでした。

古瀬さんは、厚生省に先立って資格制度を企画していた兵庫県の「福祉介護士」条例化検討会のメンバーでもありました。

「ホームヘルパー出身の委員が介護の専門性について発言しておられるのに、他の委員が理解しようとしなかった様子がいまでも目に浮かびます」と古瀬さんはいいます。

第二の壁は、家政婦さんたちの団体の猛然たる反発でした。自分たちの職域が奪われると心配したのです。労働省の官僚はもちろん、族議員も巻き込んで反対運動を展開しました。

その政治家の中には厚生省にも強い影響力がある実力者がいたため、ことは、困難を極めました。

第三は、日本看護協会と日本医師会です。日本社会事業大学助教授だった京極髙宣さん(同大学学長を経て、社会保障人口問題研究所所長)は八四年から三年間、社会福祉専門官として厚生省に出向し、資格法成立のために奔走したのですが、「前門の虎の看護婦さん、後門の狼の家政婦さん。どちらも抵抗はすさまじかった」と専門誌のインタビューで語っています。

壁はまだありました。

議員立法ではなく、政府提案とする「特別な理由」を法制局に納得させなければならないのです。社会局老人福祉課シルバーサービス指導室長として制度創設のために奮闘した辻哲夫さん(のちに事務次官)は、日本介護福祉士会の法制定一五周年記念の特別講演でこう話しています。

「私の行政経験の中で二度と出会えないのではないかというような、劇的な、激しい経験の中でできたのが、介護福祉士制度でございます」

有識者懇談会を蹴飛ばした斎藤厚相

ここに、棚からぼた餅の事態が持ち上がりました。第三次中曽根内閣の最年少大臣として斎藤十朗さんが厚生大臣に就任したのです(**写真11-4**)。八六年七月のことです。当時の新聞は、こう紹介しています。

「故斎藤昇厚相の次男。銀行勤めのあと衆院を目指したが落選。昇氏の死去に伴う四十七年(一九七二年)の三重地方区補選で参院へ。二世議員らしくなく、腰が軽く、頭も低いと、野党の受けもいい。(略)国対委員長として人使いや駆け引きのうまさも定評があり、今回の参院議長や参院自民党人事のシナリオを書いた。なかなか自説を曲げない骨っぽさも持ち味の一つ」

斎藤さん、実は、八五年一二月の内閣改造で第二次中曽根内閣入りが確実という下馬評で、ご本人も心待ちにしていました。ところが、後輩が労働大臣として先に入閣してしまったのです。

写真11-4　予算編成を終えて大蔵大臣室を出る父，斎藤昇厚相(右)と，わざと同じ場所で写真をとった斎藤十朗氏(左)(斎藤十朗著『この国を考える――厚生行政は政治の究極の目的である』より)

「かなりショックでした。これを気の毒に思った小沢辰男先生と土屋義彦参院幹事長のお二人が、「次は、君の念願の厚生大臣に就けるようにする」といってくださった。おまけに、第二次中曽根内閣は総選挙で半年で終わってしまった。遅れたおかげで一年四カ月在任することができ、思う存分仕事ができました。何が幸いになるかわからないものです」

就任と同時に、斎藤さんは二八項目の課題を手書きして、事務次官や局長に渡しました。その中に「福祉・医療における身分法」がありました。

「八六年暮れ、一二月一九日、ようやく老人保健法改正案が成立しました。私が国会から帰ってきた時のことです。幸田正孝事務次官と北郷《ほくごう》勲夫官房長が部屋に入ってきて、これで前段の大きな仕事が終わりました、これから「斎藤厚生行政」として将来に残ることを考えたらいいと思います、というんです。そちらで考えてきたことは？　と尋ねると「長寿社会に向かっての福祉のあり方懇談会」を有識者を集めてやったらどうか、と。当時は有識者懇というのが流行りだったんで、既にペーパーにして用意しているんですよ」

「僕は言いました。そういうのはやりたくない。なぜかというと、誰でもやれる事だから。世の中全部の人にはアピールしないかもしれないけれど長く残ることをしたい。医療や福祉の分野で必要な身分法を、全部洗い出してほしい、一括法でやりたいんだ、こういいました」

小林局長の入浴介助の経験が後押し

八七年一月七日の記者会見で構想を発表。百万の味方を得た辻さんと京極さんの動きに弾みがつきました。ソーシャルワーカーの資格化が悲願だった京極さんは、後に「根回し名人」の異名をとる才能をフルに発揮し、あらゆる人脈を活用して各団体の利害調整に駆け回りました。

辻さんは、法の骨格とカリキュラムづくりを担当。高卒一年のコースか二年か悩んでいました。このとき、「辻君二年は必要だ」と応援してくれたのが社会局長の小林功典さんでした。

小林さんの静岡に住む父上は七年間、要介護の身でした。それで週末は毎週のように故郷に帰って入浴介助をしていました。その経験から専門職の重要さが身に染みていたのだそうです。

小林さんには、もうひとつ強みがありました。斎藤厚相の父の斎藤昇厚相の役所側の秘書官だったのです。そのとき、政務の秘書官をつとめていたのが若き日の斎藤十朗さんでした。秘書官仲間のよしみで、話はツーカーです。

労働・厚生両省に影響力をもつ、さる議員に遠慮して厚生省内にも資格化には根強い反対論があったのですが、小林さんは、終始、辻さんたちの防波堤になりました。

残るは、法制局への説得です。辻さんは、こう説明しました。

「これからは福祉分野に株式会社が参入する時代、「儲けることが重要。手抜きしろ」と命ずる経営者が出てくるかもしれない。一方、介護が必要な人は弱い立場。プロとしての倫理と技を身につける国家資格が不可欠です」

こうして八七年四月に法案完成、五月下旬には国会通過。社会局提案の「社会福祉士及び介護福祉士法」、健康政策局提案の「臨床工学技士法」「義肢装具士法」が成立したのでした。

身分法が必要だと思うようになったきっかけを斎藤さんに聞いたら、「スピーチセラピストの方たちから熱心に要請があって勉強会をしていたんです」という答えがかえってきました。

ところが、発端になったスピーチセラピストは、団体内部の意見がまとまらず見送りとなりました。

言語聴覚士法、精神保健福祉士法が成立したのは一〇年後のことでした。

第12話 「悪徳」老人病院からの脱出

やるぞ点滴、三本運動

「老人病院」には、後ろ暗いイメージがまとわりついてきました（写真12-1）。たとえば、「一カ月三万円払えば、年寄りを三カ月で死なせてくれるらしい」「一枚の紙切れから手品師顔負けに九〇万円を取り出すそうだ」といった物騒な評判が、関係者の間でささやかれていました。

その代表が、第3話「「日本型福祉」が生んだ二つの「日本型悲劇」」に登場した埼玉県の三郷中央病院です。

平均八七日で退院、といっても、そのほとんどがお棺に入っての退院でした。不必要な点滴と検査で、患者一人あたりの月割りの請求額は七五万円。一九八〇年に七五床で開院し、わずか五カ月の間に二度の増床許可をとりつけ、一七七床に膨れ上がりました。

その酷《むご》たらしい実情が県への内部告発で明るみに出た八二年、厚生省病院管理研究所の駆け出し研究員、小山秀夫さんは、所長からこう命じられました。

「老人病院を研究テーマにしてみないか？」

所長の佐分利《さぶり》輝彦さんはその一年半前まで厚生省の医務局長。「雨後の竹の子のごとく」と形容される老人病院の急激な増え方が気がかりだったのです。

小山さんは全国を行脚し始めました。ある病院では、壁に「やるぞ点滴、三本運動」という〝目標〟が掲げられていました。

チェーン病院のあいだでお年寄りをたらい回しして巨額の収入を得た上、脱税までしていた萩中病院、幽霊看護婦で荒稼ぎして問題になった北九州の病院グループ……。

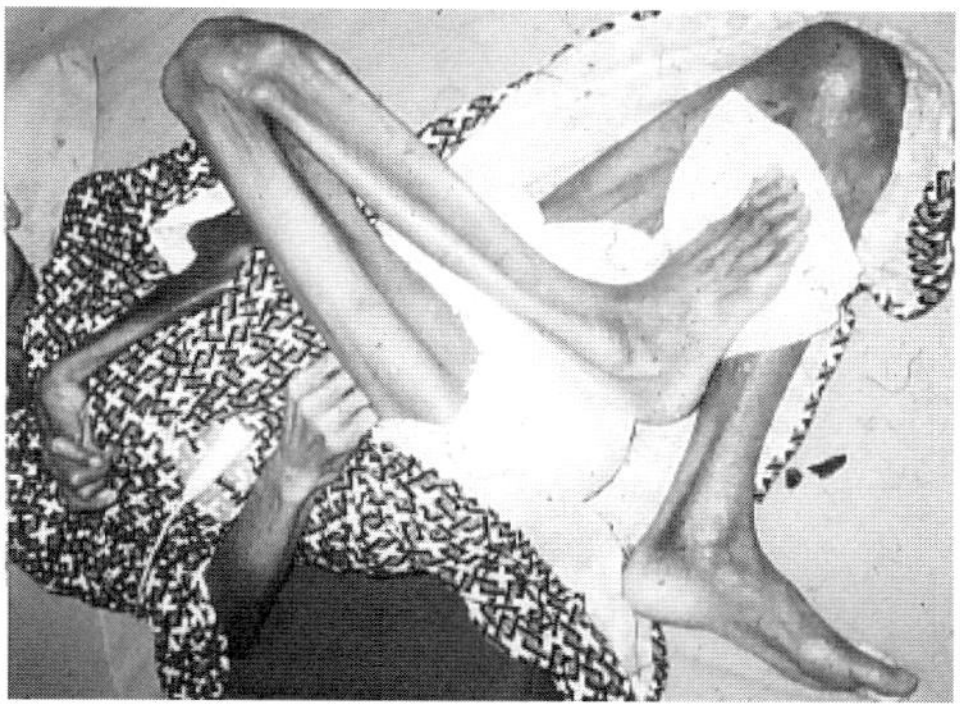
写真 12-1 日本の老人病院で寝かせきりにされ手足が拘縮したお年寄り

四二歳・三四歳・三二歳が出会って老人の専門医療を考える会誕生！

そんなある日、小山さんを訪ねてきた人物がいました。髪を肩まで伸ばし、『ビッグコミック』を手にしています。聞けば、東大医学部出身とのこと。

「東大医学部出身といえば、絵に描いたような紳士の佐分利先生しか知らなかったから、乞食みたいな彼を見て肝をつぶした」「でも、話してみるとインテリで、口を開けば、人権、人権。だから彼に、〝ナイロン・テトロン・人絹〟って綽名をつけちゃった」と、小山さんは回想します。

これが、後に身体拘束廃止運動の先頭に立つことになる吉岡充さんと小山さんの出会いでした。

小山さんは、吉岡さんを天本宏さんに引き合わせました。天本さん当時四二歳、吉岡さん三四歳、小山さん三二歳。

天本さんは、八〇年、恩師の長谷川和夫さんの指導のもと、街の中にこぢんまりした病院をつくり、「本来の老人病院を」と理想に燃えていました。

「預かるのではなく、家に帰す」がモットーで、人手を厚くし、リハビリテーションを重視。その結果、三カ月未満の退院が四三・二パーセント、一年未満が七二・八パーセントという目覚ましい成果をあげていました。

病院につきものの白いカーテンではなく、お年寄りが安らぐ障子を。医師やナースにとって便利な高いベッドではなく、家庭的な低いベッドが使われていました。

この出会いが一つのきっかけになって、天本会長、吉岡事務局長、勝手連的広報担当小山さんの「老人の専門医療を考える会」が誕生することになりました。

会誕生のきっかけは、もう二つありました。

埼玉県の老人福祉課長として三郷中央病院を徹底的に糾明した荻島國男さんが八三年四月、老人保健課の課長補佐になって厚生省に戻ってきたのです。荻島さんは、若くして、「いずれ厚生省の事務次官」と衆目の一致する人物でした。

小山秀夫さんの父で社会保険審議会と老人保健審議会の会長を兼ねていた小山路男さんと荻島さんは同じ高校の先輩後輩という縁もあって旧知の間柄。その上、秀夫さんの論文を荻島さんが読んでいたこともあって二人は会ったとたんに意気投合しました。

小山さんは大塚宣夫さんを荻島さんに引き合わせました。大塚さんは、天本さんと同じころ青梅慶友病院を開設していました。

ところが、その日のうちに荻島さんと大塚さんの二人は大喧嘩になってしまいました。三郷中央病院の一件もあって医師不信状態の荻島さんが、「患者をビジネスの対象にする、医者なんてロクなもんじゃない」と言ったのが始まりで、大塚さんが激怒しました。

「僕は、オフクロにちゃんとした専門医療をしたいと思って始めた。あなたが見た病院のようなものばかりと思うなんて、許せない」

そのころ、天本さんも、怒り心頭状態でした。「痴呆性老人に運動療法は妥当とは思えない」という理由で診療報酬を大幅に削られたからです。

二人のこの怒りが発火点になって、八三年、「ほんとうの老人医療を極め、広めよう」と研究会が発足することになりました。

荻島さんはこんどは、最大の理解者になりました。

クチから食べられるのに点滴する病院が、「平均的老人病院」

「考える会」の会員になる条件は厳しく、入会希望の病院には、会員が訪ねて医療と介護の水準を確かめるのがしきたりになりました。医学界には製薬会社からの寄付で会を運営する風習があるのですが、これもご法度にしました。

ユニークな九三項目の「老人専門病院機能評価」もつくりました。

この評価表に、神奈川県の老人病院、真愛病院をあてはめて診断した結果が、『週刊朝日』の八七年の連載「告発ルポ・老人病棟」に載っているので、抜粋してみます。

①**寝・食・排泄の分離を基本理念としていますか？　ベッド・イズ・バッドという基本姿勢が徹底されていますか？**

大半の入院者は一日中ベッドの上で過ごしている。

②**点滴や経管栄養より経口摂取を重視していますか？**

自分でご飯を食べられる人にも点滴をしている。

④**床ずれをつくるのは恥、という教育が徹底されていますか？**

職員たちは床ずれはできてあたりまえだと思っている。ベッドに縛りつけられている時間が異常に長いので、床ずれはできやすい。

⑥**オムツはずしを実践していますか？**

オムツなしで生活していた人でも、入院した日からオムツをさせてしまう。

夜はベッドに縛り、午前は**写真12-2**のように、点滴にあけくれるこの病院を、保健所は「県の平均的な老人病院」と評価していたのでした。

スウェーデンでは大改革が

デンマークは「老人病院」をつくりませんでした。けれど、スウェーデンには、日本の老人病院に少し似た「長期介護病院」が存在していました。ただし、七九年、スウェーデン医療計画合理化研究

写真 12-2　ナースステーションの前の点滴びんの群れ

写真 12-3　スウェーデンでも，かつては雑居・寝かせきりが

写真 12-4　1980 年代になると，長期介護病院を住まいらしい雰囲気の個室に改装し，病院でなくホームに

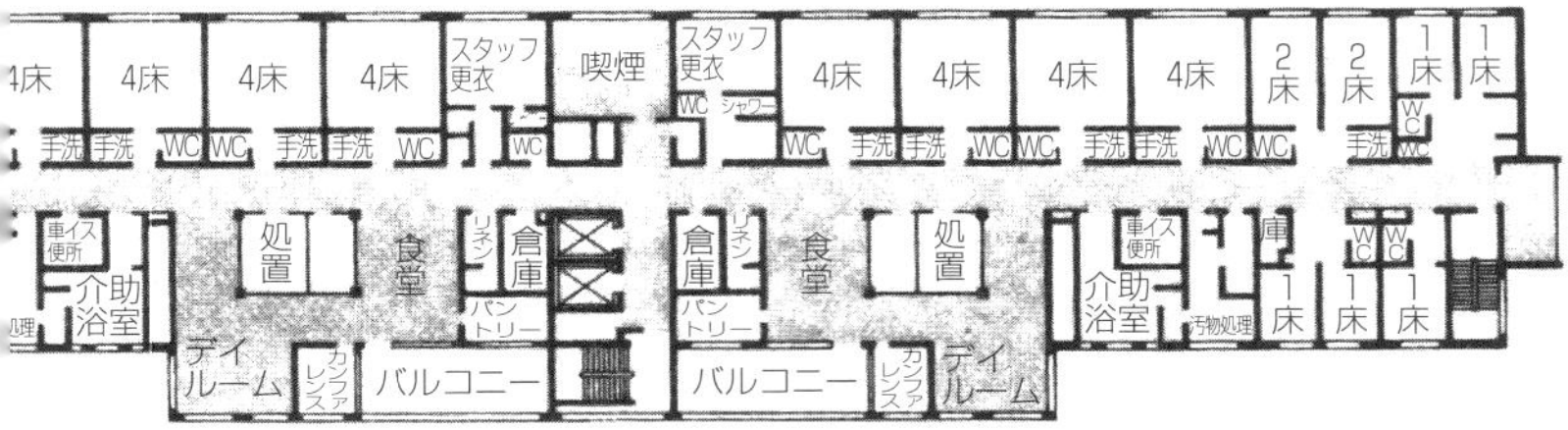

図 12-1　1960 年代のスウェーデンの病棟プラン

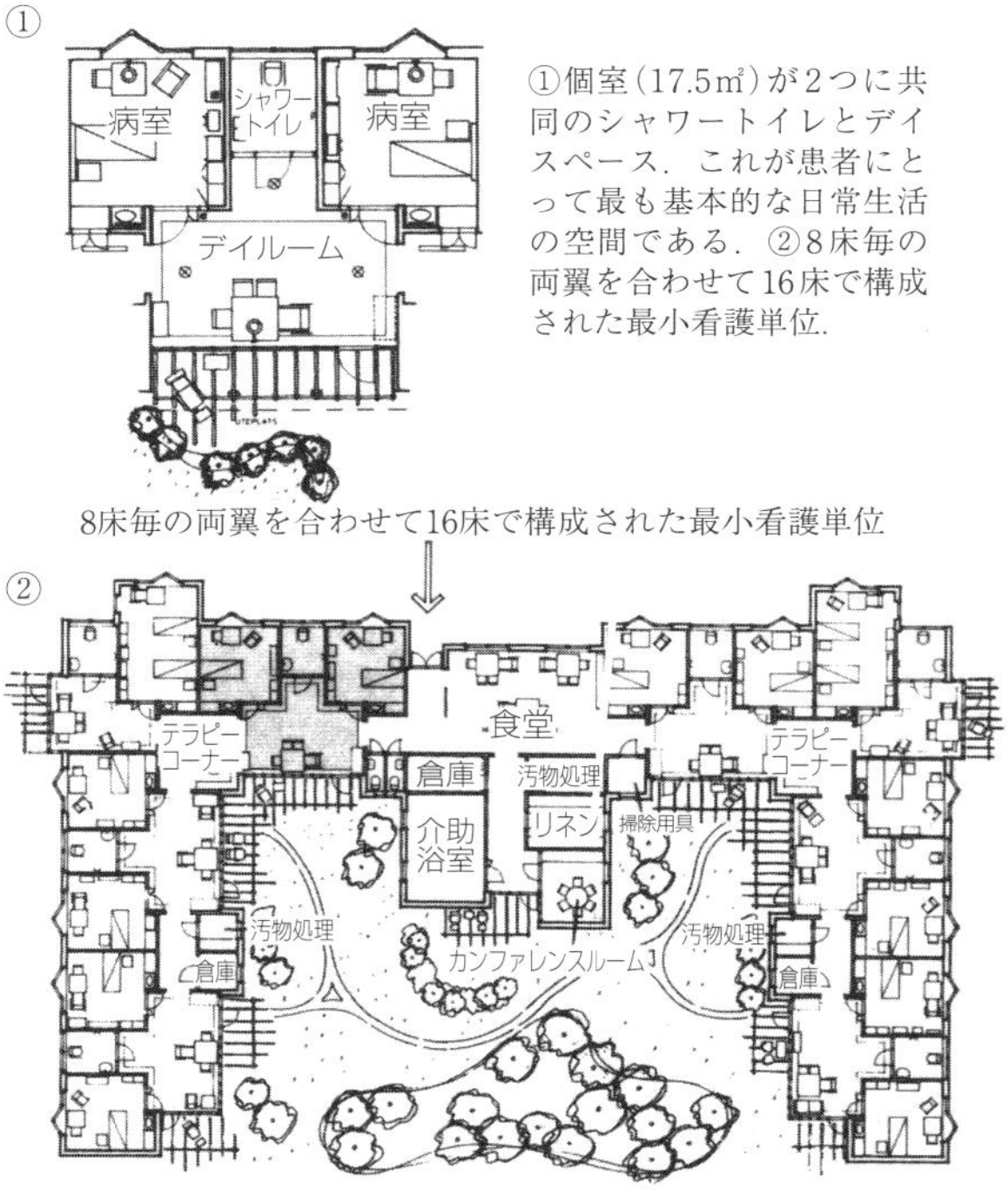

①個室(17.5㎡)が2つに共同のシャワートイレとデイスペース．これが患者にとって最も基本的な日常生活の空間である．②8床毎の両翼を合わせて16床で構成された最小看護単位.

図 12-2　1980 年代には一変し，住まいの雰囲気に

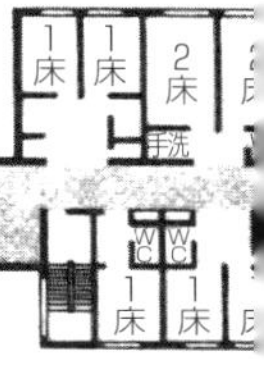

所（ＳＰＲＩ）が指針を出し、大改革が始まりました。

スウェーデンでもかつては雑居に寝かせきりの時代がありました（**写真12-3**）。それが目覚ましくかわったのです。個室にしてインテリアを工夫し、病院くささを一掃しました（**写真12-4**）。名前も、長期介護病院を長期介護ホームと改めました。

一九六〇年代には、雑居部屋が刑務所のように連なる日本の病院や施設によく似た設計でした（**図12-1**）。それが、一九八〇年代には一変し、住まいの雰囲気（**図12-2**）が奨励されるようになったのです。この図は、若くして亡くなった京大大学院教授、外山義さんの名著『クリッパンの老人たち』（ドメス出版）から引用させていただいたものです。

◆

桜が満開の九二年四月一日、小山さんは荻島さんを花小金井の家に訪ねました。国立医療・病院管理研究所の医療経済研究部長に任命された辞令を、だれよりも先に見てもらいたかったからでした。荻島さんは「おめでとう。こんなに嬉しいことはない」と言い、こう続けました。

「小山、つぎは介護保険だぞ」

それが荻島さんの最後の言葉になりました。

病院に行く余裕のない激務が続いて胃癌の発見が遅れた荻島さんがこの世を去ったのは、その月の二八日のことでした。

第13話　特例許可外老人病院という名の「違法病院」

「精神科特例」の次官通達にヒントを得て

第3話「「日本型福祉」が生んだ二つの「日本型悲劇」」で、老人保健課長の伊藤雅治さんが、老人保健福祉部長の岡光序治さんを「お伴」に、老人病院を視察に出かけたことをご紹介しました。

伊藤さんは、そこで、お年寄りが「マグロを並べたような」扱いをされていることに衝撃を受けました。「付き添いさん」と称する無資格の女性たちが廊下でタバコをふかしてたむろしている光景を目撃しました。「フロもなく、死亡退院がほとんど」という事実を知って愕然としました。今回は、その続きです。

表13-1は、日本にしかない「病院もどき」の数の変化です。

一九八二年に制定された老人保健法で奇妙な病院群が市民権を得ました。

ひとつは、「特例許可老人病院」。医療法の病院の基準を満たしていないけれど、つぶすわけにいかないので低い基準を定めて目コボシしようというものです。「特例」の名は「スタッフの数を少なくしてもよい」という「精神科特例」の次官通達にヒントを得たのだそうです。

「特例許可外老人病院」は、その大まけにまけた基準にも達しない、正しく命名すれば「違法病院」です。

これらの「病院」は、出来高払いの制度を利用して点滴づけ、検査づけで収入をあげていました。歴代の担当者は、**表13-2**のように、薬や検査では儲かりにくい「マルメ」と通称される定額払いの仕組みを導入して退治しようとしたのですが、結果は表13-1でご覧のとおり。

一九八三年当時は全病院の六・八パーセントだったのが、伊藤さんが老人保健課長に就任した八九年には一一・一パーセントに膨れ上がっていました。

表13-1　老人病院数の推移

	病院総数	特例許可老人病院数	特例許可外老人病院数	入院管理料病院数
1983	9403	540	95	
1984	9515	609	55	
1985	9574	658	52	
1986	9608	715	49	
1987	9699	766	51	
1988	9841	848	58	
1989	10034	1018	99	
1990	10081	1081	91	141
1991	10096	1121	78	216
1992	10066	1273		482
1993	9963	1359		635
1994	9844	1468		840
1995	9731	1534		1121
1996	9606	1566		1284
1997	9490	1502		1284
1998	9413	1406		1201
1999	9333	1160		985

「介護力強化病院」という改善策

伊藤さんは、この事態を改善するために、通称「介護力強化病院」、正式には入院管理料病院を考えました。

付添婦を家族が私的な契約で雇う方式をやめさせ、病院職員に変えることを求めました。介護職を患者四人あるいは五人に一人にした場合に、手厚い入院管理料を支払う誘導策をとりました。

「特例許可外」というヘンな名前を廃止し「重点指導対象病院」としました。

ただし、付添婦の連合体は当時の労働

表 13-2　老人診療報酬の包括化の歩み

包括時期	包括項目
1983年 2月	• 入院患者に対する点滴注射料の包括化 点滴注射の適正化を図るため，入院時医学管理料に包括化(老人) • 特例許可外老人病院検査料　血液化学検査(I)等の検査を包括化 • 老人注射料　1月につき 100 点(特例許可外老人病院のみ適用)
1986年 4月	• 老人検査料を入院時医学管理料に包括 • 老人注射料　入院 1 年超の皮下，筋肉内，静脈内，点滴注射を包括 • 老人処置料　入院 1 年超について眼，耳，鼻処置等を包括 • 注射料の適正化 入院注射料(皮下，筋肉内，静脈内注射)を 1 日あたりに包括(乙表) • 点滴回路の包括
1988年 4月	• 老人検体検査判断料を入院時医学管理料に包括
1990年 4月	• 特例許可老人病院入院医療管理料の新設 看護料，投薬料，注射料および検査料を包括化 • 特例許可外老人病院の注射料の適正化 注射料の入院時医学管理料への包括化
1992年 4月	• 寝たきり老人在宅総合診療料の新設 老人慢性疾患生活指導料(寝たきり老人訪問指導管理料)，投薬料，検査料等を包括 • 老人性痴呆疾患治療病棟入院医療管理料および老人性痴呆疾患療養病棟入院医療管理料の新設(看護料，投薬料，注射料，検査料を包括化)
1993年 4月	• 療養型病床群入院医療管理料の新設 看護料，投薬料，注射および検査料の包括化
1994年10月	• 診療所老人医療管理料の新設 在宅寝たきり等の患者を入院させた場合に算定
1996年 4月	• 老人慢性疾患外来総合診療料の新設 老人の慢性疾患について生活指導，検査，投薬，注射を 1 月単位で包括化
1998年 4月	• 療養型病床群入院医療管理料，老人病棟入院医療管理料の包括範囲拡大 新たに一部の処置の費用と処置に伴う薬剤料，特定保険医療材料を包括化
1998年10月	• 老人長期入院医療管理料の断設 一般病棟長期入院(6 カ月以上)高齢者について，老人保健施設療養費に準じ，看護，検査，投薬，注射，一部の処置の費用を 1 日あたりで包括化
2000年 4月	• 老人療養病棟入院基本料の新設 介護保険制度実施に伴い，看護体制に応じた評価区分を改めるとともに，諸加算の見なおし

(国立保健医療科学院経営科学部長　小山秀夫さん作成)

省の縄張りです。介護福祉士制度に猛反対したように(第11話)、この問題でも横やりを入れてきましたが、なんとかクリア。日本医師会の了承を得るために担当理事の茅ヶ崎の自宅にお百度を踏んで、これもクリアできました。

海外先進国のケア施設に比べると「介護力強化」とはお世辞にもいえない体制ですが、それでも、目に見えて効果があがり始めました。

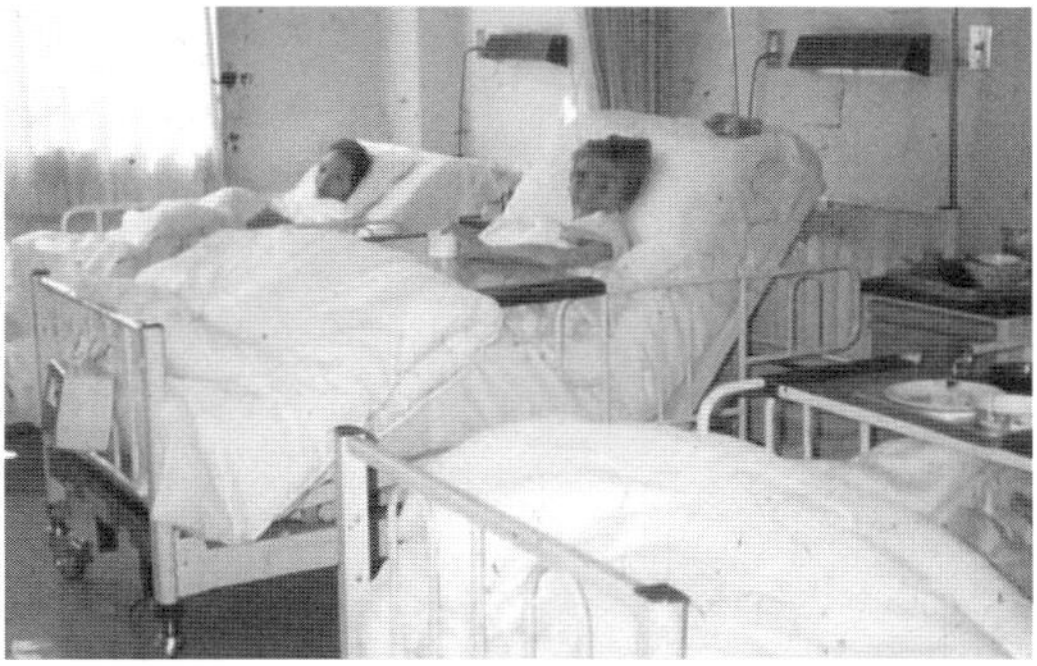

写真 13-1　横尾・伊藤両課長が各社論説委員を案内した埼玉の優等生老人病院

写真13-1は、政策課長だった横尾和子さんと伊藤さんが、新聞、テレビの論説委員、解説委員を案内した埼玉県の病院、「介護力強化老人病院」のモデルでした。お年寄りは実にいい顔色です。名誉院長が「不要な薬の処方はまかりならん」という信念の人だからだそうです。

薬づけの害を誰よりも知っているのは、製薬会社とお医者さん

院長はいいました。

「ここの患者さんのお身内だけで、総合病院ができるくらいなんです。あの方は外科の先生の奥様、あちらは内科の先生のお母様、こちらは製薬会社の重役さんのお姉様です」

薬づけの害を誰よりも知っているのはお医者さんと製薬会

写真13-2　デンマークには老人病院はなく，日本の特別養護老人ホームにあたるプライエム(ケアホーム)があり，全室個室で，思い出の家具を持ち込むことが奨励されていました．これでも狭すぎると1987年以後の建設は禁止され，ケア付き共同住居に政策転換

社の人なのだなあと妙に納得する光景でした。

　伊藤さんは、新たな仕組みを導入してからの変化を一〇八の病院にアンケートしました。九〇年一月と九一年一月のそれぞれ一カ月間を調べて比較しました。回答率は八割。検査が減った病院は七一・〇パーセント、投薬が減った病院八二・六パーセント、注射が減った病院八三・七パーセント。

　一方、理学療法は五四・六パーセントの病院で増えています。看護業務では、注射や処置が減った病院が七二・一パーセント。その代わりに食事の介助、入浴の介助、排泄の介助が増えていました。

　経営的な数字を比較すると、職員の数が増えたので給与経費が増え、医薬品材料が減り、差し引きは収入増という計算になりました。

　というと万々歳のようですが、写真13-1に写っているようなお年寄りは、高齢化の先輩国では、「病院」ではなく、**写真13-2**のようなプライエムやケアつき共同住居、「お年寄りに優しい住宅」で暮らしているのです。

第14話　訪問看護ステーション――二・五人基準秘話

風鈴を探せ！

今回は、泣く子も黙る「マルサ」の元締の存在なしには、「訪問看護ステーション」が、日の目を見ることはなかったかもしれないという、奇しき「えにし」の物語です。

一九九〇年の話です。

厚生省老人保健福祉部のスタッフに、ある日、岡光序治部長から「風鈴を探せ」という号令がかかりました。風鈴とは厚生省独特の用語。国民に負担増を求める、嫌われそうな法案を出すときにつける「国民に喜ばれるような施策」のことです。

当時、老人保健制度の財政は年々厳しくなっていました。切り抜けるには、高齢者の一部負担を増額するしかないという結論になりました。ところが、政治家は負担増で票が減ることを警戒し法案に及び腰です。これを乗り切るのにどうするか。

そこで「風鈴を探せ」となったのでした。

その前年に老人保健課長になった伊藤雅治さんは「訪問看護が増えるような制度をつくってはどうでしょう」と提案しました。

病院から派遣される訪問看護と市町村保健婦による訪問指導はすでにありました。ただ、どちらも必要とする人のもとに届きにくく、伸び悩んでいたからです。

「看護職が開設者になれる事業所をつくり、その事業所に診療報酬を直接支払う新しい仕組みをつくれば、看護職がこの分野に大勢進出するのでは」と伊藤さんは考えたのです。

これを聞いて、岡光部長はいいました。

「そんな制度つくるといったら、医師会が猛反対するぞ」「まず、医師会に打診にいってこい」

無理もありません。日本医師会は「訪問看護制度は、医師法違反」と七七年、反対を表明。七八年には、「訪問看護は病院機能を低下させる」という厚生大臣あての勧告書まで出していたのです。

ところが、小児科医で日本医師会副会長の村瀬敏郎さんに伊藤さんが話してみると「なかなか、いいじゃないか」という意外な返事です。

連れ立ってドイツ、フランスへ

事情にくわしい人はいいます。

「村瀬さんの腹心だった理事の坪井栄孝《えいたか》さんが自身の病院で訪問看護も緩和ケアもやっていて、訪問看護にすこぶる理解があった。その影響ではないでしょうか」

それはともかく、村瀬さんは、「伊藤さん、ヨーロッパの在宅ケアの仕組みがどうなっているか、一緒に見にいってみましょう。旅費はこちらもちでもいいですよ」と積極的です。こうして、九〇年八月、連れ立ってドイツとフランスに出かけることになりました(旅費提供は丁重に辞退したそうですので、念のため)。

そこで出会ったのが、ゾチアルスタチオン、英語でいえば、ソーシャルステーション、訪問看護とホームヘルプの拠点でした。

「患者をとられてしまう」と医師会が反対

このドイツをお手本に老人訪問看護ステーションの構想が煮詰まってきた矢先、やっかいな問題がもちあがりました。日本医師会の次期会長と目されている村瀬さんが賛成しているというのに、都道府県医師会の中から反対の声が高まってきたのです。

「「看護婦が勝手に患者の家を訪ねたりしたら、患者をとられてしまうのではないか」と不安の声があがったのです。私も村瀬さんも、「それは、誤解。訪問看護によって開業医の活動範囲や診療範囲が広がります」と説いて回りました」と伊藤さんは当時の苦労を語ります。

そこに、またまた、難問が立ちふさがりました。制度化を了承する条件として「訪問看護にあたっては、かかりつけ医の指示書が不可欠。これは譲れない」と日本医師会が言い出したのです。

一方、日本看護協会の有田幸子会長は、「診療の補助行為は医師の指示が必要かもしれないけれど、保助看法(保健婦助産婦看護婦法)に定められている「療養上の世話」にまで医師の指示が必要というのはおかしい」と一歩も譲りません。

難問を突破する知恵を出したのが、老人保健課の若き医系技官、新木一弘さん。深夜の会議の席上でした。

図14-1の老人訪問看護の指示書をごらんください。真ん中に破線が引いてあります。

老人訪問看護指示書

患者氏名		生年月日	年　月　日生（　歳）	
患者住所		電話番号	（　） －	
主たる傷病名				
現在の状況	痴呆の状況	1．有（軽度・中等度・高度）　2．無		
	病状・治療状態			
	投与中の薬剤			
	装着医療機器等（記号に○印）	イ．ネブライザー　ロ．吸引器　ハ．留置カテーテル　ニ．経管栄養　ホ．気管カニューレ　ヘ．酸素療法　ト．その他（　）		

老人訪問看護に関する留意事項及び指示事項

Ⅰ　療養生活指導上の留意事項

Ⅱ　1．リハビリテーション

2．褥瘡の処置等

3．装着医療機器等の操作援助・管理

4．その他

緊急時の連絡先
不在時の対応法

特記すべき留意事項

上記のとおり，指定老人訪問看護の実施を指示いたします。

平成　年　月　日

医療機関名
住　所
電　話
（FAX.）
医師名　印

老人訪問看護ステーション　殿

図 14-1　老人訪問看護指示書

破線から下が「診療の補助」で医師の指示が必要。けれど、破線の上は「療養上の世話」なので医師の指示は及ばない、という理屈です。

これを、医師会と看護協会に示したところ、「いいでしょう」ということになりました。双方とも、意地の張り合いに、いささかくたびれていたようでした。

新木さんは、その後、文部科学省の医学教育課長に。医師と看護の教育の元締になりました。

「ステーション二・五人基準」事始め

伊藤さんたちは新しい事業を始めるために、看護の現場にしげしげと通いました。写真14-1は、厚生省老人保健福祉部老人保健課の面々が、開業ナースの元祖・村松静子さんの在宅看護研究センターを訪ねた日の一こまです。前列左から、のちに看護課長になった野村陽子さんの初々しい姿、伊藤雅治さん、石塚正敏さんです。

写真14-1　村松静子さんの在宅看護研究センターを訪ねた厚生省の面々

石塚さんは、第8話でご紹介した「寝たきりゼロへの一〇ヵ条」の生みの親。「寝たきりは　寝かせきりから作られる　過度の安静　逆効果」など、名調子の一〇ヵ条を作り上げ、国際医療センター、東北厚生局、環境省をへて、厚生労働省の食品安全部長に。

後列は、中川晃一郎さん(のちに千葉県松戸健康福祉センター長)、訪問ナースの松沼瑠美子さん、村松さん、〝破線作戦〟の生みの親、新木さん、松田茂敬さん。松田さんは、のちの参議院厚生労働委員会調査室長です。

訪問看護ステーションの人員配置基準が二・五人と定められた秘密が、この写真に隠されています。この部屋を拠点にしていたナースは、カメラのシャッターを押した守田美奈子さんと写真に写っている村松さんと松沼さん。松沼さんは産後まもない身で半日勤務だったので「フルタイム換算で二・五人」だったのでした。

思いがこもった「在宅看護研究センター」の名前

日赤看護短大の講師をしていた村松さんにかかってきた一本の電話が、そもそもの始まりでした。集中治療室（ＩＣＵ）の看護婦長をしていたときに出会った五八歳の女性の家族からでした。この女性はＩＣＵで命はとりとめたものの、意識不明、気管切開、経管栄養、膀胱にもチューブという姿で一般病棟に入院していました。そして、二年たち、転院を強く求められたのでした。

「家でみたいので助けてください」というＳＯＳに、村松さんは、一一人のナース仲間にボランティアを呼びかけました。八三年のことです。

図14-2のようなアットホームな〝病室〟をしつらえての創意工夫にみちた看護の日々と出会いの数々は『在宅看護への道――起業家ナースの挑戦』（医学書院）を、その後の展開は『看護の実力――訪問看護・開業ナースはゆく』（照林社）をご覧ください。

この経験の中で、「病院の外にもナースを必要とする人がいる」としみじみ思った村松さんは、八六年、在宅看護研究センターを立ち上げました。

長時間の付き添い看護もあるので「訪問」ではなく「在宅」に、実践だけでなく研究や研修で同じ思いのナースをサポートしたいと「研究」の文字を入れました。財団法人や社団法人にする資力がなく、ＮＰＯの制度も生まれていなかった時代です。土日も含め、必要な人に必要なだけ看護を提供したいという思いから有限会社を選びました。その結果、「営利追求とは何事か」「日赤の人道博愛精神はどこにいったのか」という批判にさらされることになりました。

厚生省が看護ステーションの新しい仕組みをつくるとき、もっとも頼りにしたのは、制度に縛られることなく、とことん、利用者の身になって柔軟に考えてきた村松さんのところだったのです。

図14-3は成長した九八年時点のシステムです。

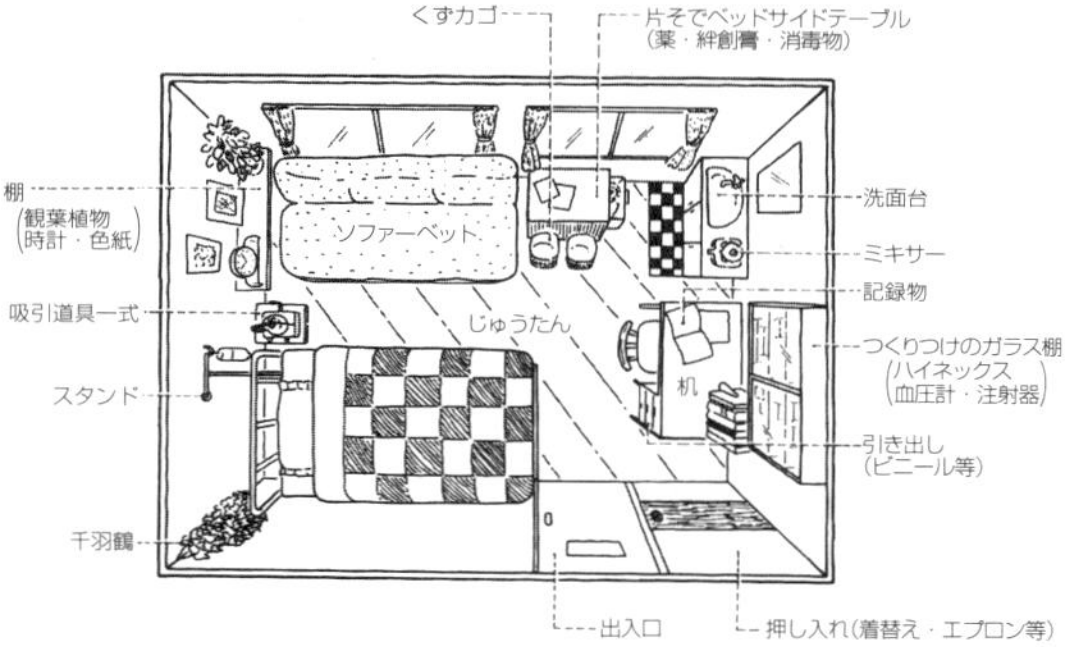

図 14-2　在宅看護の始まりはアットホームな“病室”

図 14-3　在宅看護研究センターの説明書

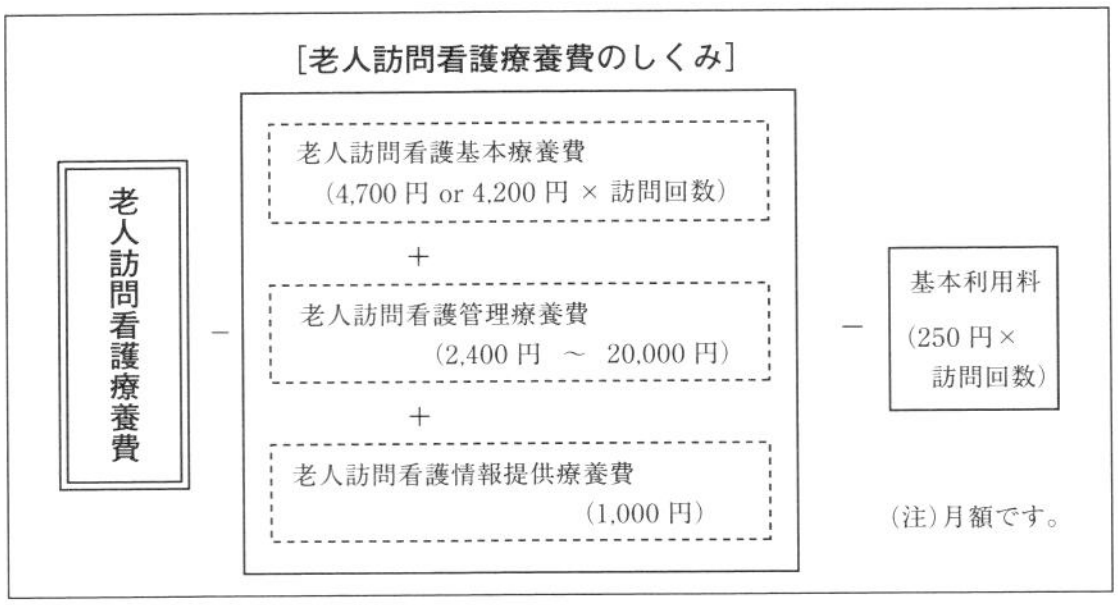

図 14-4　療養費のしくみ

三段重ねの診療報酬発案者は、いま……

話を厚生省に戻します。

医師会・看護協会板挟み問題をクリアした老人保健課の次の難問は診療報酬でした。

医療機関からの訪問看護の報酬は四七〇〇円ですが、これでステーションの拠点を構えたら、制度をつくっても、赤字でたちまちつぶれてしまいます。「この問題を解決してくれたのが、大蔵省から出向してきた山名規雄さんでした」と伊藤さんは、いまも、感謝しています。

山名さんが考えたのは、**図14-4**のような三階建ての仕掛けでした。こう書くと山名さん、百戦錬磨のベテラン大蔵官僚のように聞こえますが、実は、当時は、入省四年目の若手でした。

大蔵省と厚生省の間には若手交流人事の慣習がありました。大蔵省側は厚生省に、「いま最も忙しい課に配属してほしい」と依頼する伝統があったそうで、山名さんを含め六代続けて老人保健福祉の部局へ。伊藤課長が老人病院改善のために奮戦した改正老人保健法を大蔵側で査定した田中一穂さんも厚生省経験者でした。

山名さんは、その後、看護とはほとんど無縁、伊丹十三監督の『マルサの女』で有名になった東京国税局の査察部長に。

一方、厚生省から大蔵省に出向したのは、後に事務次官になる多田宏さん、羽毛田信吾さん、近藤純五郎さん、大塚義治さん、いまは阪大教授の堤修三さん、介護保険に長くかかわった山崎史郎さん……。本書の登場人物だらけです。

元局長が受講生に

それにしても、ナースが開業できるようにする、などという、この日本では革命的なことを考えた伊藤さんの原点は？

ご本人に尋ねても「さあ」というばかり。

医学部時代は卒業試験ボイコットのリーダーだった伊藤さん。医政局長をつとめた身で、東大の医療政策人材養成講座を受験。一度は「元局長がこられるところではありません」と断られながら再度挑戦して二期生に。勉強の成果を生かして「患者の声を医療政策に反映させるあり方協議会」を立ち上げました。全国社会保険病院組織の理事長として「医療事故がおきたら真実を話し、謝罪しよう」という運動の先頭にも立っています。そんな伊藤さんにとっては、ごくあたりまえの発想なのかもしれません。

第15話　市町村の時代を福祉から

朝日新聞論説委員室の宴席で唄いつがれている「社説・数えうた」というのがあります。ウロ覚えなのですが、抜粋してみます。

ひとつ、一人で書くのを、一本社説ともうします、とても疲れますッ♪
四つ、夜でも書くのを、「事件社説」ともうします、筆が勇みますッ♪
五つ、いつでも書くのを、「ヒマダネ社説」ともうします、馬鹿じゃ、書けません♪
七つ、泣き泣き書くのを、「追っかけ社説」ともうします、うちにゃ、ありません♪
八つ、ヤケで書くのを、「抜かれ社説」ともうします、これも、ありません♪
九つ、心で書くのを、「ほんとの社説」ともうします、ボクが、書いてますッ♪

私が着任するまで一〇〇年間、朝日新聞の論説委員室は男性だけだったので「ボク」なのです。科学部デスクから異動した一九八四年から大阪大学大学院にうつる二〇〇一年までの一七年間、私はここで、科学と技術、医療と福祉の社説を受け持つことになりました。

社説は批判精神が身上

社説は批判精神が身上です。一九八五年から懸命にキャンペーンしたことが、「ゴールドプラン」

として思いがけなく陽の目を見たときに書いた八九年一二月三〇日付の社説を読み直してみて、驚きました。まったく褒めていないのです。

本当に福祉が重視されたのか

ひどい仕打ちを何年もされていると、ほんのちょっとした情けが身にしみる。贈り主がこれまでひどい仕打ちをしてきた張本人であっても、急に仏のように見えたりする。こんな時、見極めなければならないことが、少なくとも二つある。

第一は贈り物の中身が感激するに値するものなのかどうか、である。そして第二はその行為がこれまでの仕打ちへの反省に根ざしたものか、それとも訳あっての今回かぎりのものなのか、である。

長年、福祉の充実よりも、自助努力が大切だと説いてきた政府・自民党が、新年度予算案で福祉ムードを強調している。「高齢者保健福祉推進十か年戦略」で厚生省の概算要求を上回る初年度予算をつけた。だが、覚めた目で点検してみなければならない。（略）

だが、ホームヘルパー十万人という数字は人口当たりでデンマークの五分の一、それも十年先の話だ。「十二年間で五万人に」という当初の計画が控えめ過ぎたのだ。その他の高齢化先進諸国の水準と比べても、十万人は十分な数字ではない。

同様のことは「十か年戦略」に盛り込まれたデイサービスやケアハウス、在宅支援センターなどの数についてもいえる。（略）

第二点はどうだろうか。福祉は「高齢者」だけが対象ではない。もしも政府や自民党が日本の福祉水準を先進国にふさわしくしようとしているなら、「だれもが、どこでも、いつでも、的確で質のよいサービスを、安心して、気軽に受けられる在宅福祉サービス」という「十か年戦略」の目標を、高齢者だけでなく、ハンディキャップを持つすべての人に広げてもよいはずだった。しかし身体障害や知的発達の遅れ、精神病や難病の人々は今回の「福祉予算」から取り残された。高齢者福祉は票になるが、その他の福祉は票にならないとの判断からだろうか。

（略）

清水の舞台から飛び下りた

九〇年四月一七日付けの社説「市町村の時代を福祉から」（**図15-1**）は、珍しく役所の方針を支持する、当時としては清水の舞台から飛び下りる覚悟で書いたものでした。

介護保険や支援費制度が始まった今、「福祉の主役が市町村なんて、あたりまえじゃないか」と、みなさま、お思いになるかもしれません。

でも、九〇年当時はごくごく少数派だったのです。

反対理由の第一は、「市町村に、そんな力量はない」。

しかし、目を高齢化の先輩国に向ければ、福祉サービスの権限と責任は七〇年代に既に市町村のものとなっていました。**図15-2**は阪大時代の教え子、いまは横浜市役所につとめる福島容子さんの修士論文発表資料から引用させていただいたものです。デンマークで、権限が国から現場へと移っていった様子がわかります。

どこに、どのような困難を抱えた人が、どんな風に暮らしているかは、身近な市町村ほど的確につかめます。市町村の方が、土地がらや人情にあった政策を立案できます。国や県と違って、政策を実施した成果が評価しやすくなります。

図15-3はコペンハーゲン市の七六年の情報パンフレット「一体化された支援への道——生活支援法のお知らせ」の表紙です。市町村に権限を移すと同時に、窓口を一本にした総合的な福祉が行われるようになったことを示しています。

「市町村にそんな力量はない」論は、介護保険法が成立する間際まで繰りかえされました。反対理由のもうひとつは、「そんなことをしたら、クニは福祉予算を削り、市町村にツケをまわす

(5) 社説・声 12版▲ 1990年(平成2年)4月17日 火曜日

社説

市町村の時代を福祉から

福祉関係の八つの法律を改正する作業が進んでいる。四十年ぶりの大改正だ。

注目すべき第一は収容中心だったこれまでの福祉法の骨格を改め、「住み慣れた家でふつうの暮らしを続けたい」という高齢者や障害者の願いを支援する方向を打ち出そうとしていることだ。さらに、福祉に関する権限を市町村に移し、政策やサービスの総合化を目指そうとしている。

どちらも、福祉先進国では二十年余前から実施され、成果については確認ずみである。ぜひとも実効ある法案にしてほしい。

身の回りのことができない人に、日本では二つの道しかなかった。家族が生活を犠牲にして介護に専念するか。本人があきらめて病院や施設の雑居部屋に収容されるか。

この悲劇は、長いこと、障害者と呼ばれる人々にだけ起きる「他人事」として人々の関心の外にあった。しかし、人口の高齢化とともに悲劇は、だれの身にも起こる「自分事」になった。そして解決を求める集いが各地で連日のように開かれている。

たとえば先週末、京都で開かれた府民フォーラムでは、「起きて食事をしたい」と頼んでいる男性が、寝たきり状態のまま六年間過ごし、起きられない体になってしまった例が報告された。夫は半身不随で大柄な九十歳、介護する妻は小柄なうえ八十二歳。起こす力がなかったのだった。

介護者自身が高齢化している深刻な現状も紹介された。ぼけの進んだ九十九歳の実母と七十六歳の義母を介護している女性からは「せめて行政機関の窓口を一つにして欲しい。サービスがあってもばらばらで利用できない」という訴えもあった。

改正法案の要綱は、自宅で暮らすこうした人々を支えるための三つのサービスの推進をうたっている。ホームヘルパーの派遣、リハビリや食事や交流をしながら昼を過ごせるデイサービス、短期間、施設に預かって家族を介護から解放するショートステイだ。

諮問を受けた中央社会福祉審議会では「これらのサービスを市町村の必須(ひっす)事務として義務づけるべきだ」という点で意見が一致したと伝えられる。法案策定にあたってはこの意向を十分に盛り込んでほしい。

福祉行政を国や県でなく市町村の権限で行うことには、いくつもの利点がある。

どこに、どのような困難を抱えた人が、どんな風に暮らしているかが、身近な市町村ほど的確につかめること。土地がらや人情にあった政策を立案できること。政策を実施した成果が評価しやすいこと。窓口を一本にした総合的な福祉が可能なこと……。

ただし、実効をあげるには、予算の裏付けが不可欠である。日本では、高齢者のための医療費は五兆五千億円。施設福祉費用が三千億円。それと比べて在宅福祉サービスの費用は六百億円とケタはずれに乏しい。

その結果、本来なら自宅で暮らせる人が病院に追いやられて家族や社会に不満を持ち、しかも老人医療費を年々増やしている。在宅福祉予算を厚くすることは、国民全体としての負担を減らすことにもつながる。

また、高齢化率の高い町村ほど税収が乏しい傾向がある。財源について国の責任を明確にする必要があるだろう。

市町村はこれまで、意思決定から最も遠い「末端機関」の役割に甘んじてきた。しかし本来は新たな問題に直面し施策を試みる「先端機関」であり「最初の政府」である。住民本位の福祉に取り組むことによって市町村が真の自治体に脱皮することを期待する。

図15-1 朝日新聞社説「市町村の時代を福祉から」(1990年4月17日)

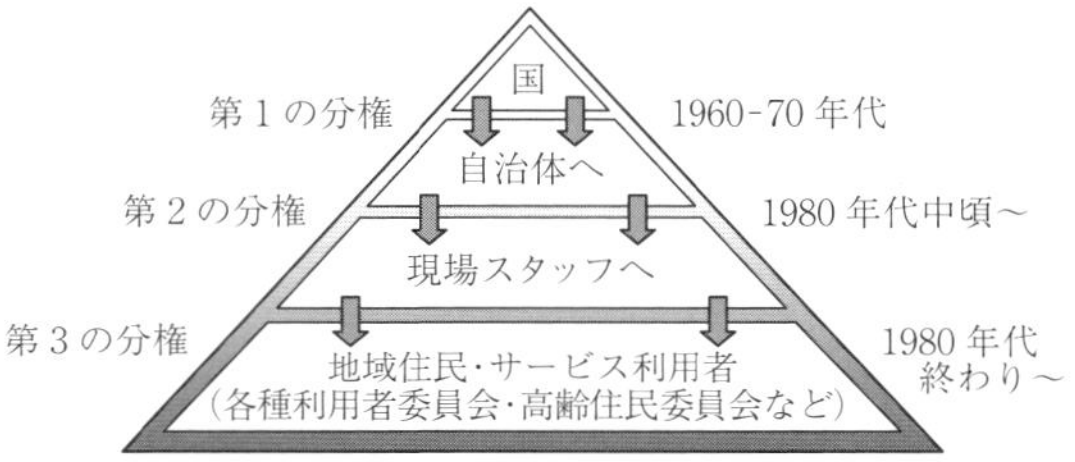

Claug, B.O. "Dagtilbud til bsrn i lokalsamfundsperspektiv" をもとに作成

図 15-2　デンマーク・３つの分権化の歴史

図 15-3　一体化された支援への道

に違いない」という不信感でした。「市町村の時代を福祉から」などと社説に書いたら、「朝日新聞は、いつ厚生省の提灯持ちになったんだ」と非難される雰囲気でした。

にもかかわらず火中の栗を拾ったのは、老人福祉法改正の中心にいた老人福祉課長の辻哲夫さんと企画官の中村秀一さんの気迫と誠実さに打たれたからでした。

〝辻説法〟と滋賀の〝師匠〟たち

辻さんは、介護保険の可能性をごく早い時期に文章化したことで、知る人ぞ知る存在です。時事通信社の専門誌『厚生福祉』の八七年一二月一九日号から三回連載された「介護問題を考える——特に費用負担の視点から」という論文は、専門家の間で大きな反響がありました。

そのときのペンネーム西川藤三は、滋賀県に障害福祉課長として出向していたときの部下、西藤登弥也、川上雅司、藤岡啓誠、三谷昭法の四氏の名前から一文字ずつもらったもの。辻さんは、その人たちを「僕の福祉の師匠」と呼びます。

その〝師匠〟たちと一緒に辻さんは障害児を地域で支える新しい政策をつくっていきました。その中で、「福祉の権限と責任は国でも県でもなく市町村に」という確信が育っていったようでした。

厚生省に不信感をもつ人々の気持ちが収まるように、私は、九〇年四月一七日の社説の最後をこんな言葉で結びました(図15-1)。

実効をあげるには、予算の裏付けが不可欠である。日本では、高齢者のための医療費は五兆五千億円。施設福祉費用が三千億円。それと比べて在宅福祉サービスの費用は六百億円とケタはずれに乏しい。(略)高齢化率の高い町村ほど税収が乏しい傾向がある。財源について国の責任を明確にする必要があるだろう。(略)住民本位の福祉に取り組むことによって市町村が真の自治体に脱皮することを期待する。

〝辻説法〟の異名をもつ辻さんの熱烈な説得に心うごかされた人物がもう一人いました。自治労の

福祉分野のリーダー、高橋公《ひろし》、通称ハムさん（のちに自治労政治政策局部長）でした。ハムさんは、北欧にも出かけてさらに納得し、労働組合を説いて回りました。

イチャモンをつけそうな労働組合と朝日新聞が応援に回ったこともあり、九〇年の福祉八法改正は、すらすらと運ぶことになりました（第10話）。

第16話　二台の映写機作戦

名物区長と江戸川区の「すこやか住まい助成制度」

新聞記者だったというのに、私は文章がとても苦手です。

日本ならネタキリロージンと呼ばれる身になる人が高齢化の先輩国では、お洒落して独り暮らしできる、死を間近にしても住み慣れた家で過ごせる……、そういう事実を、社説だけで納得してもらうのは不可能に思えました。

読んだ人が改革のために立ち上がってくれることなど、絶望的だと考えました。

そこで、家庭面デスクに頼み込み、写真入りの連載を書かせていただくことにしました。

タイトルは「真の豊かさへの挑戦」。デンマークで生まれたノーマリセーリングという思想が国境を越え、ノルマリサーティオ、ノーマライゼーションと名を変えて、福祉や医療の文化を変えていった様子を描きました。一九八九年五月はじめのことです。それがきっかけで、「もっと詳しい話を」と講演を頼まれることになりました。

ところが私は、極度に気が弱く学生時代は教室で手を挙げることもできず、人前で話をするのも大の苦手だったのです。そこで思いついたのが、スライド映写機を二台用意していただき、スクリーンの左側に北欧の福祉サービスの姿、右側に日本の現実を映し、対比させながら話を進めるという方法でした。

効果は絶大でした。東京・江戸川区では区長の中里喜一さんが管理職と一緒に熱心に話をきき、ただちに「すこやか住まい助成制度」を発足させてくださいました。中里さんは九九年に引退するまで九期三五年区長をつとめ、役所の隅から隅まで知り尽くしていた名物区長です。

「すこやか住まい助成制度」は、デンマーク同様、お役所離れしていたのが特徴です。申請は「電話一本」でOK。区の担当者が、施工業者と本人、家族の間に入って改造の知恵を貸し、補助器具やホームヘルパーなど他の福祉サービスとの仲立ちもします。改造費用は「貸す」のではなく、全額区の負担で所得制限はなし。改造費の上限もなし。

マッチをつけて、ガソリンを振りかける作戦

一年半ほどたち、四〇〇軒が改造された九二年三月三一日、「老いの住まいに安心を」という社説を書いて、この試みを褒めました。こんな風です。

改造費の上限もない。これまでの最高は三百九十万円、最低は二万円。浴室の改造が最も多く、トイレ、玄関と続く。

江戸川区では、特別養護老人ホームの入居者一人に月額三十五万円をかけている。それと同様の障害をもちながら自宅で暮らす区民に同じ費用をかけて当然、という考えである。（略）

わが国でも、住宅改造制度のある自治体は少なくない。しかし手続きが難しい上、所得制限や助成の上限がある。高齢者だけの家庭は「貯金を減らせない」し、子と同居では「遠慮があ

って言い出せない」ために改造に踏み切れない。あるいは「どう改造したらよいか、だれに頼めばよいか分からない」。結局、改造できないまま「寝たきり状態」になり、心ならずも病院や施設で老いていくという人が絶えない。

福祉先進国でも、かつては同じことを経験した。その苦い教訓を踏まえて、たとえばデンマークでは、入院した時点で役所の在宅係が病院を訪ね、本人や主治医と相談しながら住宅改造をすませてしまう方式がとられている。

ここだけの話ですが、マッチポンプならぬ、講演でマッチを擦って火をつけ、社説でガソリンをかけて燃え広がらせるという手法です。

夜間巡回型介護サービス登場で介護者がやさしくなれた

この戦術は、実は、反省から生まれたものでした。

初めのうち私は海外での成功や失敗の経験を社説で紹介しました。けれど、どんなに丁寧に書いても、日本での実践が目の前で展開されないと、人々は本気になりません。世の中はなかなか動き出してくれません。

朝日新聞家庭面での連載を読んで訪ねてこられた一人が榎本憲一さんでした。在宅ケアをめざす会社「コムスン」を、資本金三〇〇万円で八八年に設立したところでした。「コムスン」とは、コミュニティ・メディカル・システム・アンド・ネットワークの頭文字です。

榎本さんは、「社会福祉法人設立の壁はとても厚く、当時はＮＰＯの制度もなかったので、会社に

写真16-1 『「寝たきり老人」のいる国いない国──真の豊かさへの挑戦』(ぶどう社刊)

するしかなかったのです」と、のちに述懐しています。顧問は、農村医療のパイオニア、佐久総合病院の院長の若月俊一さんでした。

お立ち台のあるディスコ「ジュリアナ東京」で名を馳せ、高級住宅地に数億円の豪邸を建て、外車を乗り回すという人物が引き継いだ、後のコムスンとは雰囲気がまるで違いました。

若月さんからも声がかかり、私は例のスライドを抱えて福岡に向かいました。そして、二四時間対応のホームヘルプを受けて自宅で笑顔で暮らしているデンマークのお年寄りと日本で「寝たきり老人」と呼ばれている人を対比して話しました。

榎本さんの決断は早く、九二年八月には、福岡市、志《し》免町《めんまち》、久山町の二〇世帯の家庭にナースとヘルパーがペアで早朝夜間、訪問する事業が始まりました。

日本で初めての夜間巡回型介護サービスの実験です。

利用者の様子は目に見えて変わりました。介護する家族も変わりました。

「夜眠れるようになって介護者の血圧が下がった」「優しく接することができるようになった」「昼間散歩に連れ出せるようになり老母の足腰が強くなって自宅のフロに入れるようになった」……。

連載を本にしようと言ってくださる出版社も現れました。社員はご夫妻だけという超零細出版社、ぶどう社の市毛研一郎さんです。そうして誕生した、「真の豊かさへの挑戦」を副題とする『「寝たきり老人」のいる国いない国』(写真16-1)は、手から手へと広まり二九刷りを重ねています。

ホームヘルパーの待遇も役場なみにした鷹巣町

この本を手に、九二年のはじめ、「町民に話してください」と訪ねてこられたのが、秋田県鷹巣町の町長になったばかりの岩川徹さんでした。

私は例によって二つのスクリーンを用意していただきました。町民の皆さんにとってとりわけ印象的だったのは、全室個室のプライエムの映像だったようです。プライエムは直訳すればケアホーム。日本の特別養護老人ホームにあたるのですが、自室には思い出の品々や家具をたっぷり持ち込むことができ、自宅の雰囲気です。一方、鷹巣町の特養ホームは八人雑居。なにより笑顔が違っていました。

講演の三カ月後、ワーキンググループが発足し、一〇の小委員会に分かれました。そのとき、もっとも人気があったのが個室の特養ホームのプランをたてる委員会でした。

そこへ、当時の日本船舶振興会、通称、日本財団から夢のような話が舞い込みました。「個室の高齢者施設をつくるなら一五億円を無条件でプレゼントしましょう」というのです。振興会のブレーン、聖路加国際病院の日野原重明さんの信念から生まれた案でした。ところが、このプレゼントを町の議会が「贅沢すぎる」と蹴飛ばしてしまいました。町民はがっかりしました。

個室の施設の計画が難航する中で、新町長の岩川さんは、社会福祉協議会のスタッフを増やして在宅サービスを充実する作戦をとりました。**図16-1**をごらんください。九一年の岩川さん当選後に劇的に変わっています。

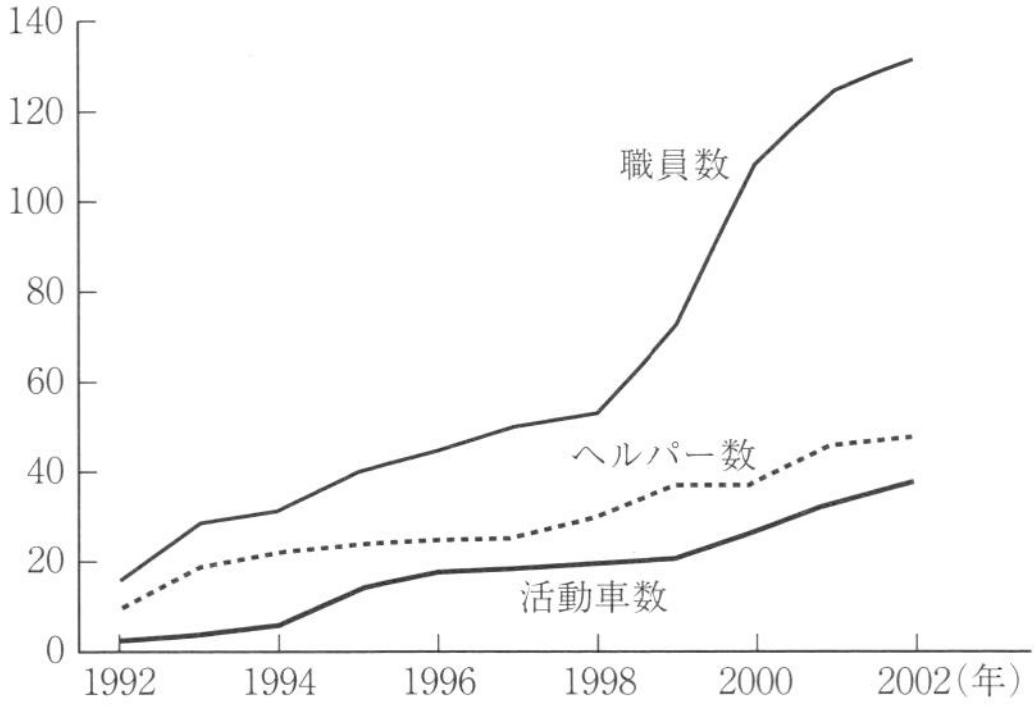

図 16-1　鷹巣町における社会福祉協議会スタッフ数の変化と在宅サービスの充実

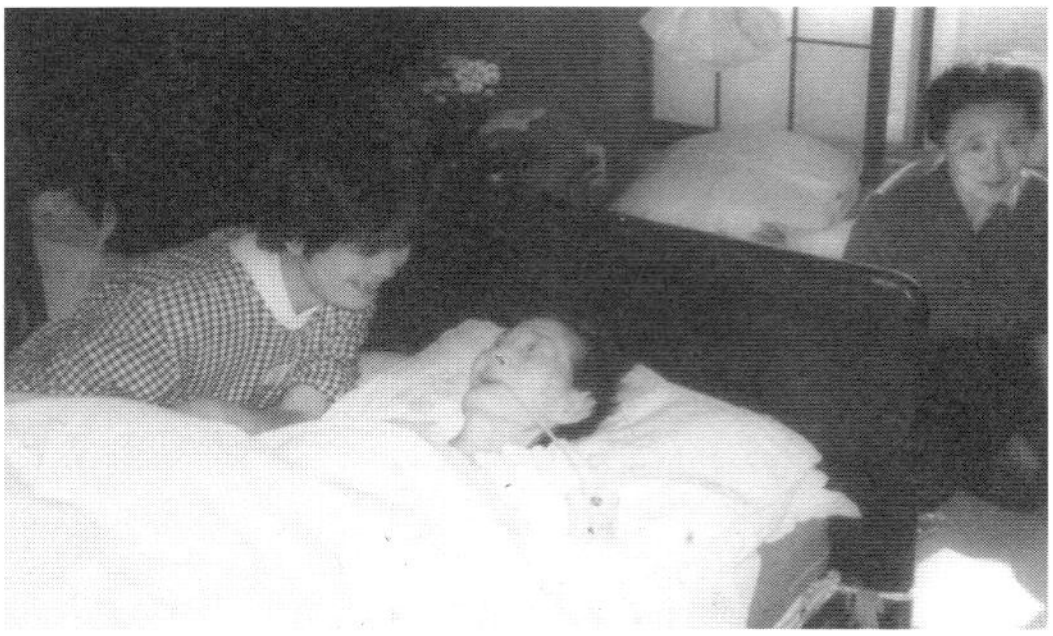

写真 16-2　真ん中は 69 歳で難病の妹．右の 72 歳の姉が介護してきた．左のヘルパーさんは，故郷の町が福祉を重視するようになったと聞き，東京から U ターンしてきた女性

ホームヘルパーの待遇も役場なみにしました。「女なら誰でもできる仕事」と軽んじる悪しき常識を破る英断でした。着任当時五人だったホームヘルパーは劇的に増えていきました。そのような基盤を整えた上で、自治体として初めての「二四時間対応のホームヘルパー派遣」に踏み切ったのです。

写真16-2の真ん中は六九歳で難病の妹。右の七二歳の姉が介護してきました。左のヘルパーさんは、東京からUターンしてきた女性です。故郷の鷹巣町が福祉を重視するようになったと聞いたから

でした。ヘルパーさんの支援がなければ、高齢の姉は体を壊し、二人そろって入院という事態になったことでしょう。

榎本さんの遺言

写真16-3は二〇〇二年五月の福祉と医療・現場と政策をつなぐ「えにし」ネットの集いでの榎本さんです。

写真16-3　在宅ケアの会社コムスンを設立した榎本憲一さん(中央)と榎本さんの片腕，松永喜久恵さん(右側)

この集いの一ヵ月後、大腸癌と分かって手術、すでに肝臓に広く転移していました。翌年三月二〇日朝、自宅で死去。亡くなる一ヵ月前に自ら書いた「惜別の言葉」には、こう記されていました。

「七四歳の人生を終わるに当たって、平凡な人間であった私に、多くの優れた方々が様々な激励と御支援を下さったことを深く厚く感謝申し上げます。公的介護保険は、日本の高齢者・障害者に福音をもたらす日本国民の優しい英知であろうと思います。

保険給付は、額において不十分であり、質においても十分なものではありません。しかし、質量ともに拡大していくことが可能であると思います。介護という仕事が、人を支え励まし、誇りある人生の結実に役立つことを信じております。さようなら」

第17話　事始め「小規模・多機能・地域密着」

過去を断ち切らないスウェーデンのグループホーム

介護保険制度が二〇〇〇年に始まったとき、批判の矛先が、思いがけなく私にも向けられました。「介護保険制度は、ぼけの施策が手薄なのが問題だ。朝日新聞が寝たきり老人中心のキャンペーンをしたせいだ」

認知症のお年寄りが縛られたり閉じ込められたりする実態を批判する社説はたくさん書きました。けれど、「では、どうしたらいいのか」についてのきめ細かな説得力ある提言は不足していました。といっても、皆無だったわけではありません。

たとえば、「痴呆性老人を見捨てない町――福祉の先進国家スウェーデンの実験」という一九八九年六月六日号の朝日新聞の『アエラ』の記事です。要約してみます。

はじめ、そこに住む人々が「ボケ」とは信じられなかった。

皆さん、華やかな柄のワンピースを着ていた。髪の手入れも行き届いている。ところが五分もしないうちにこの人たちのボケが尋常ならざるものだとわかった。

道案内役、王立工科大学客員研究員の建築家、外山義さんは千代紙を持参して、みんなの目の前で鶴を折ってみせた。流暢なスウェーデン語であっという間に親密になった……

そのフロアは五戸からなっており四戸が各人の居宅。残り一つは共同で使う食堂、居間それに職員の部屋になっていた。

居宅は、居間、寝室、ダイニングキッチン、トイレ・シャワー室、玄関。しめて六〇平方メートル。これにベランダが付く。

ある居間の本棚には難しい本が並んでいた。かつての家の内装をホームヘルパーから聞き出して、わざわざそっくりまねたのだ。過去を断ち切らないことが肝心なのだという。

介護の職員はお年寄り八人にフルタイム換算で九人。昼三人、夕方二人、夜間一人。日本の特別養護老人ホームや老人病院の介護人員の倍以上に相当する。

職員の訓練は行き届いている。親しく抱き合ったり、おしゃべりしたりはするが、お年寄りを子ども扱いしない。高齢者への尊敬を忘れない。叱りつけたりなどあり得ない。

認知症の人の人生と尊厳を大切にする、人手を十分かける、など、いまの日本にとっても、示唆に富んだ実践が紹介されています。

アエラ編集部から高齢者特集の相談をうけたとき、スウェーデン留学中の、当時は無名だった外山さんを紹介し、グループホームについての日本初のルポのきっかけをつくったのは、私の数少ない自慢のタネです。

認知症のためのグループホームの実験が始まっていることを耳にしたのは、「寝たきり老人」の理想的なケアを求めた八五年の旅(第7話)の訪問地スウェーデンでのことでした。

そして二年後、当時、札幌医大教授だった前田信雄さんから「貧乏しながらスウェーデンでいい研

写真 17-1　スウェーデンで1980年代に始まったグループホーム(山井和則さん撮影)

究をしている青年がいる」とききました。それが外山さんでした。アエラから相談を受けたとき、この二つが結びついたのです。

写真17-1は、後に厚生労働省の政務官になる山井和則さん撮影のスウェーデンのグループホームです。山井さんは、九三年、『スウェーデンのグループホーム物語』(ふたば書房)を出版しました。認知症グループホームのパイオニア、バルブロ・ベックフリスさんの著書を翻訳した上で、舞台となったバルツァー・ゴーデンでの一週間の体験記を加えたものです。

ただ、当時は、アエラの記事も山井さんの本も、「現実離れした遠い北欧の話」としか受け止めてもらえなかったのです。

障害福祉課長・浅野史郎さんの七原則

一方、知的なハンディを負った人々のためのグループホームは、一九八九年の一月に大蔵省の予算査定を通り、制度創設が確実になっていました。後に宮城県知事になった浅野史郎さんや専門官の中澤健さんたちの夢が実ったのです。

八七年九月、障害福祉課長に着任した浅野さんは七つの原則を告げました。

1　仕事は時間の長さではない。中味でこそ勝負すべし。
2　儀礼的な挨拶原稿の力は抜いて本来の課題に正面から取り組め。
3　すべて隠すことなく、情報や事態はガラス張りにせよ。
4　当課は何のためにあるかを考えよ。
本省の担当課は情報センターである。
毎日、県から来る人に障害福祉の情報を土産として要求せよ。
出張の折あらば、現場を見、現場の人と語れ。
5　大会、シンポジウム、研究会などにはできるだけ出席せよ。
6　親や団体としっかり付き合え。これらの人の言葉の重みをしっかり受け止めよ。陳情や要求の機会をゆめゆめおろそかにするな。
7　思想を言語化せよ。自分の担当している仕事について自分の考えを文章化する努力をせよ。

専門官の中澤さんは、国としてグループホーム制度をつくりあげるべきと二年続けて提案していましたが、局内で却下されていました。反対理由は二つありました。

「厚生省はこれまで福祉施設が必要だと予算要求をしてきているのに、今後は施設がいらないかのような要求をすると、親たちの期待に応えられなくなるのではないか」

「養護施設の小舎制を国が正式に認めていない段階で障害福祉施策の中でグループホームを制度化するのは厚生省の施策の一貫性上、問題があるのではないか」

ところが浅野さんは、着任するや、課内会議でグループホームを制度化する方針を、熱をこめて語りました。

「歩けない人に車いすが必要なように、知的なハンディのある人にはグループホームが必要」と。

前職の北海道庁福祉課長の時代にグループホームの実践現場を体験していたこと、そして「できない理由を考えるより、できる方法を考えよう」という信念、これに、中澤さんの情熱が火をつけたのでした。

「浅野七原則」は、介護保険を実現するために従来のお役所の掟を破った人々の行動と不思議なほど共通しています。

お古のプレハブで

話を認知症のお年寄りに戻します。

地域密着・小規模・多機能の福祉は、スウェーデンの情報に接する機会のない人々の間で始まりました。源を遡ると、八三年に開設された「デイセンターみさと」にゆきつきます(表17-1)。

当時のデイサービスは公立に限られ、「ぼけ老人は手がかかるからお断り」とはねつけたり、送り迎えを義務付けたり、回数を制限したり……。家族は、自身が過労で倒れるか、親を精神病院に入れるかの過酷な選択に追い込まれました。

「毎日でなくてもいい、ときおり預かってくれる場を!」と、小学校のお古を譲り受けた一八坪のプレハブの建物で始めたのが田部井康夫さんの「デイセンターみさと」でした。

この活動に勇気をえて、八七年、千葉に稲毛ホワイエ(写真17-2)が誕生しました。田部井さんを招いての一泊の研修会に参加したのが富山赤十字病院の看護婦だった惣万佳代子さんと西村和美さんです。九三年、惣万さんたちは病院を飛び出して、ケアの世界に飛び込みました。内科病棟を退院して老人病院に移ったお年寄りたちの悲しい姿を見たからでした。まげを結って表情豊かだった老婦人が髪を短く刈り上げられ、仮面のような顔になっていました。おむつをつけられ、それを外さないように手足を縛られている男性もいました。

「どうして畳の上で死なれんがけ」という訴えが、耳にこびりついていました。田部井さんの話をきいて惣万さんの決心は固まりました。

表17-1　地域密着・小規模・多機能型の施設の発展

1983	デイセンターみさと	群　馬
1985	愛の郷フランシスコの家	福　島
1986	紬の家ザ・セカンド	青　森
	元気な亀さん	埼　玉
1987	稲毛ホワイエ	千　葉
	ことぶき園	島　根
	わすれな草	高　知
	駒どりの家	兵　庫
	生活リハビリクラブ麻生	神奈川
1991	函館あいの里	北海道
	宅老所よりあい	福　岡
	B・Gみなみ	大　阪
1993	のぞみホーム	栃　木
	ぬくもりの家	滋　賀
	このゆびとーまれ	富　山

写真17-2　稲毛ホワイエ

「田部井さんは一八坪のプレハブから始められた。私には八〇坪の土地と二〇年の看護婦経験がある」

退職金で富山市内の住宅街にピンクの外壁の大きめの家をつくりました。無認可のデイケアハウス「このゆびとーまれ」です。絵入りの利用案内には、こうありました。

「笑いのある、楽しいひととき」
「だれでも、必要な時に、必要なだけ」
「年中無休」「手続きも簡略」

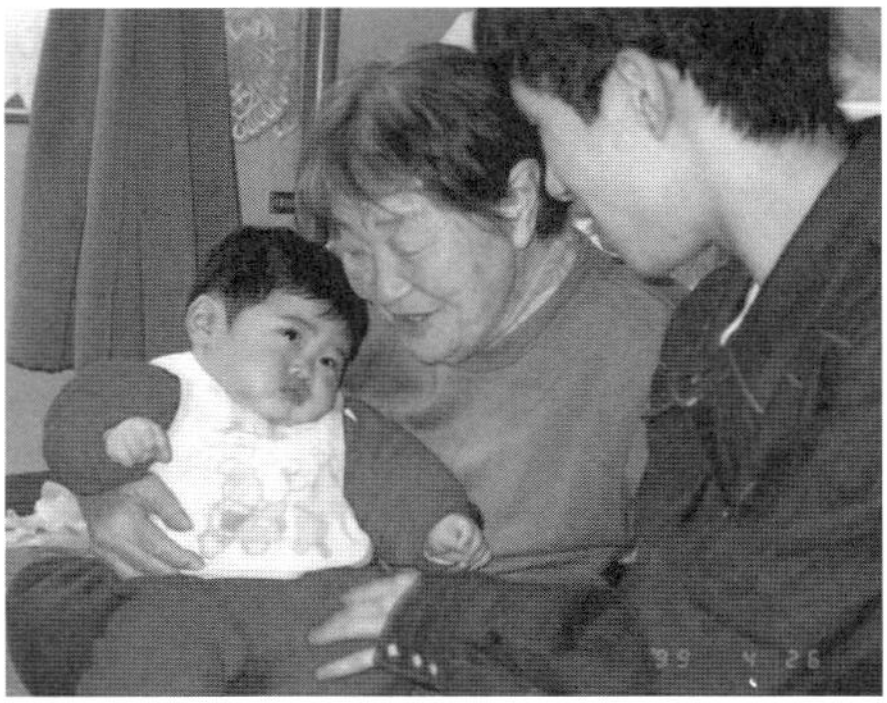

写真 17-3　あやし名人のキヨさん
(「このゆびとーまれ」で)

写真 17-4　誰が利用者？
(「このゆびとーまれ」で)

赤ちゃんも、手助けが必要な障害をもつ人も、物忘れの激しいお年寄りも、申し込めばその日から利用できます。必要なら、「お泊まり」も引き受けます。

認知症のお年寄りが、赤ちゃんを上手にあやしたり、利用者だった知的障害をもつ青年が準スタッフになったり（写真17-3・4）。

「託」老所から「宅」老所へ

「小規模・多機能・地域密着」の元祖は、島根県出雲市の「ことぶき園」（写真17-5）です。特別養護老人ホームで二〇年働いていた槻谷《つきたに》和夫さんが、自宅を建てようと貯めていた資金をはたいて、八七年につくりました。九〇年代のはじめにここを訪ねた私に槻谷さんはいいました。

「大規模な特養ホームで働いたことがあります。人里離れたところに設けられていて、面会者はほとんどありませんでした。ところが、施設のご近所のお年寄りが入所したら、家から家族が夕食のおかずをたびたび持って来て、とてもしあわせそうでした」

「家庭的な環境でお世話したかった。町なかで地域とのつながりを持ちながら、これまでと同じように生活してもらいたい。人間には住み慣れた場所に住む権利があるんです。少人数だといつも顔を合わせることになります。顔なじみの人間関係ができるとお年寄りは安心できます」

この挑戦に触発されて福岡で新たな試みを始めたのが、「託老所」を「宅老所」に改めたことでも知られる「よりあい」（写真17-6）の下村恵美子さん。槻谷さんの日本福祉大の後輩でした。

槻谷さんは、開園して五年目の一九九二年に自費出版の本を出します。いまは絶版となったその本

『誰もが望む老人ホームづくり――小規模多機能型老人ホームを実践して』のあとがきで、設立当時からの願いを切々と訴えています。

1　小規模(五―一〇人)のホームも公的認可事業としてほしいこと。住み慣れた地域にあること。

2　小規模・多機能のホームにしてほしいこと。いつでも必要な期間や時間が本人や家族の事

昭和62年(1987年)3月26日

小さいけれど理想の老人ホーム

出雲　指導員ら来月オープン

家族の悩み配慮 多機能

デイケア

夜間預かり

期間自由

写真 17-5　出雲のことぶき園誕生を報じる中国新聞

写真 17-6　「宅」老所の元祖福岡の「よりあい」

情により選べること。

3　プライバシー、人間の尊厳が守られるホームにすること。

この願いが、制度として日の目をみるまでには、二〇年近い日々が必要でした。

第18話　マル秘報告書と〝黒子〟たち

「飛躍的なサービス充実のために」

すべてのページに「取扱注意」と「マル秘」のハンコが押されている黄色く変色した未公表の報告書（写真18-1）――それが、今回の物語の主人公です。

多くの教科書や論文は「介護保険制度の歴史は一九九四年に始まった」と記しています。人々が、そう錯覚するのは無理もありません。

九四年四月、高齢者介護対策本部が厚生省に創設されました。七月には高齢者介護・自立支援システム研究会が発足し、その年の暮れ、研究会が社会保険方式を含む介護保険の骨格を提案したのですから、ふつうの人なら、そう思います。

けれど、それは、オモテの歴史。

マル秘報告はその一年以上前、九三年の夏と秋につくられたものです。夏のものは、「中間報告」で、そのときの制度設計案は「独立保険」でした。秋の「第二次中間報告」では別案として老健制度活用案を示しています。

八九年の介護対策検討会報告が介護の社会化の「受精」段階、九四年のシステム研究会報告が「赤ちゃん誕生」とすれば、九三年のマル秘報告は「妊娠三カ月」といったらよいでしょうか？

おなかの中の赤ちゃんの目鼻だちから指先までしっかりできているのに驚きます。粗削りながら介護保険制度の基本概念のほとんどが書き込まれています。

そればかりか、それから一二年たった、二〇〇五年の改正介護保険法案や障害者自立支援法案につながるものまで含まれているのです。

たとえば、「全額公費から社会保険方式へ」という節には、次のように書かれています。

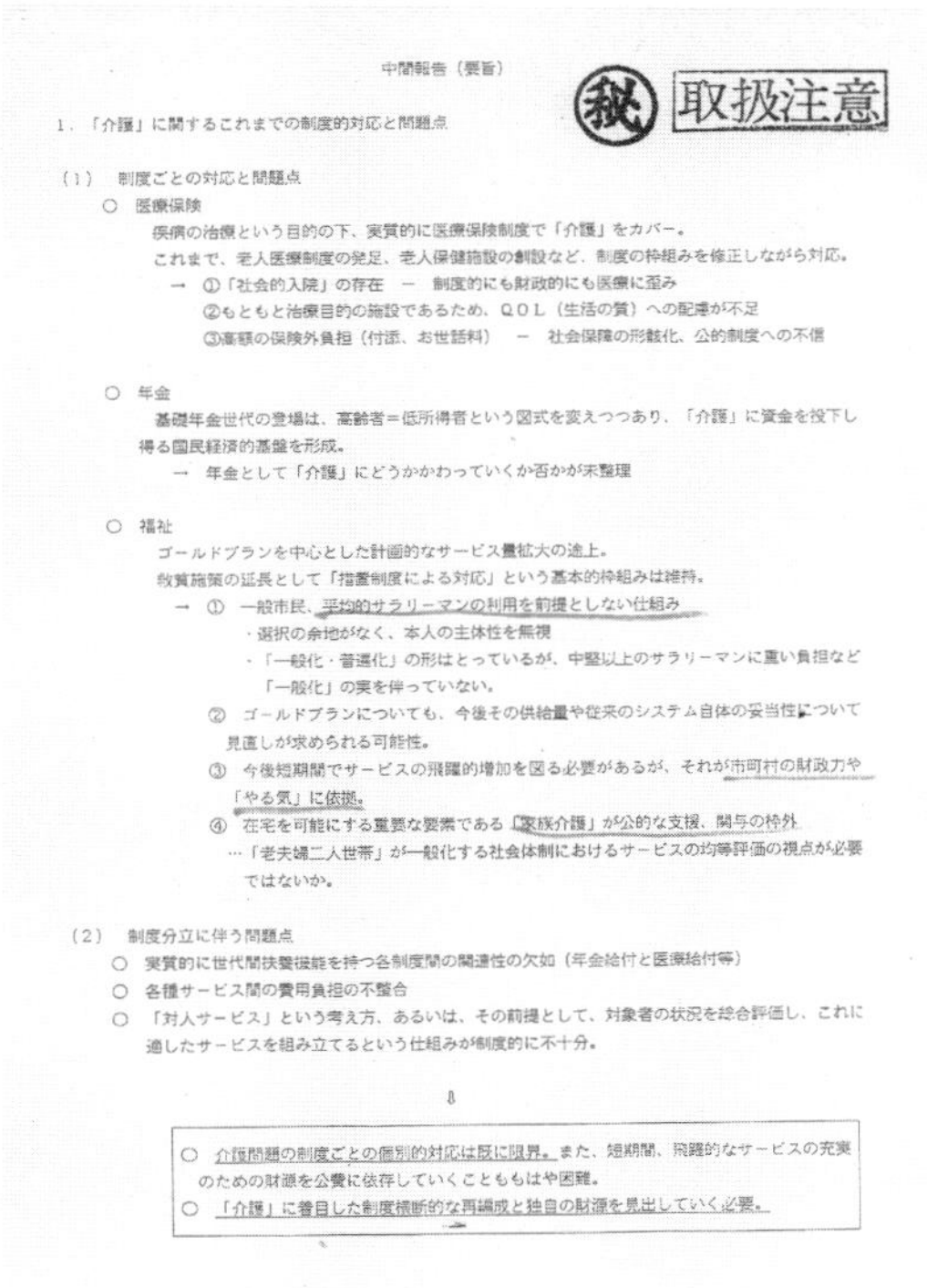

中間報告（要旨）

㊙ 取扱注意

1．「介護」に関するこれまでの制度的対応と問題点

（1） 制度ごとの対応と問題点

○ 医療保険

疾病の治療という目的の下、実質的に医療保険制度で「介護」をカバー。

これまで、老人医療制度の発足、老人保健施設の創設など、制度の枠組みを修正しながら対応。

→ ①「社会的入院」の存在 ― 制度的にも財政的にも医療に歪み

②もともと治療目的の施設であるため、ＱＯＬ（生活の質）への配慮が不足

③高額の保険外負担（付添、お世話料） ― 社会保障の形骸化、公的制度への不信

○ 年金

基礎年金世代の登場は、高齢者＝低所得者という図式を変えつつあり、「介護」に資金を投下し得る国民経済的基盤を形成。

→ 年金として「介護」にどうかかわっていくか否かが未整理

○ 福祉

ゴールドプランを中心とした計画的なサービス量拡大の途上。

救貧施策の延長として「措置制度による対応」という基本的枠組みは維持。

→ ① 一般市民、平均的サラリーマンの利用を前提としない仕組み

・選択の余地がなく、本人の主体性を無視

・「一般化・普遍化」の形はとっているが、中堅以上のサラリーマンに重い負担など「一般化」の実を伴っていない。

② ゴールドプランについても、今後その供給量や従来のシステム自体の妥当性について見直しが求められる可能性。

③ 今後短期間でサービスの飛躍的増加を図る必要があるが、それが市町村の財政力や「やる気」に依拠。

④ 在宅を可能にする重要な要素である「家族介護」が公的な支援、関与の枠外

…「老夫婦二人世帯」が一般化する社会体制におけるサービスの均等評価の視点が必要ではないか。

（2） 制度分立に伴う問題点

○ 実質的に世代間扶養機能を持つ各制度間の関連性の欠如（年金給付と医療給付等）

○ 各種サービス間の費用負担の不整合

○ 「対人サービス」という考え方、あるいは、その前提として、対象者の状況を総合評価し、これに適したサービスを組み立てるという仕組みが制度的に不十分。

⇩

○ 介護問題の制度ごとの個別的対応は既に限界。また、短期間、飛躍的なサービスの充実のための財源を公費に依存していくことももはや困難。

○ 「介護」に着目した制度横断的な再編成と独自の財源を見出していく必要。

写真 18-1　93 年の厚生省「マル秘」報告書

●平均二・五か月の寝たきり期間の発現率は、ガンや脳卒中より高く、本人や家族への影響は重篤。
●短期間、飛躍的なサービス充実のためには公費依存方式には限界。
●二つの方式が考えられる。ひとつは、市町村を保険者、二〇歳以上を被保険者とする独立の社会保険制度。もうひとつは現行の老人保健制度を拡大するもの。
●本人負担は一割。支払えない場合は市町村が立替払え、場合によっては、死後、遺産から徴収。
●食費・光熱水費・日常生活雑費は給付対象外。
●若年障害者にも自立支援サービスのニーズは存在するが、高齢者とは別に制度を設けることが適切。高齢者へのサービスを障害者も利用できるようにするため暫定的に、制度の中で老人に準じた給付を規定する対応も考えられる。

カナメに、〝自立支援サービス管理士〟

「高齢者自立支援保険制度の創設試案」という節に、当時として斬新なキーワードが並んでいます。

●市町村が委嘱し、本人の代理人をつとめる自立支援サービス管理士(ケアマネジャー)
●要支援ランクを管理士が判定
●組み合わせるべきサービス、行われたサービスを評価する自立支援サービス管理(ケアマネジメント)

● 管理士に情報提供、助言をおこなう在宅介護支援センター
● サービス調整チーム
● 自立支援サービス計画(ケアプラン)

表18-1　在宅給付(1月あたり)(1P＝100円)

<table>
<tr><th>区分</th><th>超重度</th><th>重度</th><th>中度</th><th>軽度</th></tr>
<tr><td>基本ポイント
直接介護サービス
訪問リハサービス
生活支援サービス</td><td>(注：どうしても在宅希望の場合は，重度Pを準用)</td><td>2,300P
上限</td><td>1,700P
上限</td><td>1,100P
上限</td></tr>
<tr><td>定額給付ポイント
家族介護</td><td>470P</td><td>400P</td><td>330P</td><td>200P</td></tr>
<tr><td>一時的給付ポイント
住宅改造サービス</td><td>上記(注)に同じ</td><td colspan="3">←→
1回　10,000P上限</td></tr>
<tr><td>医学的給付ポイント
医学的管理サービス
定期訪問診療
定期訪問看護</td><td>上記(注)に同じ</td><td colspan="3">←→
月1回　220P上限
←→
週1～2回　540P上限
←→
週1～2回　380P上限</td></tr>
</table>

給付も当初の六段階方式の原型というべき四段階の試案が示されています。**表18-1**は在宅給付です。

「給付上限」は、超重度・重度で月額二三万円、中度一七万円、軽度一一万円。

在宅給付は、深夜を含む介護支援、家事支援、配食サービス、デイサービス、ショートステイ、歯科医療を含む在宅医療サービスなどが「現物給付」。「現金給付」として、後に賛否で揉めた家族介護手当て。「償還払い」として住宅改造助成、福祉機器のレンタル、おむつ。

表18-2は施設給付です。老健施設は「短期家庭復帰支援センター」という名で登場しています。

ケアマネージメントという手法と思想

このようなシステムとサービスは、ロスキル大のベン

表 18-2　施設給付

区　分	機　能	想定するケアの内容	医療の取扱い（本制度からの給付）	医療法上の取扱い	イメージ
生活型（A 型）	長期の生活管理	ある程度重度の者を念頭に置いた機能回復・生活指導	日常軽微な医療（生活管理医療）を定額給付	病院ではない	特別養護老人ホーム
療養型（B 型）	長期を念頭に置いた療養（生活管理＋医学的管理）	慢性疾患の治療を想定．ただし，それがどういう疾患かによって，それぞれ異なった療養のパターンがあり得るし，またその方向が望ましい	入所者の生活管理と一体のものとして提供される必要のある定型的な医療（投薬・注射等）を給付 手術・処置等の非定型的な医療については，出来高を基本とする医療保険制度から給付	病院（二枚看板）	介護力強化型老人病院
短期家庭復帰支援センター（C 型）	短期間で家庭生活を可能にするような生活管理及び医学的管理（短期家庭復帰という視点からの A 型・B 型の支援）	居宅生活を念頭に置いた生活指導，復帰のためのリハビリ	症状安定者に対する定型的医療を給付 病状急変時の医療についても，原則定型的な医療をマルメで給付	病院ではない	老人保健施設

ト・ロル・アナセン教授の日本へのアドバイスと奇しくも一致します。第10話にも登場した教授は、デンマークの元社会大臣で高齢福祉の父と呼ばれ、自治体行政と経済学が専門です。

八九年秋、朝日新聞が主催して東京で開いたシンポジウム「寝かせきりゼロをめざし北欧などの実践に学ぼう」でのアナセンさんの基調講演を要約してみます。

●大切なのは、イェルプ・ティル・セブイェルプ(hjaelp til selvhjaelp)、セルフヘルプができるように支援することです。

●必要なサービスについて助言し、自立支援をマネージするのは、デンマークの場合は、福祉と医療の知識と経験をあわせもつ訪問ナースです。

●デンマークでは、ホームヘルパーと訪問ナースの二四時間体制の在宅支援システムを約半分の市町村がもっています。残りの市町村も朝七時から夜一一時までの体制です。こうすると、かなり重度の障害をもった人でも自宅で暮らし続けられます。

●体が不自由な人や料理が苦手な高齢者のために、市町村の責任で三六五日食事を届けています。

●不自由な手で食事をするための小道具、電動ベッドや車いすの提供、住宅改造も市町村の役目です。

●孤独にならないように、様々な種類のクラブ活動やデイセンターが用意されています。クラブや医師や家族を訪ねるための送迎サービスも個人負担はありません。

●財源は市町村が独自に定める市町村税です。市町村に財源と権限があると、対応が早くなり

ます。サービスを有機的に連携させることが可能です。

●二四時間の在宅支援サービスには、安心感と同時に、経済性もあることが分かりました。

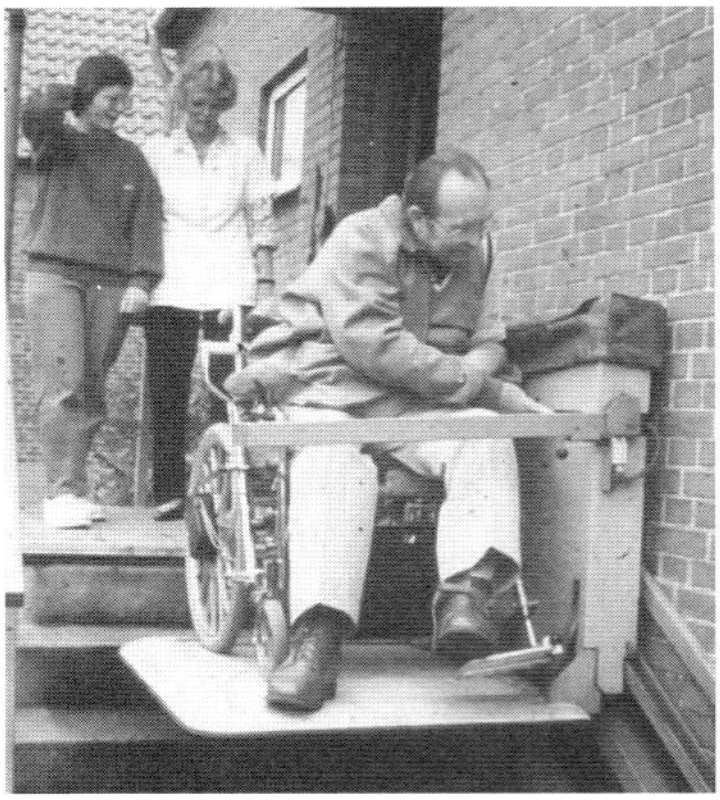

写真18-2　デンマークのケアマネージメント

写真18-2はアナセンさんが住むネストベズ市での風景です。右の男性は脳卒中の後遺症で左半身が不随です。けれど、車いすで階段を降りられる仕掛けが、入院中に取り付けられていますので、動く右半身を活用して一人で外出することができます。

左は訓練を受けたプロのホームヘルパーです。「目は離さないけれど、手は出しすぎない」という自己資源を活用するワザが身についています。

真ん中は訪問ナース。自立を支援する住宅改造やホームヘルパーの派遣など、全体をコーディネイトしています。これぞ、まさに自立支援です。

現在はビジテーター（評価者）という職種ができました。ナースだけでなく、作業療法士、理学療法士も加わっています。

阿部チームの夜の会議

ところで、マル秘報告書をつくったのは、老人保健福祉担当審議官だった阿部正俊さんと阿部さんが選んだ若手からなる省内検討チームでした。

厚生省を九五年に去り参議院議員に転じた阿部さんは、懐かしそうにいいます。

「自立支援サービス管理士は私の命名です。審議官室に各局の課長補佐クラス一〇人くらいが週二回、夕方から二時間ほど集まって、メモをとりながらカンカンガクガクやりました。分野ごとにレポートをつくって詰めていった。ほぼできあがったところで、各界の人を個別に招いてこちらの案をぶつけては、反応をみるという方法をとりました。みなさん批判はしても、対案はもっていないことが多かった」

そういえば私も「ご意見拝聴」の名目で阿部さんたちに呼ばれたことがありました。白紙状態で私の提案をきいてくれていると思っていたら、実は、厚生省案を小出しにしてぶつけ、こちらの反応を見るためだったのでした。

阿部さんは続けます。

「大蔵が介護のカネを出さないから社会保険を考えたという人がいるけど、誤解です。税金による措置制度とは違う新しい社会システムをつくりたかった。措置制度のもとでの与える福祉、お恵み福祉が嫌だったんです」

阿部さんがそう考えるようになったのは、生い立ちと関係があるかもしれません。

五歳のとき、片目を失ったのです。二人の兄と金太郎さんごっこの最中のことでした。末っ子の正俊少年が左手にマサカリの代わりの火箸を握って「マ〜サカリ担〜いだ金太郎」と歌に合わせて回っているうちにゴザにつまづいて転び、はずみで火箸が頬を突き抜けて左目まで刺さってしまいました。

放っておくと右目もダメになるといわれ左目をそっくり摘出。成長するごとに夜行列車で上京してはガラス製の義眼を大きめのものにとりかえなければなりませんでした。

東北大法学部の学生時代には、週末に、肢体不自由児施設でのプールや花壇作り、乳児院の掃除などをするワークキャンプに熱中しました。その経験の中で、哀れみを受ける立場に追い込む福祉に抵抗を感じてゆきました。

阿部さんの右腕は、官房政策課企画官だった間杉純さん(のちに政策統括官)。介護対策検討会報告を担当、第9話に登場した柴田雅人さんの三代後任で、和歌山県の老人福祉課長の経験者でした。

左腕は、埼玉県老人福祉課長から戻った香取照幸さん。後に「介護保険の鉄人」と呼ばれ、介護保険の制度化のカナメのひとりになった人です。

香取さんは、九一年に畑和《はたやわら》埼玉県知事の許可をえてデンマークを訪ね、アナセンさんの講演を現場で確かめてきていました。

「僕たちは黒子だから、なにも話せない」という香取さんに、「デンマークで学んだことは?」と尋ねたら、こんな答えが返ってきました。

「ひとつは、補助器具や自助具を使った自立支援の思想。もうひとつは、デンマークでやっていることは凄い。でも、ものの考え方を整理し、手順とカネの出し方を考えて徹底してやれば、日本でもできるという確信でした」

第19話　未明の首相記者会見、そして三四時間後……

八年ぶりの入浴

「国民皆介護保険制度の創設を！」という提言(写真19-1)が『月刊総合ケア』に載ったのは、厚生省が介護保険構想を公にする三年前の一九九一年一一月のことでした。抜き書きしてみます。

医療分野では、「国民皆保険」の下、病気や怪我をした場合に、保険証一枚で極めて容易に、しかも自由に治療を受けることができます。(略)

四人に一人が高齢者という時代が間近に迫るなか、介護を中心とする高齢者保健福祉サービスについても、社会保険方法を導入し、従来の社会のごく一部を対象とするような〝福祉〟の発想にとらわれることなく、〝いつでも、どこでも、誰にでも〟の発想で再構成することを考えても良いのではないでしょうか。(略)

「国民皆介護保険」の創設など夢物語のようにも見えますが、現実に向けてちょっとした動きは見られます。

一九八九年発表の「介護対策検討会(厚生事務次官の懇談会)報告書」では、明確に、(略)社会保険方式の導入についての検討の必要性が述べられています。(略)本年改正された老人保健法では、医療機関以外による「訪問看護制度」が創設されました。まさにこの制度は、これまで

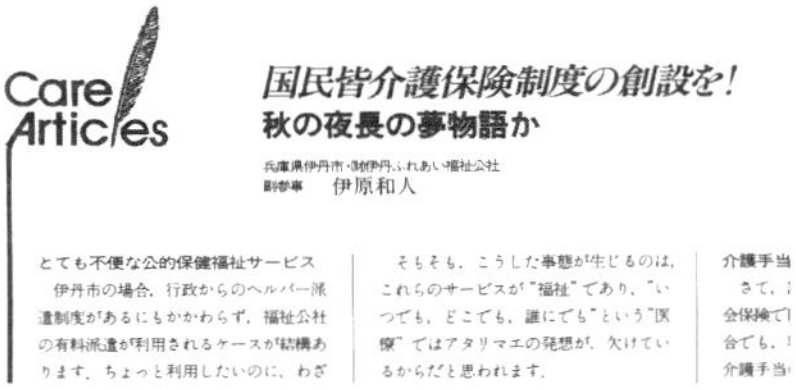
Care Articles

国民皆介護保険制度の創設を！
秋の夜長の夢物語か

兵庫県伊丹市・㈶伊丹ふれあい福祉公社
副参事　伊原和人

とても不便な公的保健福祉サービス
伊丹市の場合，行政からのヘルパー派遣制度があるにもかかわらず，福祉公社の有料派遣が利用されるケースが結構あります．ちょっと利用したいのに，わざ

そもそも，こうした事態が生じるのは，これらのサービスが"福祉"であり，"いつでも，どこでも，誰にでも"という"医療"ではアタリマエの発想が，欠けているからだと思われます．

介護手当
さて，
会保険で
合でも，
介護手当

写真 19-1　「国民皆介護保険制度の創設を！」という提言

の医療保険（略）に風穴をあけ、（略）ひょっとして、こうした動きが、福祉分野まで広がるのでは……と期待しています。

筆者は、当時まだ二六歳だった伊原和人さん（厚生労働省官房企画官を経て日本年金機構記録問題対策部長）です。

人事担当の河幹夫さん（内閣府市場化テスト推進室長を経て神奈川県立保健福祉大学教授）の「若いうちに現場体験を」という方針で、その前年、伊丹市に出向。自ら設立にかかわった福祉公社の訪問入浴車の「運転手兼バスタブ据えつけ係」を志願して介護最前線を体験している最中でした。

古いアパートの二階で暮らす老夫婦を訪ねた時のことです。バスタブに湯をはって背中を流していると、お湯の中から手を合わせて拝まれてしまいました。

なんと、「八年ぶりのオフロ」だったのです。介護する妻も高齢で、銭湯に連れて行くことなど夢にも考えられなかったのでした。

「霞ヶ関にいた時には、ゴールドプランがほんとうに役にたっているのだろうかと不安になったこともあったのです。けれど、伊丹市で働くようになって、確かな手応えを感じました」と、伊原さんは当時を回想します。

嬉しい手応えばかりではありませんでした。

「いつでも、どこでも、誰にでも」という八九年の介護対策検討会報告の提言とほど遠い、硬直した高齢福祉制度の仕組みに愕然としたのです。

措置制度の下では、窓口まで出向いて実にややこしい申請書を書かなければなりません。所得証明も提出しなければなりません。それを行政が審査し、可否を決めるのです。サラリーマン層は所得制限にひっかかって却下されることしばしばでした。実に使いにくいのです。

公費だから硬直する、と民間介護保険を奨励する人たちもいます。けれどこのような方式をとっているアメリカの医療は、利用できない人の不満がつのり、各サービスの単価は上昇し、社会全体としてのコストアップを招いていました。

保険証一枚で治療を受けられる健康保険のような、介護の「国民皆保険」ができないだろうか。

伊原さんは、そう考えて「国民皆介護保険制度の創設を！」という提言にたどりついたのだそうです。けれど、スジが通った提言なら実現する、とはいかないのが日本の常です。

新党さきがけ、新生党が自民から飛び出す

たとえば、「ゴールドプラン」は、八九年の参院選での自民党の大敗がなければ生まれませんでした。そのいきさつは、第10話「ゴールドプランと男は度胸三人組」でご紹介しました。

伊原さんの「秋の夜長の夢物語か」という副題が現実になった背景にも、思いがけない政局の変動がありました(**表19-1**)。

竹下派会長の金丸信氏が佐川急便事件で議員辞職。これがきっかけで竹下派が分裂し、自民党が割れました。

表 19-1　めまぐるしい政界ドラマと介護保険をめぐる動き

92 年 5 月	細川護熙氏「日本新党」旗揚げ
93 年 6 月	宮澤内閣不信任案可決
6 月	武村正義氏らが自民を離党し「新党さきがけ」結成
6 月	羽田孜氏らが自民を離党し「新生党」を結成
6 月	社会，新生，公明，民社，社民連の 5 党が，「非自民」連立政権樹立で合意
7 月	小沢一郎氏が「細川首相案」で根回し
7 月	総選挙，自民・非自民ともに過半数に届かず
8 月	新党さきがけ，日本新党を巻き込み細川非自民政権．連立与党党首全員入閣．大内啓伍民社党委員長が厚相に
10 月	大内厚相の私的懇談会「高齢社会福祉ビジョン懇談会」発足
94 年 2 月	小沢一郎氏と大蔵省幹部が細川首相に「国民福祉税」を根回し
2 月	未明の記者会見で細川首相が 7 パーセントの国民福祉税構想を発表．34 時間後に白紙撤回
3 月	ビジョン懇報告．医療：福祉を 2：3 に
4 月	厚生省に高齢者介護対策本部設置
4 月	ドイツで介護保険法成立
4 月	細川首相退陣
4 月	新生党の羽田孜党首が首相に
6 月	朝日新聞 1 面特ダネ「制度審将来像委・公的な介護保険の導入求める報告を作成中」
6 月	非自民政権崩壊，自社さ村山政権発足．厚相に井出正一氏
7 月	厚生省に高齢者介護・自立支援システム研究会設置
8 月	与党プロジェクトチーム，新ゴールドプラン提案
9 月	制度審将来像委員会が「公的介護保険導入」を提言
12 月	高齢者介護・自立支援システム研究会が「公的介護保険創設」を提言

九三年六月一八日の衆院本会議で、自民党羽田《はた》派と野党各党の賛成多数で、宮澤内閣不信任決議案が可決された。それが、事の始まりでした。

自民党から二つのグループが飛び出しました。

武村正義さんを中心に、当選一、二回の若手一〇人が「新党さきがけ」を結成しました。羽田孜《つとむ》さんと小沢一郎さんたち四四人も自民党を離党して「新生党」を結成。総選挙後に、社会、新生、公明、民社、社民連の五党で「非自民」連立政権をつくろう、と話がまとまりました。

ところが、蓋をあけてみると、自民党は選挙前の勢力を一議席上回り、「抜きん出た第一党である」と自信を見せました。評論家たちも、新生党と社会党の連立の難しさを指摘していました。

そこに登場したのが、「政界の仕掛け人」「ワザ師」「壊し屋」の異名をとることになる小沢一郎さんです。

日本新党首の細川護熙さんを「今の政治状況は、あなたが昨年、日本新党を旗揚げしたときから始まった。逃げるわけにはいかないでしょう」と説得しました。ためらう細川さんに、「あなたには、歴史的な役割と責任がある」「あなたを支える有能なスタッフが、非自民側にはたくさんいる。首相になっても心配はいらない」「クリントンだって知事から大統領になった。熊本県知事の経験があるあなたに、首相をできないわけがない」と追い打ちをかけました。

「細川さん、それは小沢の謀略だ」

小沢さんが、総選挙直後から細川首相擁立に動いたのには、いくつかの理由があるといわれます。

● 細川さんは「自民党が生まれ変われば、連携もありうる」と、選挙期間中、自民党との協力姿勢を示したことがありました。何としても非自民側に引き寄せる必要がありました。

● 新生党へのアレルギーが強い社会党の左派が羽田さんを首相にする案に難色を示していまし

た。細川さんなら、社会党内の亀裂も避けられそうでした。

●非自民連立政権は、政治改革が最大の看板とはいえ、景気対策、予算編成など、即座に対応を迫られる課題を抱えていました。寄り合い所帯で、基本政策も各党まちまち。衆院で約二三〇議席と最大勢力の自民党が、野党になって攻め立ててくるのは目にみえています。対応を誤れば、次期首相は大きく傷つき、ボロボロにされかねません。「細川首相」でこれを凌げば、新生党のエース羽田党首を温存することができます。

このような思惑から、日本新党をたぐり寄せ、社会党も非自民の枠内に取り込むという小沢戦略にとって、最後の難関になったのが、新党さきがけでした。

細川さんからこの会談の模様を聞いたさきがけ代表の武村正義さんと代表代行の田中秀征さんは「細川さん、それは小沢の謀略だ」と反対しました。けれど細川さんは小沢さんに説得されていて、ときすでに遅し。八月九日、細川連立政権が成立することになりました。

三八年間続いてきた自民党政権は終焉し、続く羽田内閣、村山内閣への扉が開かれたのでした。

大内厚相のもとに「高齢社会福祉ビジョン懇談会」、そこに

細川内閣の厚生大臣は、民社党委員長の大内啓伍さんに決まりました。この状況に、「チャンス、到来」と喜んだ人物がいます。厚生省官房総務課長だった和田勝さん(現・国際医療福祉大学大学院教授)です。

和田さんは、六九年に入省、公害や医薬品、健保改正などの政策に取り組んで、早くから次官候補

といわれていました。七七年から四年間、三重県庁で児童老人課長をつとめたときは、県下の特別養護老人ホームを三倍以上の二三施設に増やし、日本初の認知症特養の誕生を支援しました。

ただ、特養ホームの落成式のとき町長が「寝たきりのおふくろ入れたら次の当選は狙えないな」と話すのを聞き、差別感の残る措置制度の下の特養ホームの限界を痛感したのだそうです。

和田さんは、国会対策、根回しの名人といわれます。なぜか、どの党からも信任が厚く、NHKの国会討論会のときなど、自民、社会、民社、公明の四つの党からそれぞれに「発言の下書きを」と頼まれるという、不思議な特技をもっていました。

橋本龍太郎さんや丹羽雄哉さんなど自民党の社会保障族議員の大ボスはもちろんですが、後に総理大臣となる村山富市さんたち野党の幹部とは上野や浅草の飲み屋で酒を酌み交わし政策論議を戦わす肝胆相照らす仲でもありました。

大内さんの厚相就任の情報も密かにキャッチし、公表の三日前に古川貞二郎事務次官に引き合わせるという離れ業もやってのけました。民社党が新進党発足に伴って解散するときには感謝状を受けたというぐらい食い込んでいましたから、旧知の大内さんの大臣就任は大歓迎でした。

九三年一〇月一四日、大内厚相の私的懇談会「高齢社会福祉ビジョン懇談会」(略称「ビジョン懇」)が発足しました。座長には大和総研理事長の宮崎勇さん、座長代理に慶應義塾塾長の鳥居泰彦さん。当時の新聞は、「高齢化や少産化に対応するため高齢者介護と児童福祉の問題を取り上げ、裏付けとなる財源問題についても論議していく。来年三月にも報告書を取りまとめる予定」と報じています。

表 19-2 「国民福祉税」構想が 34 時間で消えるまで

2 月 2 日	
15 時 00 分	国会内で連立与党の代表者会議．国民福祉税を非公式に打診
23 時 48 分	首相官邸で政府・与党首脳会議と経済問題協議会の合同会議．社会党は「同意しかねる」
2 月 3 日	
0 時 52 分	細川首相が記者会見．国民福祉税の導入方針を正式発表
2 時 15 分	村山社会党委員長が記者会見で政権離脱の可能性を示唆
11 時 5 分	武村官房長官が記者会見で「反省すべき」
11 時 16 分	社会党の 6 閣僚が首相に再考を申し入れ
14 時 33 分	連立与党代表者会議．福祉目的税とする妥協案を社会党に提示
17 時 10 分	社会党中執委が「税率 7 パーセントを白紙にする」などの方針を決める
2 月 4 日	
11 時 30 分	代表者会議が国民福祉税を白紙に戻すことで一致

脚本・斎藤次郎大蔵事務次官、演出・小沢一郎

ところが、思いがけないことが起こりました。

二月三日の未明、午前〇時五二分、細川首相が七パーセントの「国民福祉税」を突然記者発表したのです。

大蔵省の斎藤次郎事務次官と小沢一郎新生党代表幹事、市川雄一公明党書記長などごく少数の間で調整して一気に決着を図ろうとしたものでした。そのため、「脚本・大蔵省、演出・ピンピンコンビ(またの名、イチイチコンビ)、主演・細川首相」と揶揄されることになりました。ピンピンとは、小沢一郎・市川雄一両氏を指しています。「福祉」という名前がついているのに大内厚相はまったくの蚊帳の外、「馬鹿にするにもほどがある」と激怒した、と伝えられます。

「ドイツの介護保険は眼中になかった」

国民福祉税構想が持ち出される以前から、省内で介護保険についての検討が進められていたことは、第18話「マル秘報告書と〝黒子〟たち」でご紹介しました。

そして、福祉のために消費税を引上げるという構想があえなくつぶれた(表19-2)ことが、厚生省が介護「保険」という政策選択を本気で考える契機となりました。介護保険方式に舵をきる、これが節目でした。

四月一日、厚生省は高齢者介護対策本部を設置しました。

この四月一日は、奇しくもドイツで介護保険法が成立した日でした。そのため、「日本の介護保険制度はドイツを手本にしたもの」と多くの人が錯覚しました。そして、「ドイツ詣で」が始まったのです。

ところが、和田さんはいいます。

「ドイツの介護保険は、まったく、われわれの眼中にありませんでした」

そのわけは、第20話で。

第20話　老健制度を手本に、高齢者介護対策本部

「薬漬け」を退治しようとしたら「粗診粗療」に

〝ミスター介護保険〟と後に呼ばれることになる山崎史郎さんに初めて会ったのは、一九九三年のことでした。講演のため北海道を訪ねた私の目の前に、分厚い説明資料を抱えた山崎さんが突然、現れたのです。北海道庁の成人保健課長。厚生省から出向中でした。

山崎さんには、厚生省の老人保健課長補佐のときの苦い思いがありました。

当時は老人病院全盛の時代でした。

「ヨメ」と呼ばれる人々の無給労働を前提とした「日本型福祉政策」が打ち出されて福祉予算が切りつめられ、家族は疲れ果てていました。それを目当てに、終生お預かり型の〝病院もどき〟が、地価の安い郊外に、にょきにょきと建てられていったのです。

日本の医療保険報酬は、薬を使えば使うほど収入があがる出来高払い制度をとっていました。そこで、志の低い経営者は「薬漬け」という手法を編み出しました。口からちゃんと食べられるお年寄りにまで点滴をする、といった方式です。

医療費は上昇し、日本独特の「寝たきり老人」が大量製造されました。

なんとかしなければ、と当時の老人保健課長、伊藤雅治さんたちは考えました。そして、薬の量を

増やしても収入が増えない「包括払い」、いわゆる「マルメ」を取り入れました。不必要な点滴が減って、お年寄りの顔色はメキメキよくなってゆきました(第13話)。

経営第一の病院は、この制度でも、収入を増す手法を考えだしました。必要な治療やリハビリを手抜きする「粗診粗療」の横行です。

山崎さんは米国生まれのMDS／RAPSというケア評価の道具を使ってこの状況を打開できないかと考えました。仲間と手分けして土日返上で翻訳し、北海道の老人病院に入院中のお年寄り一〇〇〇人にこれを試してみました。私が北海道を訪ねた時は、その成果が出始めたころだったのです。

「難しいことを、楽しそうに」

このような仕事ぶりを注目していた人がいました。事務次官の古川貞二郎さんです。

古川さんは次官を退官後、官僚機構の頂点、内閣官房副長官に就任。八年七カ月という史上最長の在任期間中に、村山、橋本、小渕、森、小泉、五代の首相を支えることになった大物次官です。

枕元にもメモをおいて、五、六年後の政策を担う人事のプランを練るという深謀遠慮の人。山崎さんを、「難しいことを、楽しそうにやってしまう」と、かねがね評価していました。

そのころ古川さんは、政策の重点を介護の充実に向けなければならないと考えていました。同時に、財源を租税に頼ることの限界を感じていました。税財源は大蔵省がにぎっていて思うように増やせません。

国民福祉税騒動で、税財源を膨らますことが至難のワザであることもはっきりしました。

そのような限られた税財源の制約の下で介護の財源を確保しようとすれば、他の福祉サービスを食ってしまうことにつながります。そうはいっても、医療保険や年金保険のような社会保険方式への政策転換には、大蔵省はもちろん、省内からも反発が予想されました。

古川さんには多くの「語録」があるのですが、その中に「やるか、やらないか迷うときはやる方をとり、A・Bどちらか迷うときは、「やりたくないなあ」と思う方を選ぶ」というのがあります。この問題でも困難な道が選ばれました。

「老健制度をつくるとき、八木哲夫事務次官が本部長になって対策本部を立ち上げ、うまくゆきました。私はまだ国保課長だったのですが事務局長に据えられました。あのときのように、厚生省あげて取り組もうと考えたのです」と古川さんは懐かしそうです。

古川本部長のもと、初代事務局長は、第18話に登場した阿部正俊審議官(のちに参議院議員)。阿部さんが老人保健福祉局長になってからは、〝調整の名人〟和田勝審議官が事務局長に任命されました。そして専従スタッフのトップ、事務局次長として、山崎史郎さんが北海道から呼び戻されたのでした。

「苦労をかけることになると思う。いろんな人が君を蹴飛ばしにくるかもしれない。渡邉芳樹くんを兼務で助っ人につけよう」と古川次官から言われました、と山崎さんは回想します。第10話にも登場したその渡邉さんは、ゴールドプラン策定にもかかわり、スウェーデン大使館勤務の経験もあって、この分野に明るく、八方目配りができる人物でした。

こうして、いよいよ、高齢者介護対策本部が誕生することになり、記者クラブに発表している九四年四月八日、細川首相が、またまた、突然の記者会見をしていました。

「寝たいってことですよ。休みたいってこと」

こんどは、辞意表明でした。

高齢者介護対策本部設立は、細川内閣と大内厚相の最後の仕事となったのでした。

市町村は、最初の政府

山崎史郎さんの最初の仕事は、九四年七月に立ち上げる高齢者介護・自立支援システム研究会の座長役を口説くことでした。

白羽の矢をたてたのは、「市町村は最初の政府」と唱えていた、行政学が専門の東大教授、大森彌《わたる》さんです。

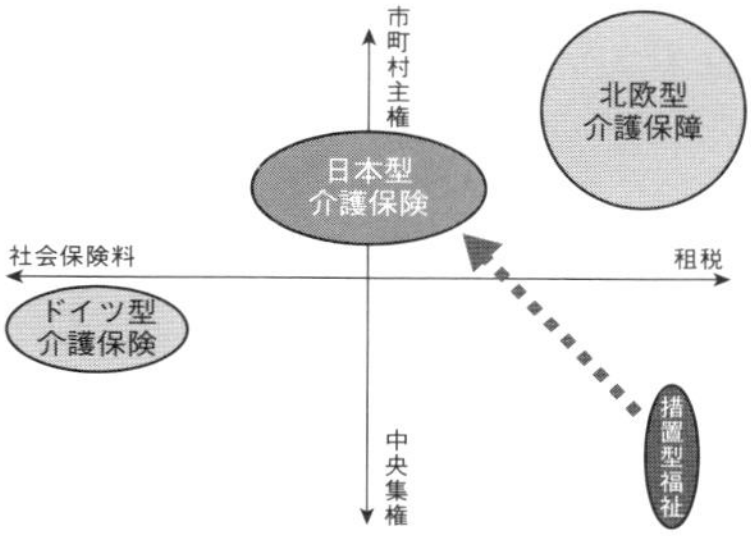

図 20-1　保険それとも税金

図20-1をご覧ください。北欧、ドイツ、日本の介護保障の特徴を二つの軸で私流に分類してみたもので、面積は財源の大きさを表しています。

X軸は財源が社会保険か租税かを表しています。

ドイツは全額社会保険料、日本の措置制度と北欧は全額租税。日本の介護保険は、税と社会保険料をあわせた折衷型制度です。

Y軸は、中央集権的運営か市町村主権か、です。

北欧の介護保障は、租税といっても市町村税ですから、市町村が主役です。日本の措置制度は、細かいところまで中央で決める中央集権です。

税方式と名前はおなじでも、中央で万事、細かく決めてしまうか、市町村の事情、必要度によって住民の意向を確かめながら集めて使うかで、結果はまったく違うことになります。ドイツは州が主役。日本の介護保険を設計した若手官僚たちは市町村を主役にする北欧型を目指していました。

「介護保険」という名称から、ドイツの介護保険を手本にしたと誤解する人が多いのですが、事務局には「ドイツを手本に」と考えている人は、いませんでした。

ただし「介護保険の手本はドイツ」という誤解は解かないようにしていました。政界、財界には「ドイツびいき・北欧嫌い」の重要人物が多かったからです。

介護サービスのメニューも、市町村を事業の主役にすえることも、デンマークやスウェーデンなど北欧がモデルでした。ただし、費用調達の方式としては、北欧流の市町村税方式は日本の歴史的背景にはなじまず、実現も難しいという判断から、医療保険のように税金と社会保険料をあわせた日本型の財源を本命にすえたのでした。

大森彌教授のつらい体験

大森さんは当時を鮮明に覚えていました。

「山崎さんが訪ねてきたとき、私は、開口一番、厚生省は本気で措置制度を廃止する決心をしているのですかと尋ねました。すると「かならず廃止します」という。次に、専従を置くのですかと尋ねました。「置きます」という。背水の陣だな、と思いました」

大森さんが措置制度の廃止を強く主張したのには、学問的理由の他にもうひとつの背景がありました。

〝生まれながらの大学教授〟といった風貌からは想像できませんが、大森さんは幼くして父を失い、町工場で働きながら夜学で高校を卒業した経験の持ち主です。バーテン、道路作業員、くず鉄業、あらゆるアルバイトを経験しました。

生活保護を受けていることが、小学校の担任教師の口から、級友に知られてしまい、惨めな思いもしました。

人間の誇りを傷つける「措置」という制度の宿命を、身をもって体験していたのでした。

第21話　ヤーさんと〝同志〟たち

介護保険の世界のＹＫＫ

政界の盟友ＹＫＫ、山崎拓・加藤紘一・小泉純一郎の皆さんは、激しく浮いたり沈んだり。その間柄も敵味方、混迷をきわめています。対照的なのが、介護保険の世界のＹＫＫ。誰一人沈むことなく、活躍中です。

Ｙは、前回登場した高齢者介護対策本部の初代事務局次長、山崎史郎さん。三つのＫは、二代目次長の香取照幸さん、三代目の〝喋る介護保険〟唐沢剛さん、四代目の〝歩く介護保険〟神田裕二さんです。

香取さんの称号は、〝介護保険の鉄人〟。その整った顔だちから、カトリーヌ・カトリとも呼ばれます。一九九四年四月、対策本部が発足したとき、老人保健福祉局企画課長補佐と兼務でこのプロジェクトに参画して以来、山崎さんとともに車の両輪のように介護保険を引っ張ってきた人物です。

劇薬？　岡本祐三さんと樋口恵子さん

対策本部の最大の課題は、「高齢者介護・自立支援システム研究会」の人選でした。座長には、地方分権に造詣が深く、自治省にも一目置かれている人物を、と、東京大学教養学部教授の大森彌さんに白羽の矢がたち、第20話のようなやりとりをへて承諾してもらうことができました。大森さんのファーストネーム、彌は、「わたる」と読むのですが、正しく読める人はめったにおらず、「ヤーさん」という通称が定着しています。

人選で「かなり揉めた」のが、岡本祐三さん、「すこし揉めた」のが樋口恵子さん、いずれも香取さんが強く推薦した人物でした。

岡本さんは、朝日新聞のシンポジウムに度々登場していただき、朝日新聞社から『デンマークに学ぶ豊かな老後』という本も出しておられたので、朝日新聞の読者には知られていました。でも、他紙の愛読者にとっては無名の存在で、肩書も当時は阪南中央病院の内科医長。

おまけに、この病院については、「同和地区を支援する新左翼の病院」「水俣病にからむ裁判で厚生省に不利な証言をした医師が大勢いる病院」という情報が流れていて、厚生省内からは「とんでもない」と横やりが入りました。

第5話にも登場した樋口さんは、厚生省にも手厳しい批判の論陣を張る辛口の評論家として知られていました。高齢社会をよくする女性の会の代表でもありました。

「研究会の結論は、新たな保険料負担を提案することになる可能性がある。負担増を嫌う女性の意見を背負って研究会の中で激しく反対されると一大事」と心配する人がいたのでした。

香取さんの提案を応援したのは、後に二代目事務局長になる〝調整の名人〟和田勝さんでした。和田さんは言いました。

「厚生省に批判的で、発信力のある人にこそ、入っていただこう。劇薬は、最初に飲んだ方がいい」

この和田さんの判断は、後々、介護保険を推進する人々から、感謝されることになります。岡本さんは自治労に、樋口さんは女性たちに、影響力を発揮し、介護保険の実現に貢献することになったからです。

「介護地獄」を味わった東大教授・宮島洋さん

その他のメンバーはスラスラと決まりました。

東京大学経済学部教授の宮島洋さんは、九三年一〇月に始まった大内厚相の私的懇談会「高齢社会福祉ビジョン懇談会」のメンバーに招かれ、厚生省との縁ができたところでした。このころ官房総務課長だった和田さんが、「介護と子育て支援にもっと税金を割くように、社会の関心を向けよう」と考え、大内厚相を口説いて設けた懇談会でした。

宮島さんは、こう打ち明けます。

「財政学者としてメンバーに加えていただいたようですが、実は、私自身、週二回、お袋とおやじを泊まり込みで介護する立場を経験し、研究者としての仕事もおろそかになって悩み、追い詰められた当事者だったのです」

宮島さんの父上は哲学の教授。夫人との間に、四人の子宝に恵まれ、息子三人は、長男が社会学、次男の洋さんが財政学、三男は政治学で頭角をあらわすという幸せな学者一家でした。

ところが、母上は糖尿病で失明。父上も、八八年、脳梗塞で倒れ、九一年に亡くなるまで意識がもどりませんでした。

「女房たちに負担をかけるのはやめよう、と意見が一致し、実の子四人で輪番制で泊まり込みと病院通いをすることになりました。男三人が大学の教師だったからこそできたことですが、この三年間が、実につらかった。その中から、これまで見えなかったものが見えてきました」

橋本泰子さんは、介護対策検討会に続いて

東京弘済園弘済ケアセンター所長だった橋本泰子さん(のちに大正大学教授)は、介護が必要な高齢者を、住み慣れたなじみの町で支える実践のパイオニアでした。

現場に根ざしたその発言や提言を買われて、介護の政策を日本で初めてとりあげた八九年の介護対策検討会の委員に。

以来、このシステム研究会、老人保健福祉審議会、社会保障審議会……と介護の政策にかかわり続けました。

九四年一二月に公表された研究会報告に次のような、一節があります。

今後の高齢者介護の基本理念は、高齢者が自らの意思に基づき、自立した質の高い生活を送ることができるように支援すること、つまり『高齢者の自立支援』である。

従来の高齢者介護は、どちらかと言えば、高齢者の身体を清潔に保ち、食事や入浴等の面倒をみるといった「お世話」の面にとどまりがちであった。

今後は、重度の障害を有する高齢者であっても、例えば、車椅子で外出し、好きな買い物ができ、友人に会い、地域社会の一員として様々な活動に参加するなど、自分の生活を楽しむこ

――とができるような、自立した生活の実現を積極的に支援することが、介護の基本理念として置かれるべきである。――

山崎史郎さんによれば、この文章の後半は、最終段階の原案を橋本さんが見て、特に求めて挿入し、岡本さん、樋口さんが、強力に応援した結果、盛り込まれた文章だそうです。

縁は異なもの

ところで、樋口さん・岡本さん・香取さんの縁結びには、私もちょっぴり関係しています。岡本さんに初めて会ったのは、八七年、朝日新聞社の医師向け雑誌『モダンメディシン』の座談会の席上でした。

「デンマークの介護政策転換のリーダーが来日するので、座談会を企画してはどうかしら」という私の提案に、副編集長の秦洋一さん(故人)が関心を持ってくれたのです。秦さんは、出席者に岡本祐三さんを加えました。理由は、私を疑っていたからでした。

「岡本さんは「デンマークには寝たきり老人という概念がない。一人暮らしの要介護のお年寄りも、起きてお洒落して、自宅で暮らすことができている」という記事について「良いところだけ見せられたのではないか」と強く疑っている、だから適任」と秦さんはいいました。

けれど、この座談会がきっかけで岡本さんは、デンマークに何度も出かけてくださることになったのですから、出会いというものは不思議です。

著書『デンマークに学ぶ豊かな老後』(朝日新聞社)のあとがきに岡本さんはこう書いてくださってい

ます。

「著者とデンマークとの出会いをつくって下さったのは、(略)大熊由紀子さんであり、その〝深謀遠慮〟により、筆者が「北欧ショック」を受けることができたのは、真に幸いだった」

私にも、幸いでした。最も手ごわい「敵」が消えて、味方が増えたのです。そればかりか、高齢者介護・自立支援システム研究会の委員になった岡本さんを通じて、北欧の自立支援の哲学やケアシステムが報告書に生かされることになったのですから。

岡本さんと私が出会った八七年、朝日新聞は二日がかりの国際シンポジウム「高齢化社会を考える」の準備を進めていました。予定された討論参加者は、日経連の亀井正夫さん、連合の山岸章さんはじめ、米・英・独の高名な教授たちでした。

松山幸雄論説主幹から生まれて初めてのコーディネーター役を命ぜられた私は、事務局に掛け合って、岡本さんと樋口さんをパネリストに加えてもらいました。現場に精通したおふたりの発言は説得力があって、聴衆にも、読者にも、強い印象をあたえてくださいました。その懇親会の席で、樋口さんと岡本さんの縁が結ばれました。

香取さんと私の縁を結んでくれたのは、後に介護保険の強烈な反対者となり、激しく論陣を張ることになった滝上宗次郎さん(故人)でした。滝上さんは、当時は香取さんの力量に惚れ込んでいて「ぜひとも会うべきだ」と私に引き合わせたのでした。香取さんと私の縁は続いて、九〇年、香取さんが埼玉県の老人福祉課長に出向してからも、介護について意見を交わすようになりました。九一年、岡本さんが団長、樋口さんも参加するデンマーク視察団が結成されたとき、香取さんに参加を勧めたのはそんな縁でした。

香取さんが周囲の反対を押し切って、樋口さんと岡本さんを委員に推薦し続けた背景には、九一年のデンマーク視察の旅の中で生まれた信頼がありました。

第22話　大きく羽ばたいたシステム研の面々

委員と事務局がトコトン議論

高齢者介護・自立支援システム研究会（略称「システム研」）のメンバーだった慶應義塾大学大学院教授の田中滋さんは、この研究会で珍しい体験をしたといいます。

「役人という人種は、答弁はするけど論争はしない、そんなシキタリがあるらしい。審議会や研究会で委員に反論する役人は、阪大教授になった老健局長の堤修三さんくらいのものです。ただ、システム研は違っていました。委員も事務局も一緒になって、トコトン議論しました。そこから、同じ目標に向かう連帯感みたいなものが生まれました」

第21話に続いて、システム研（**表22-1**）のメンバーをご紹介します。

●山口昇さん

九四年当時は、国診協（全国国民健康保険診療施設協議会）の会長で、広島県御調《みつぎ》町（現・尾道市御調町）にある病院の院長でした。広島県選出の増岡博之さんが八四年、厚生大臣に就任したのが縁で、大臣秘書官だった大塚義治さんや広島出身の吉村仁さん（故人）と知り合いました。ふたりとも、その後、事務次官になった大物。これが縁で、厚生省との付き合いが深まりました。

地域医療や「寝たきり起こし」の実績を買われてメンバーに加わり、座長代理もつとめました。

表22-1　高齢者介護・自立支援システム研究会委員名簿

座長	大森　彌	東京大学教養学部教授
座長代理	山口　昇	公立みつぎ総合病院長
	岡本祐三	阪南中央病院内科医長
	京極高宣	日本社会事業大学教授
	清家　篤	慶應義塾大学商学部教授
	田中　滋	慶應義塾大学大学院経営管理研究科教授
	橋本泰子	東京弘済園弘済ケアセンター所長
	樋口恵子	東京家政大学教授
	宮島　洋	東京大学経済学部教授
	山崎摩耶	帝京平成短期大学助教授

●京極高宣さん

八〇年代なかば、厚生省の社会福祉専門官として社会福祉士と介護福祉士の資格制度成立のために走り回りました(第11話)。経済学出身で福祉と行政に詳しい人物ということで白羽の矢がたちました。

●清家篤さん

介護を論ずる上で不可欠なのは、介護スタッフの労働条件です。これに労働経済の側面から光をあててもらおうという目論見でした。新たな制度をつくる上で交渉相手になる「連合」にも信頼されている人物であることも頼りにされた理由です。

●田中滋さん

同じ慶應義塾の経済分野の教授ですが、専門は違って経営管理学。京大教授の伊東光晴さんを中心に据えて吉村仁さんがつくった若手経済学者の研究会で、「錯綜した議論を綺麗に整理して、概念を組み立てる人」と評判になったのが厚生省との縁のはじまりです。

私も、一九九〇年に『「寝たきり老人」のいる国いない国』(ぶどう社)を書いたとき、助教授時代の田中さんに〝助っ人〟として登場していただいた経験があります。「国民負担率が高まると国民は負担にあえぐ、と大蔵省や財界はいうけれど、この指標は国民の「真の負担」を反映しているわけではない」というのが田中さんの説です。これをはっきりさせるために、「純負担率」「正味負担率」という概念を提唱していました。

「純負担率」は、「いわゆる国民負担率」から、国民ひとりひとりに戻ってくる社会保障給付を差し引いた数字です。これで比べると、スウェーデンと日本とで、見かけ上三四ポイントも開いているように見える「負担」率の差も、六ポイントに縮んでしまうのです。

●山崎摩耶さん

訪問看護の草分けのひとりです。東京の新宿区民健康センターでの実践で出会った人々を描いた『やさしき長距離ランナーたち』(潮出版社)で八四年に潮賞(ノンフィクション部門)を受賞。訪問看護事業を立ち上げた伊藤雅治さんたちが始めた勉強会、ニューホライゾン研究会のメンバーに加わったのが厚生省とのつきあいのはじまりでした。

システム研のメンバーたちは、この研究会に参加したことがきっかけになって、大きく羽ばたくことになりました。

京極さんは、日本社会事業大学学長となり、数々の委員会の座長、そして、国立社会保障・人口問題研究所所長に。山口昇さんは、システム研報告が出た翌年の九五年、故・矢内伸夫さんのあとをついで全国老人保健施設協会の会長に就任して、介護保険実施の各段階にかかわることになります。

まったく予想したことのない人生を歩むことになったのが山崎摩耶さんです。まず、短期大学の助教授から、四年制大学の教授に迎えられる話がまとまりました。ところが、その矢先、日本看護協会から「常任理事に」とスカウトされたのです。迷った末に看護協会へ。九五年からの一〇年間、看護

表 22-2　1994 年 7 月時点の高齢者介護対策本部事務局の陣容とその後のポスト

事務局長	和田　勝	国際医療福祉大学大学院教授(三重県)
事務局次長	山崎史郎	厚生労働省老健局総務課長(北海道)
☆	渡邉芳樹	厚生労働省年金局長(スウェーデン)
次長補佐	増田雅暢	内閣府少子・高齢化対策担当参事官(岡山市)
	伊原和人	厚生労働省企画官(伊丹市)(障害保健福祉部併任)
☆	香取照幸	厚生労働省雇用均等・児童家庭局総務課長(埼玉県)
主　査	池田宏司	OECD に出向中に事故で死去
	泉　潤一	大阪府健康福祉部高齢介護室介護支援課長
事務局員	野村知司	厚生労働省精神保健課長補佐
	渡辺幹司	岡山市保健福祉局福祉部長

☆は併任，(　　)内は出向していた土地，ポストは記事が『介護保険情報』に掲載された 2005 年当時のもの

協会の「顔」として活躍することになり、さらに参院議員に。

もう一組の〝同志〟たち

冒頭の田中さんの言葉に出てくる「トコトン議論した高齢者介護対策本部事務局」にも、一〇人のサムライが集められていました(**表22-2**)。

以下は、野村知司さんの回想です。

「事務局次長の山崎さんは、昼間、事務局で顔をみることはめったになく、外に出ていろんな人に会っていました。だから、打ち合わせは、日付が変わった深夜になるのが常。そこに、〝ナマイキな口をきく、どこかの課の係長〟が、なぜかいつも座っていて、山崎さんと、時に仲良く、ときに激しくやり合っている。係長なのに、なんであんな偉そうな口をきけるのか不思議でした」

「係長」に見えたのは、歳より若く見えてしまうのが悩みの香取照幸さん。山崎さんより二年後輩ですが、係長ではなく、課長補佐で、老人保健福祉局企画課と対策本部を併任していたのです。「そこにいても」「対等に口をきいても」、それほど不思議はなかったのです。

野村さんの思い出話は続きます。

「香取さんはアタマがよくて、弁がたつ。論争したら勝ち目がないので、たいていの人が引き下がってしまう。ところが、ただひとり、果敢に論争を挑んでいた。それが伊原さんでした」

伊原さんを無理やりこのチームに引き込んだのは事務局長の和田勝さんでした。

伊原さんは人事院の海外派遣の試験に合格してアメリカに行くことが決まっていました。それを、「この仕事のメドがついたらかならずアメリカに行かせるから」と和田さんが説得したのだそうです。

伊原さんは、伊丹市役所に出向していた二六歳のとき、「国民皆介護保険制度の創設を！」という提言を『月刊総合ケア』に書いていました(第19話)。九一年、システム研発足の三年前のことです。

「それを知っての人選だったのですか？」と和田さんに尋ねたら意外な答えが返ってきました。

「まったく知らなかった。僕が登場した第19話「未明の首相記者会見……」の冒頭に伊原くんが登場しているのでびっくりしました。彼は、逃げない、へこたれない、責任感が強い。そこを見込んだんです」

自治体で措置制度の限界を知った若手たちが

もうひとつの理由がありました。入省したての四人は別として、スタッフはいずれも自治体で仕事をした経験の持ち主です。

ジャーナリストを目指して中央公論社に入った後、米シラキュース大学大学院で政治学を学び、厚生省に入省した増田雅暢さんは九一年から九四年まで岡山市の部長に出向していたときの経験をこう話します。

「在宅ケアのカナメはヘルパーなのに、予算が決まっていてニーズに応えられない。やむなく、生活保護や非課税の世帯に対象を限る。だから、一般の人に広げられない。ヘルパーは自治体の嘱託なので土日は働かない。夜もダメ。措置制度の限界をいやというほど知らされました」

その増田さんと同じ岡山市の部長に出向中だった渡辺幹司さんに尋ねてみました。忘れられないのは、伊原さんを手伝って、高齢者介護の社会的コストの推計計算をしたときのことだそうです。

「窓のない地下の部屋で必死でした」

苦心の推計は次のようにまとめられています。

九三年三・三兆円。内訳は、家族介護六〇パーセント、施設サービス三五パーセント、在宅サービス五パーセント。

二〇〇〇年推計七・七兆円。家族介護四五パーセント、施設サービス四〇パーセント、在宅サービス一五パーセント。

家族が受け持っている介護のコストは、介護時間と家事援助型ヘルパーの補助基準額をもとに計算しました。

地下にある窓のない居心地の悪いこの部屋は、「瞑想の部屋」と名付けられていました。「せめて、名前だけでも志高く」と。

その「瞑想の部屋」でシステム研究会報告書の原文が書き下ろされました。

そこに盛り込まれた新たな介護システムの思想と論理については次回に。

第23話　革命宣言？　闘いのはじまり？

「仕事や人生を犠牲にすることも負担」

一九九四年といえば一昔以上も前のこと。にもかかわらず、この年の一二月にまとまった「高齢者介護・自立支援システム研究会報告」は、いま読んでも新鮮です。報告書に込められた委員やスタッフの熱い思いが伝わってくるからかもしれません。

「システム研究会について印象深いことは？」という問いに、二代目事務局次長で〝介護保険の鉄人〟の異名をとる香取照幸さんは、きっぱり答えました。

「革命宣言だった、ってことです」

〝ミスター介護保険〟と呼ばれる、初代事務局次長の山崎史郎さんは言いました。

「闘いのはじまりを告げる号砲でした。ただ、革命前夜の闇は深かった」

その闇の深さについては後に譲り、委員にとって思いの深い部分を抜き書きしてみることにします。

まず、宮島洋さん(当時東大教授)。

「私が強調したのは二点。ひとつは、行政による措置制度を変える必要があるということ。もうひとつは、保険料を支払うことだけが「負担」ではない。介護のために仕事や人生を犠牲にすることも、同じ負担である、ということでした」

財政学の専門家、しかも、介護のために研究時間を失った辛い体験を込めての言葉です。

社会全体が負担している介護コストは、国民経済計算上、社会保障給付費に計上されているものだけでなく、目に見えない形で家族や企業、さらには高齢者本人が負っている負担も含んで考える必要がある。現在公的に負担している介護コストは約一・五兆円と見込まれるが、これに家族による介護コストを加えると、全体で約三・五兆円にのぼると推計される。

このように家族介護に大きく依存している我が国の現状は、社会的な介護コストの規模という観点からも、また、国民経済的な資源の適正配分や負担の公平の観点からも大きな問題を有していると言える。

（第一章、「国民経済的に見た介護問題」）

次は、座長で、政治学が専門の東大教授、大森彌さんが直接筆をとったとされる部分です。

高齢者は、社会的にも、経済的にも自立した存在であることが望まれる。

社会の中心的担い手として行動し、発言し、自己決定してきた市民が、ある一定年齢を過ぎると、制度的には行政処分の対象とされ、その反射的利益(行政処分の結果として受ける利益)を受けるに過ぎなくなるというのは、成熟社会にふさわしい姿とは言えない。

社会環境の変化を踏まえ、介護が必要となった場合には、高齢者が自らの意思に基づいて、利用するサービスや生活する環境を選択し、決定することを基本に据えたシステムを構築すべきである。

（第二章、「『与えられる福祉』から『選ぶ福祉』へ」）

医療経済にも詳しい慶應義塾大学大学院教授の田中滋さんは、社会保険方式を盛り込めたことに感概があります。

「介護や医療は、市場原理に一〇〇パーセント任せてはいけない分野。しかし、消防のように一〇〇パーセント公が担った方がよい分野とも違う。「介護サービスという買い物」の代金を社会連帯で保障する仕組みをつくりサービス提供は民間に競争してもらう、そして評価は政府がする。この準市場の概念をお話ししたら、社会保険方式に懐疑的だった樋口恵子さんも納得してくださいました」

公費方式に比べ、社会保険方式では、保険料の使途が介護財源に限定されているため、保険料負担とサービス受益の権利の対応関係が明確である。介護サービスの拡充に伴う負担の増加についても、保険料という形をとっていることにより、国民の理解を得ることにつながりやすいと考えられる。

なお、現行制度の下でも介護に要する費用のかなりの部分が医療保険料で賄われている事実を踏まえると、介護サービスとして一元化された上での保険料の負担は、必ずしもすべてが新たな追加的負担でないということにも留意する必要がある。（第三章、「社会保険方式の意義」）

「ケアマネ」でなく「ケアチーム」

日本ケアマネジメント学会理事長で、当時は、弘済ケアセンター所長だった橋本泰子さんはケアマネージメント概念が盛り込まれたことに思いがあります。

「この考え方が公式文書に初めて登場したのは、八九年の介護対策検討会報告でした。そして、ケアマネージメントという〝言葉〟が初めて使われたのがシステム研究会報告でした。イギリスで使われてきたケースマネージメントより、ケアマネージメントの方が人間的だと提案し、みなさん賛成してくださいました。以後、この言葉が定着しました」

ケアチームで問題になるのは、職種が多岐にわたっている上に、それぞれ異なる組織に属していることである。このため、往々にして関係者の調整に時間がかかったり、相互の連携が十分でなかったりすることとなる。

こうした問題を克服していくためには、ケア担当者が利用者側の立場に立って、本人や家族のニーズを的確に把握し、その結果を踏まえ「ケアチーム」を構成する関係者が一緒になって、ケアの基本方針である「ケアプラン」を策定し、実行していくシステム、すなわち「ケアマネジメント」を確立することが重要である。

（第二章、「ケアチーム」「ケアマネジメント」）

この報告書には、ケアマネージャーという用語はまったく登場せず、「ケアチーム」という言葉がくりかえし出てくるところにもご注目ください。

橋本さんが触れた八九年の「介護対策検討会報告」は、第10話で紹介したように「ゴールドプラン」「寝たきり老人ゼロ作戦」「ホームヘルパー一〇万人計画」のきっかけをつくり、介護保険制度の基盤を形作ったものです。

介護対策検討会報告には、「残存能力を最大限活用しようという要介護者の自立の努力を支援し、社会とのつながりを保てるようにする介護サービスをめざすべきである」「介護サービスの供給は住民に身近な市町村を中心に展開すべきである」「社会保険方式についても検討し」など、後の介護保険制度への芽ばえが詰まっています。

興味深いのは、この八九年の介護対策検討会では否定されていた「介護家族への現金給付」が、五年後の九四年、システム研究会報告で微妙に蘇っていることです。比較してみます。

介護に当たる家族の経済的、精神的負担に報いること等を目的として地方公共団体の単独事業として実施されている介護手当を、公費を財源に国の制度として現金給付の形で支給すべきではないか、という考え方もある。しかしながら、このような介護手当については、給付要件の設定の仕方の如何によってはかえって寝たきり状態の解消につながらない可能性があること、対象者の個別性に対応できないこと、所得制限を設定すれば対象者が限られること等の是非を、慎重に検討すべきである。

（介護対策検討会報告・第Ⅶ章、「介護手当についての考え方」）

★

家族による介護に対しては、外部サービスを利用しているケースとの公平性の観点、介護に伴う支出増などといった経済面を考慮し、一定の現金支給が検討されるべきである。これは、介護に関する本人や家族の選択の幅を広げるという観点からも意義がある。

ただし、現金の支給が、実際に家族による適切な介護サービスの提供に結びつくのかどうかという問題があるほか、場合によっては家族介護を固定させたり、高齢者の状態を悪化させかねないといった懸念もあるので、制度の検討は慎重に行われなければならない。

（システム研究会報告・第三章、「家族介護の評価」）

審議会がシステム研究会報告を無視！

研究会には、「家族に現金給付をすべき」という委員は、実は、ひとりもいませんでした。にもかかわらず、事務局がこの文章を入れたのは深謀遠慮からでした。

報告が世に出れば、革新側からは「基盤整備が足りないではないか」という批判がでることでしょう。一方、保守側からは「家族介護の美風を壊すのか。家族慰労金を出さないのか」という批判が出てくることが予想されます。その挟み打ちになることが予想されました。そこで、先手を打ち、導入することの問題点と抱き合わせて論点に入れておく道を選んだのでした。

案の定、この報告は苦難の道を歩むことになりました。

翌月、九五年一月に開かれた老人保健福祉審議会では、報告書を正式に配布することにさえ反対が出ました。この報告書を審議会は、「無視する」ことになったのです。研究会方式が「予想を超えた斬新な報告書を出したこと」に対する、既存「審議会族」の反発と恐れでした。

第24話 「出すぎた杭」の面々

「出る杭は打たれる」という役所業界の常識に、介護保険が異変を起こしました。「出すぎた杭は打たれない」「出ない杭は腐る」という新語が生まれました。「出る杭型」の職員が頼りにされたり、カリスマ職員と呼ばれたりするようになったのです。

「家で暮らし、家で死にたいんだに」

まず、長野県に出現した「出すぎた公務員ペア」に登場していただきます。

一人は網野皓之さん。札幌医大を卒業して東京の大きな病院で働いていたのですが満たされない日々。『日本医事新報』の求人欄を眺めていて、長野県に医師紹介相談があるのに目をとめました。勧められた僻地の中でもっとも僻地の伊那谷の無医村、泰阜《やすおか》村を選んで赴任しました。一九八四年二月のことで、当時、三六歳でした(**写真24-1**)。

着任直後の午後のことです。突然の往診依頼に駆けつけると、右半身不随、口もきけない老女が横たわっていました。垢だらけの体、足はミイラのよう。聞けば、何年もフロに入っていない。しかも、この村ではあたりまえのことだというのです。

早速、入浴サービスを思い立ちました。浴槽を軽ワゴン車に積んで運ぶという企てです。翌年には

写真 24-1　1990 年ごろの在宅診療風景

入浴専任のヘルパーを確保。入浴サービスは村の日常風景になりました。

診療所への送迎サービスが一回一〇〇円だったのも無料にしました。村の独居老人の年収が、平均でも八五万円、大半が五〇万円以下とわかったからです。

胸が苦しいと訴える一人暮らしの八〇代の男性を往診したときにも衝撃を受けました。

足がひどくむくんでいました。カップラーメンだけの食生活で栄養失調から脚気になり、そのための急性心不全だったのです。

「僻地に医学を、と勇んでやってきたけれど、医療以前の問題を解決しなければと悟りました」

そして、弁当配達サービスを提案しました。

毎年の集団胃検診をしているのに見落とされて亡くなる人が相次ぎました。

「「家で暮らし、家で死にたいんだに」というお年寄りの願いをかなえることにこそ、人手を振り向けるべきだ」と集団検診廃止も提案。窓口での支払いもタダにしようと主張。村に台風を持ち込んだようでした。

「聞き入れてもらえなければ、夜や土日の診療はやらない。僕も自治体職員。役場職員と同じに休むのが当然」と居直るのが、伝家の宝刀でした。

僻地の中の僻地が、「福祉日本一」に

八八年、事務長として、松島貞治さんが配属になりました。「出すぎた杭」ぶりが、村長の逆鱗にふれて飛ばされていたのですが、網野さんからとめどなく提案される難題に対応できるのは「松島しかいない」と白羽の矢が立ったのです。

この網野・松島コンビは、**表24-1**のように当時の日本の水準をはるかに超えた高齢者福祉を実現させていきました。

朝日新聞の『アエラ』から敬老特集を頼まれた私は、市町村別福祉データ（一九九二年版）をもとに、こう書きました。

「ホームヘルパーが最も充実しているのは泰阜村。介護を必要とする三一人を、常勤五人、非常勤四人のヘルパーが、訪問看護婦と協力して支えている。夜の巡回にも一年前からとりくんでおり、安心して歳をとれる自治体の横綱」と。

「申請は後でもかまわない」という泰阜方式

〝横綱〟には実は、お手本がありました。

松島さんは、恨めしそうに、でも、懐かしそうに回想します。

「網野先生は、北欧の福祉やらノーマライゼーションやらについて書いた本や雑誌を東京で何十冊

表 24-1　長野県泰阜村と厚生省の歩み

	長野県泰阜村	厚生省など
1984	ホームヘルパー3人 2月網野皓之医師診療所に着任 在宅入浴サービス開始	
1985	在宅入浴専任ヘルパー採用	
1986	患者の送迎無料化	
1987	訪問保健指導事業を活用	
1988	松島貞治さん診療所事務長に 診療所を核にした保健医療福祉の統合 訪問保健指導事業から訪問看護へ 高齢者への給食サービス開始 小地域福祉サービス開始 診療所での老人医療の無料化	
1989	訪問看護婦3人に ホームヘルパー4人に 集団検診廃止 国保税大幅引き下げ	介護対策検討会報告で「どこでも，いつでも，的確で質の良い，24時間安心できるサービスを，気軽に受けられる制度」を提言
1990	訪問看護婦5人に ホームヘルパー7人に 廃屋を利用した「ケア付き住宅」の試み	老人福祉法改正で市町村に権限 ゴールドプラン 寝たきり老人ゼロ作戦 ホームヘルパー10万人計画
1992	ショートステイ開始 診療所のそばにケア付き住宅2棟 医療福祉無線局開局	老人訪問看護ステーション制度 老人保健福祉計画策定マニュアル 移送サービス補助
1993	老人医療費，国平均の2分の1に 国保税，国平均の3分の1に	細川非自民政権成立
1994	松島さん44歳で村長に当選 特別養護老人ホーム開所 診療所看護婦2人から3人へ	羽田非自民政権成立 自社さ政権成立 高齢者介護・自立支援システム研究会報告

も買ってきて、読め読め、と勉強させるんです」

二人はまず、ホームヘルパーや訪問看護婦など社会福祉協議会(社協)の実践部隊をすべて診療所に集めました。松島さんが診療所の事務長と社協の事務長を兼ねているので縦割りの壁はあっさり消えました。臨機応変が泰阜村のお家芸になりました。ホームヘルプも入浴も、面倒な申請は後回しでいい、という泰阜村方式も確立しました。

日本初の「ケア付き住宅」も誕生しました。

いきさつは、こうです。九〇年一月の大雪の日、往診すると、八三歳の女性が、すきま風が吹き込む部屋で高熱を出し、震えながら横たわっていました。大腸癌の手術をして人工肛門になった身、しかも新たに肺癌にもかかっていました。けれど、頑強に入院を拒否します。度重なる入院経験から大の病院嫌いになっていたのです。

診療所のそばの廃屋を改修し、吹雪の中での引っ越しを敢行しました。ここにホームヘルパーと看護婦が出向くのです。そのかいあって次第に回復。自宅での暮らしもできるようになりました。

亡くなったのは九月。このケア付き住宅でヘルパーにみとられながら「わしは幸せもんだ」と息をひきとったのでした。

九四年、網野さんの改革要求に応じてくれていた村長が引退し、後継者に助役を指名しました。このとき、網野さんは思い切った行動に出ました。反村長派と目されていた松島さんに、出馬するよう口説いたのです。

「ますます困難になるこの分野の仕事をやりこなす力量をもっているのは、松島さんしかいないと

写真 24-2　網野さんの自転車姿

思ったからです」

松島さんは大差で当選。カリスマ村長として一歩を踏み出すことになりました。

写真24-2は、いまは、東京で自転車に乗って在宅医療を続ける網野さんです。

「考える自治体職員」を中核にした学会誕生

網野さんが泰阜村で「送迎料金も窓口支払いも無料に」と叫んでいたころ、ユニークな学会が誕生しました。自治体学会です。自治体職員、研究者、ジャーナリスト、市民約二〇〇〇人を会員とする研究と実践の組織です。

学会のニュースレター一〇〇号に、松下圭一法政大学名誉教授は八六年の創設の頃を振り返って、こう書いています。

> 一九八〇年代には、ようやく「考える」自治体職員の「自主研究グループ」が各地で生まれはじめ、これを中核に自治体学会が出発する。私は「現場」をもたない学者中心という従来型の学会には強く反対し、前例のない自治体職員中心の学会となった。

介護保険の論客として知られることになる埼玉県所沢市の鏡諭さん、老健局長だった堤修三さんが「カリスマ職員」という新語を思いつくきっかけとなった滋賀県の北川憲司さん、同じ滋賀で、福井久さんとともに〝大津のダブル福井〟と名を馳せることになる福井英夫さんもこの学会で活躍していました。

その鏡さんに、介護保険が始まる前から様々な分野で頭角をあらわしていた人々をあげてもらいました。

「東京都の長谷《ながたに》憲明（のちに関西国際大学教授）、三鷹市の高橋信幸（のちに長崎国際大学教授）、東大和市の石川満（のちに日本福祉大学教授）、神戸市の森田文明、高浜市の岸本和行、稲城市の石田光広。いずれも、上司からの命令によってではなく、自らの感性で現場から精緻なデータを積み上げて分析をし、自治体の将来に向けてシミュレーションを行い政策を構築するというスタイルを確立していきました。だから、その研究成果は、当時の福祉系の研究者を凌駕していたのです。長谷、高橋、石川がその後、大学に迎えられることになったのも不思議ではありません」

第25話　褒める社説、大作戦

「隣のトトロ」が課長になったら、労基法も真っ青！

お役所を手放しで褒めるという、朝日新聞の社風になじまない社説を初めて書いたのは、一九九二年三月三日のことでした。

タイトルは、「脱・お役所仕事に期待する」。褒めた相手は若き日の中村秀一さんです。

中村さんは、老人保健福祉部の企画官から九〇年七月、前任の辻哲夫さんの後を継いで老人福祉課長になり、九一年四月、この課が計画課と振興課に分かれてからは老人福祉計画課長に就任しました。そして、ゴールドプランに血を通わせる政策を次々と打ち出していきました。

ただし、その陰に、「労働基準法も真っ青」という日々があったことはあまり知られていません。

当時の部下たちがこもごも打ち明けます。

「企画官として隣室におられたときのニックネームは「隣のトトロ」。優しそうな人だね、という評判でした。ところが、課長として来られたら、まるで違って……」

「深夜一時が近づく。電車がなくなりそう。課長はまだ帰らないのかなあ。ワープロの蓋が閉まった。さあ帰れるかな。と、思っていると、「よし、集まって打ち合わせをしよう」と声がかかり、一時間ほど矢継ぎ早に指示が出る。その日、課長のアタマにヒラメいたアイデアです。そして、「じゃあ、朝一番に答えを持ち寄ろう」といって颯爽と帰っていかれる。朝一番という指示だから、われわれは、徹夜ということに……」

「当時は、課ごとに鍵があって部屋を離れるときに管理室に戻すのだけれど、中村課長時代の二年間、鍵が戻ったのは、二度の元旦だけでした」

緊急の場合はまず派遣、手続きはあとでも

九〇年に始まったゴールドプランの中で、特に注目されていたのはホームヘルパーでした。国会のこの分野の質問の八割を占めていたほどでした。中村さんは第1話でご紹介したように、八一年から

1992年（平成4年）3月3日　火曜日　14版　総合　（2）

社説

脱・お役所仕事に期待する

お役所の厚生省が、「脱・お役所仕事の勧め」を作った。題して「ホームヘルプ事業運営の手引き」。各県の担当官に六日、手渡される。全国の市町村がこれと本気で取り組むなら、日本も「安心して年をとれる国」「障害をもっていても町で暮らせる国」に一歩近づくのではないか。

ヨーロッパの福祉先進国では、寝返りを打てないほどの重いハンディキャップを持った人でも、本人が望みさえすれば自分の家で暮らすことができる。なぜか。市町村のホームヘルパーが必要なときに現れて、身の回りの世話をしてくれるからだ。家族が世話している場合も、介護疲れしないように助けてくれる。

日本にも、ホームヘルパーはいる。しかし、「必要なとき」「必要なだけ」現れてはくれない。総務庁も行政監察報告で指摘しているのだが、派遣回数を一律に、わずか週一回とか二回に決めている市町村が八割もある。おまけに、申請から一カ月以上してやっと派遣されたりもする。ヘルプとは名ばかりの、絵に描いたようなお役所仕事なのである。

こんな現状に危機感をもつ主婦を中心に日本各地に自衛組織ができている。

たとえば、神戸ライフ・ケアー協会は発足以来十年間に六百人の会員が千軒の家庭のSOSの悲鳴に駆けつけた。

妻が骨折で入院。寝たきり状態の夫が残されたのに市が「時間外」「休日」を理由に受け付けなかったケース。親の老人性痴呆（ちほう）が進み、一緒に暮らす娘が親か仕事かの選択に追い込まれているのに、毎日の派遣を断られたケース。こうした窮状を会員が交代で救ってきた。

だが、善意の主婦だけでは限度がある。万策つきた家族がお年寄りを病院に預けてしまうケースが後をたたず、絶望的な気持ちになるという。

その一方で、介護疲れによる専業主婦の病気や過労死が続出している。介護に不慣れな老いた夫が老妻と無理心中する、といった日本特有の悲劇も起きている。

厚生省は改善策として、まず賃金面で手当てすることにした。ホームヘルパー志願を増やすため、来年度予算案では手当を一人あたり百万円高くして年間基準額三百十八万円に。チームのまとめ役にはさらに六十三万円上積みする。二分の一は国が、四分の一は県が持ち、残り四分の一の市町村負担も交付税で裏打ちする。

しかし、肝心の仕事がお役所的では何にもならない。そこで、市町村やその委託を受けた社会福祉協議会、福祉公社などのために手引書を作った。「退院と同時にホームヘルパーが派遣できるよう、入院中から検討するといった工夫が必要である」など、これまでにない具体的な提案をしている点が目をひく。

「緊急の場合は、まず派遣し、手続きは後でもかまわない」「十五分でも長時間でも、また早朝・夜間・休日でも、必要に応じて派遣すべきだ」「回数や時間を制限する要綱等を定めている市町村は早急に改正すること」「同居家族がいるからといって優先順位を下げるような要綱は早急に撤廃すること」「低所得者に限ることは認められない」など、お役所仕事に厳しく改革を迫っている。

ホームヘルプ事業の方向は明確になった。あとは、市町村がどこまで真剣に対応するかである。同時に厚生省も、手引きを伝達するだけといったお役所仕事に終わることなく、自治体が前向きに取り組めるよう協力し続けるべきであろう。

図25-1　朝日新聞社説
(1992年3月3日)

三年間スウェーデン大使館に出向していました。本場の巡回型ホームヘルパーの仕事もつぶさに体験。電気や水道のような、ごくあたりまえなサービスであることを肌で知っていました。けれど、当時の日本では、ホームヘルパーは、「低所得の老人の家に週一回ほど、掃除や洗濯などをしにくる人」と思われていました。朝の起床から夜の就寝まで、生活の節目節目にやってくるホームヘルパーなど、想像力が働かない存在でした。

中村さんは、自ら筆をとって、「ホームヘルプ事業運営の手引き」を書きました。介護保険が始まる八年前としては、かなり過激な内容です。

●退院と同時にホームヘルパーが派遣できるように、入院中から検討するといった工夫が必要である。
●緊急の場合はまず派遣、手続きは後でかまわない。
●一五分でも長時間でも、また、早朝・夜間・休日でも、必要に応じて派遣すべきだ。
●同居家族がいるからといって優先順位を下げるような要項は早急に撤廃すること。
●回数や時間を制限する要綱等を定めている市町村は早急に改正すること。
●低所得者に限ることはみとめられない。

介護保険の骨組みはこのときすでにできていたとさえ言えるでしょう。

「手引き」に感動した私は「脱・お役所仕事に期待する」という社説(図25-1)を書きました。この社説は、県や市町村の意欲的な職員の説明資料として広く出回ったのだそうです。社説はテレビ映像と違って簡単にコピーできます。おまけに、四角くまとまっているので便利だったのでしょう。

この社説に注目した人々がいました。起きる、食べる、排泄するなど日常生活に介助が必要な重い障害をもつ若者たちです。中村さん作成の「手引き」を取り寄せ〝バイブル〟のように熟読して市町村を説得し、各地で自立生活運動を展開することになったのです。

ヘルパー待遇改善で、村山富市さんが助け舟

ホームヘルパーは、数も問題でした。「二〇〇〇年までにホームヘルパーを一〇万人に」とゴールドプランは宣言したものの、現実のヘルパーの数はどう甘く見積もっても三万人足らず。中村さんは、担い手の幅を広げる決心をしました。

農協法を改正して農協が福祉事業をできるようにしました。農協がヘルパーの養成に参画し始めたのは、この時からです。さらに、生協、福祉公社、住民参加型組織、シルバーサービス……。

ホームヘルパー志願者を増やすため、一人あたりの手当を一挙に一〇〇万円上げて年間基準額三一八万円にしました。チームのまとめ役には六三万円上積み。そのための予算の二分の一は国、四分の一は県が持ち、残り四分の一の市町村負担も交付税で裏打ちするという思い切った改善です。

「介護は女なら誰でもできる仕事」という当時の風潮を考えると革命的でさえありました。

こんな思い切ったことがなぜできたのか。私には長年謎でした。この物語の取材で謎が解けました。かつての早稲田全共闘のリーダーで自治労のキーマン「ハムさん」、高橋公さん(第15話に登場)が社会党の国会対策委員長だった村山富市さんに頼み込み、いったんはダメになったこの予算の復活を宮澤首相に掛け合って調整財源から出してもらったのでした。

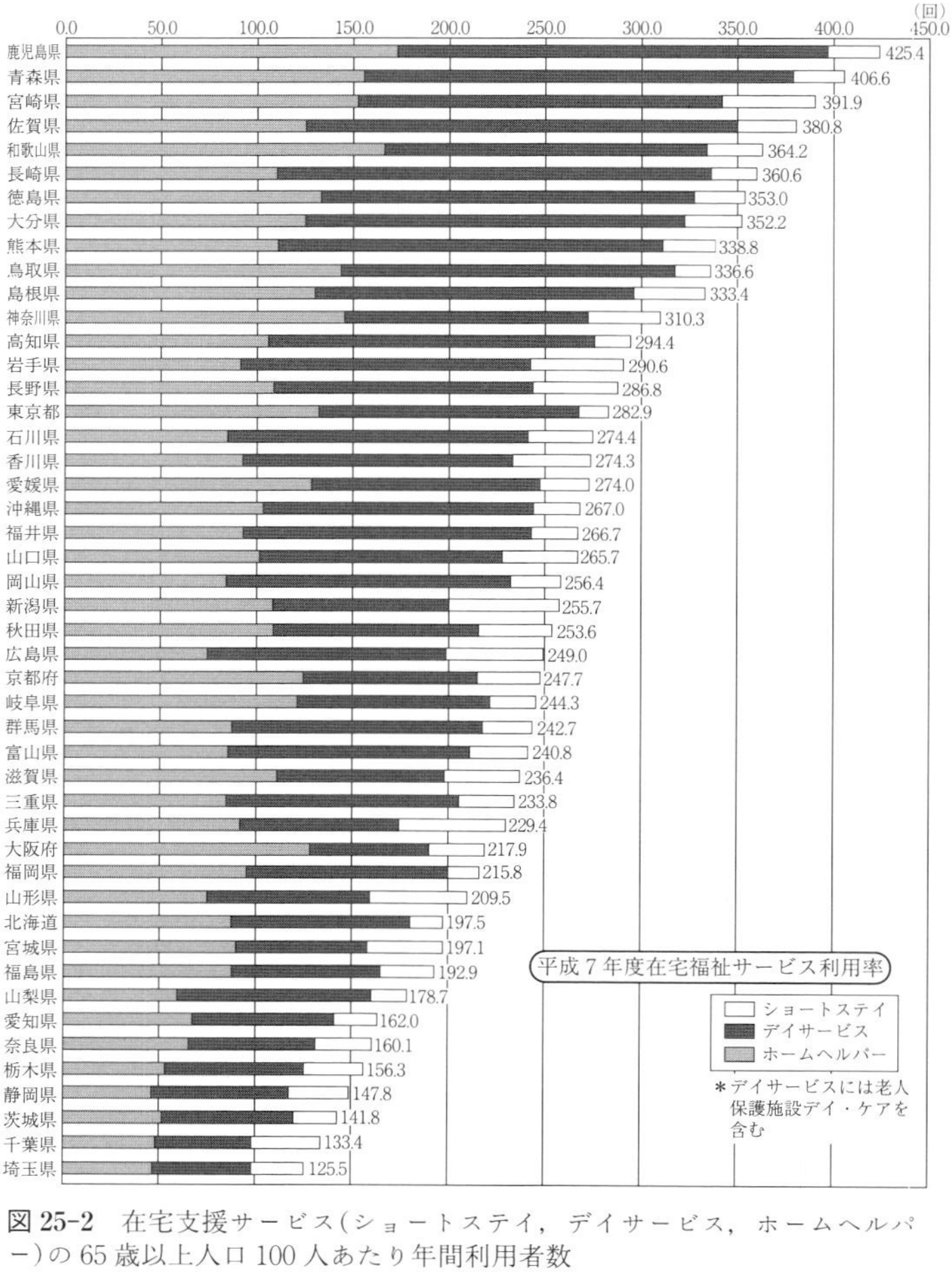

図 25-2 在宅支援サービス(ショートステイ，デイサービス，ホームヘルパー)の 65 歳以上人口 100 人あたり年間利用者数

「お礼に中村秀一から帝国ホテルでご馳走になったっけ」とハムさんは懐かしそう。いまは、時効の話です。

〝偏差値課長〟の異名が

中村さんのこのような奔走にもかかわらず、当時の首長さんたちは、「ヘルパーを配置してもニーズがない」の一点張りでした。議員も首長も特別養護老人ホームの新設には熱心なのですが、ヘルパーの配置は進みません。そこで、中村さんは在宅サービスを推進するために思い切った戦術に出ました。

「老人保健福祉マップ数値表」に命を吹き込んだのです。

この数値表、数字だけ並んでいて無味乾燥この上もありません。誰も読まない、と衆目一致していたこのデータを加工して、サービスの提供体制が一目でわかるようにグラフ化したのです(図25-2)。

「守備、投手力、打力の各要素でチームの特色をみるように、施設サービス、在宅サービス、老人医療費などが全国平均からどれだけ外れているかを偏差値であらわすことにしたんです。全国社会福祉協議会(全社協)から出向していた調査係の松島紀由君が、がんばってくれました」

なんと毎日二〇時間パソコンの前に

パソコンが一人一台の今と違い、コンピューター室の端末が老人保健福祉部に一台与えられているだけ。それが、使い手もなく総務課と計画課の通路で埃をかぶっていました。松島さんは回想します。

図25-3　沖縄県のレーダーチャート

1人あたり介護費用	1
（居宅）	1
（施設）	2
1人あたり老人医療費	16
老人医療費＋介護費用	10

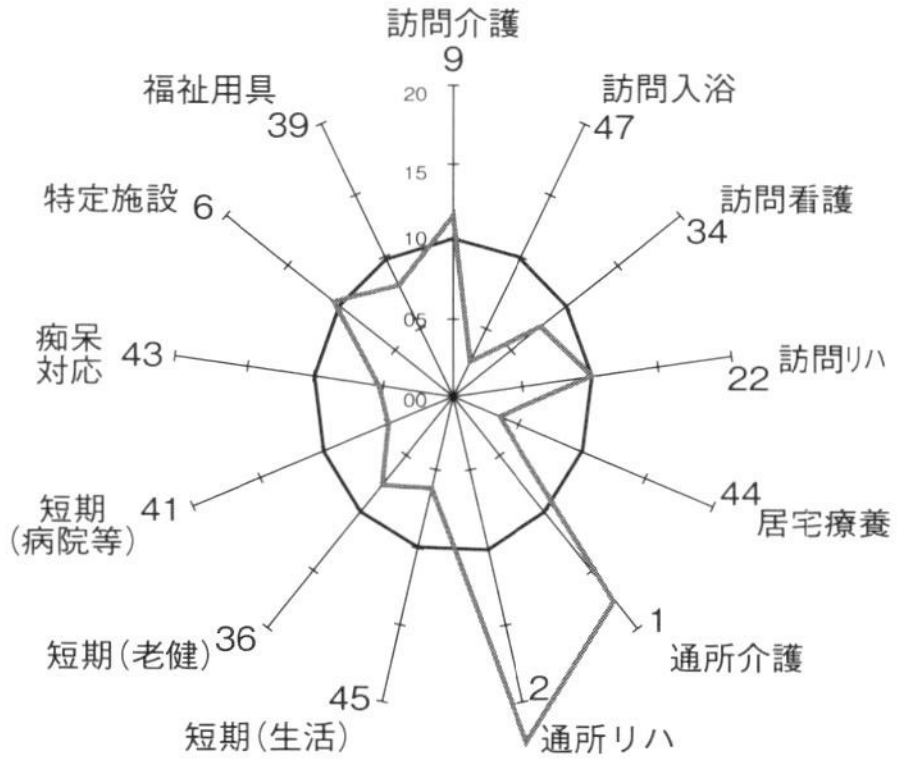

図25-4　東京都のレーダーチャート

1人あたり介護費用	28
（居宅）	6
（施設）	38
1人あたり老人医療費	17
老人医療費＋介護費用	20

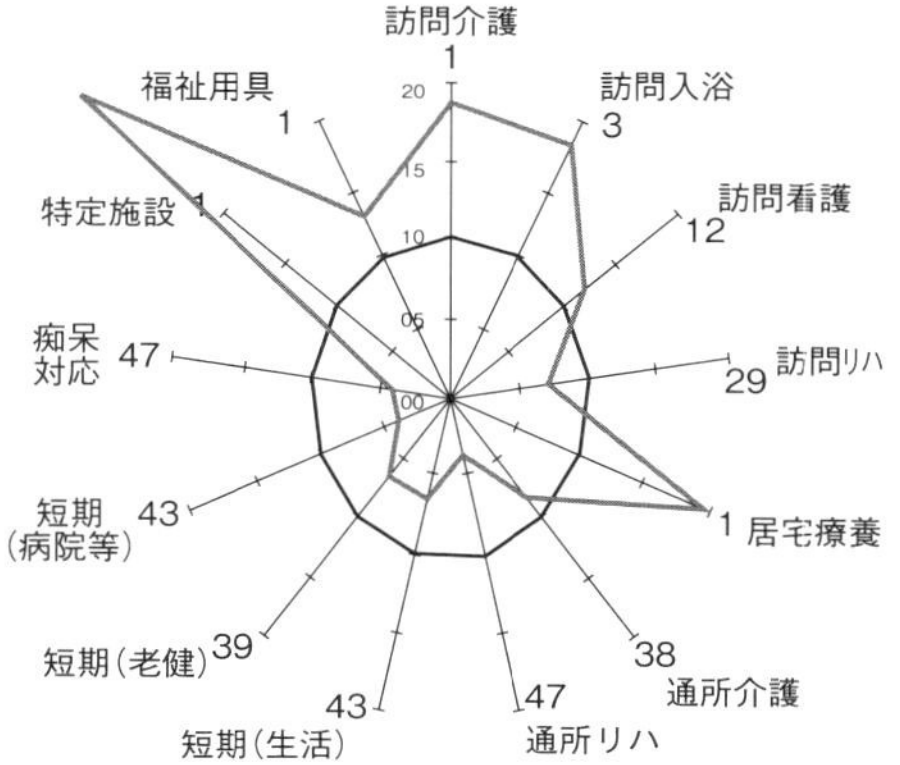

「ゴールドプランの進捗状態が分かるようにしてくれ、と命ぜられて、必死に考えて、毎日二〇時間くらい入力していました。全社協で児童養護の実態調査を担当していたのでデータの加工くらいはできました。幸運なことに全社協と同じタイプのコンピューターだったのです」

「九一年の夏でした。夜になると役所は八時で冷房が切れる。計画課は連日徹夜ですから、みんな気の毒でした。ぼくは、夜も冷房の入る唯一の部屋、コンピューター室で、みなさんに申し訳なかった」

九一年の秋、「在宅福祉先進型」「施設偏重型」と分類をし、自治体ごとの順位が分かる〝成績表〟を棒グラフや通称「蜘蛛の巣グラフ」のレーダーチャート(図25-3・4)のような形で、いよいよ公表ということになりました。役所がこんなことをするなんて前代未聞です。

「課長は、「今やらなくて、いつやるんだ」と。その表情から、この方は本気でやる気なんだと思いました」

NHKはトップニュースで取り上げ、地方紙も一面トップ。自治体は戦々恐々。調査係には劣等生とされた市町村から、泣きそうな声の電話が相次ぎました。中村さんは、たちまち「偏差値課長」と命名され、恨まれることになりました。

「家族の介護力を過大に評価しないよう十分留意されたい」

中村さんにまつわる二つめの〝褒める社説〟は「老人保健福祉計画策定マニュアル」を紹介したものです。

九〇年の福祉八法改正で、全国の市町村に老人保健福祉計画の作成が義務づけられました。市町村に行政計画の立案を義務づけた法律は自治体行政の歴史上、例がありません。

辻哲夫老人福祉課長からバトンタッチされた中村さんは検討会(大森彌座長、京極高宣副座長)を設けました。シンクタンクにマル投げする市町村が続出していました。それに釘を刺す、お役所ばなれした次のようなマニュアルが誕生しました。

――●必要量を算定する際には、家庭の介護力を過大に評価しないよう十分留意されたい。――

●介護を必要とする人全員を調べること。

●国民健康保険のデータなども活用して入院中の老人についても調べるように。

私はこんな風に書きました。社説なので偉そうな表現で恐縮です。

厚生行政としては画期的な転換である。これまでは、家族の介護力をアテにし、役場の窓口で申請を待つだけだった。孤軍奮闘し疲れ果てた家族は、高齢者を病院に連れていく。家族のきずなは損なわれ、老人の入院医療費は増え続けてきた。

市町村が真剣に計画作りに取り組めば、要介護の高齢者をめぐる日本独特の家族の悲劇を減らすことも期待できよう。

この社説は、九二年六月三〇日、中村さんが老人福祉計画課を去った後の七月二三日に載りました。日本医師会からのオーケーがなかなかとれず、中村さんの任期が切れる最後の六月三〇日の部長決裁で、ようやくこの「老人保健福祉計画策定マニュアル」が間に合ったことを知ったのは、ずっと後のことでした。

大臣官房老人保健福祉部は、その翌日の七月一日、老人保健福祉局に昇格したのでした。

第26話　ノーマライゼーション思想と福祉自治体と

介護保険制度の誕生を首長集団として支えた「福祉自治体ユニット」には、四人の代表幹事がいました。初代の中の二人が、今回の物語の主人公です。

ご両人には共通点が三つあります。

その1・介護保険の骨格が厚生省の中で密かにつくられていたころ(第18話「マル秘報告書と〝黒子〟たち」)議員だった。

その2・ノーマライゼーション思想に触れ、自身の政策の中心に据えようと決心していた。

その3・ひとりは焼き鳥、もうひとりは鰻を商う家で育ち「お客様本意」を身につけていた。

「そんなことをしていたら選挙に落ちます!」

私の前にまず現れたのは、〝焼き鳥を焼かせたら国会議員随一〟という衆院議員、光武顕さん(**写真26-1**)。突然、論説委員室にご本人から電話がかかってきました。一九九二年の秋のことでした。「自民党の当選一―三期の二〇人でつくっている中期政策研究会の座長になり勉強中です。国会図書館で調べてもらって、貴女が書かれた『「寝たきり老人」のいる国いない国』に出会いました。ついては、その背景をくわしく話していただけないでしょうか」という丁重な申し出です。

写真 26-1　国会議員時代，勉強熱心さで千葉さんを驚かせた光武顕さん（のちに佐世保市長）

写真 26-2　リュック1つでデンマークに渡った千葉忠夫さん

政界とは縁の薄い科学部出身の私と光武さんの長いおつきあいの、それが始まりでした。

「座長」というと聞こえがいいのですが、「そろそろ解散がありそう」という噂が飛びかっていて、どの衆院議員も地元対策が最大の関心事という時期、座長の引き受け手がなく、「歳が上という理由で祭り上げられてしまった」のだそうです。

光武さんは当時のことについて、こう、打ち明けます。

「私は選挙に強くないし、困ったなあと思いながら、でも調べていくうちに、すっかり嵌まってしまい、国会図書館の職員から、「ご自身でここに、こんなにしばしば来られる議員は、先生ぐらいのもの」といわれました。そのうちに、高齢社会の報告に頻繁に出てくる北欧を自分の目が見たくなったのです。秘書は、「そんなことをしていたら、次の選挙に落ちます」とヤキモキし、北欧行きには大反対だったのですが……」

そんな選挙事情も知らず、私はデンマークの千葉忠夫さん（写真26-2）を紹介しました。

「国会議員なのに、大学ノート二冊にぎっしり」

千葉さんは六七年、二六歳の春、リュック一つでデンマークへ渡りました。養豚農家に住み込み、働きながら言葉を身につけ、福祉を学び、現場で経験を重ねました。そして、五〇歳に近づいた時、廃校になった小学校を買い取りました。

写真26-3　絵本から抜け出したようなアンデルセンの生まれ故郷オーデンセ

写真26-4　デンマーク福祉を体験する拠点となった，ボーゲンセの廃校になった元小学校

アンデルセンの生まれ故郷として有名なオーデンセ（**写真26-3**）の隣のボーゲンセ、ここも童話の絵本から抜け出したような町です。廃校を、少しずつ自力で改造していました（**写真26-4**）。それを、この国独特のフォルケ・フォイスコーレという生徒と先生が寝食をともにする学校として申請し、デンマークと日本の「福祉の懸け橋になろう」と決心している、そういう人物でした。

光武さんの回想は続きます。

「党から視察の旅費をもらえるものと思い込んでいたのですが、バブルがはじけて、梶山幹事長は、出せないという。なけなしの貯金を下ろすことになりました。ただ、国会議員の特権で、現地では車を出してもらえる。これはありがたかった」

一方、光武さんを迎えた千葉さん。初めは、まるで、気乗りがしませんでした。

「当時のことを思い出していただけませんか」とメールでお願いしたところ、「忘れられない体験です」と長文のメールが海をこえてとどきました。抜粋してみます。


在デンマーク日本大使館から「衆議院議員が高齢者福祉施設を視察希望されているので案内してもらいたい」と電話連絡がありました。

正直なところ、な〜あんだ国会議員か、施設をちょっと見ただけで、「もういいよ。何処か土産物を買えるところを案内してくれないか」と言われるのが関の山だろうと、期待も何もなくその日を待ちました。

大使館の外交官用ブルーナンバープレートの車でセンセイが到着。「衆議院議員の光武顕です。デンマークの高齢者福祉について勉強させて頂きたいのでよろしくお願いします」と丁寧な挨拶があっても、心の中で、いつものとおりの議員サンなんだろうなと思い続け、施設訪問を始めました。

ところが、通訳したり、解説したりしている時、ふとセンセイの手元を見ると、なんと大学ノートに熱心にメモをとっておられるのです。


光武さんは東大大学院の出身。長崎県議会議員になる前は教職の経験もあるので「大学ノートにメモする」のはごく自然のことでした。でも、国会議員の「視察」に辟易している千葉さんにとっては、前代未聞のできごとでした。千葉さんのメールは、続きます。

午前、午後と研修が続き、北欧の冬のことゆえ、既に外は真っ暗。そろそろ「もういい」とおっしゃられるに違いないと思っていたら、「千葉さん、まだ、質問していいですか?」

むっ! 今までのセンセイと、このせんせいは違うぞ。

わたしは急に嬉しくなり「どうぞどうぞ、ご満足いくまでご質問ください」

なんと、その後二時間あまり続行、先生の大学ノートは二冊目になっていました。

「千葉さん、私は自分の政治生命を社会福祉にかけているんですよ!」

何ですって? 私と同じではありませんか! この方は本当の先生だ!

「私は、デンマークで学んだことを国会で絶対に活かしていきます!」

万歳! バンバン歳!!

「先生、国会で是非国民のための政治をよろしくお願いいたします」

高齢福祉政策の報告書完成の日に国会解散

帰国した光武さん、国会図書館にこもって、報告書の執筆に没頭しました。

「原稿用紙で三〇枚くらいになったでしょうか。二時間ほどウトウトして午前五時に完成しました。宮澤内閣が不信任され、解散になったのはその晩のことでした」

一方、デンマークの千葉さん、衆議院解散のニュースを聞くや「日本に行って光武先生の選挙活動を応援する」と言い残し、デンマークを飛び出しました。それほど、光武さんに惚れ込んでしまったのでした。千葉さんからのメールはさらに、続きます。

佐世保の選挙事務所に私が現れるや事務所の人々は何者の到来かと私を舐めるように見回したものでした。

「デンマークから光武先生の選挙の応援に来ました。おにぎりを食べさせていただくだけで結構です」

選挙事務所の誰も信じてくれない、困ったなあ〜！

運良く光武先生が事務所に戻って「おっ！ 千葉さん」

「先生応援に参りました」

「ありがとう」

私は光武先生と選挙区を回り「道路や鉄道、港を整備すると公約する候補者はいます。光武先生は皆さん誰もが必ず通る道、必ず渡る高齢社会の橋をかけようとしている先生です。どうぞよろしくお願いします」

投票日の前日まで光武先生と選挙区を回り、私なりに確かな手応えを得たので「当確」と安心して佐世保を後にしました。

空港のホテルで開票結果を深夜まで、特に長崎二区に注目していました。

結果はなんと、細川旋風に吹き荒らされ、現職議員であった光武先生は落選！

「日本国民よ真の政治家を選んでください！」叫びたい思いでした。

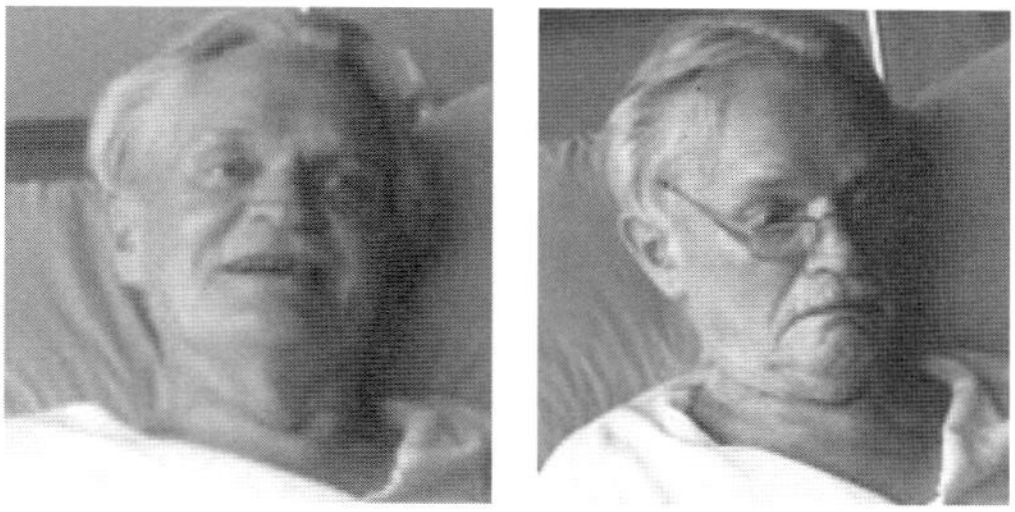

写真 26-5　手術後にもかかわらず，ノーマライゼーションについて優しく語るバンクミケルセンさん(左)は，日本の老人病院の写真を見て目玉が飛び出そうなほどびっくりした(右)

私と千葉さんの縁は、八九年の七月に遡ります。

「ノーマライゼーション思想の生みの父」と呼ばれるニルス・エリック・バンクミケルセンさんが千葉さんとともに来日するというので、私はインタビューを約束し、わくわくしていました。

そこへ、「大腸癌再発、訪日中止」の知らせです。

私は、貯金を下ろし、飛行機に乗り込みました。この世で会えなくなったら一大事、と思ったからです。千葉さんの仲だちで、コペンハーゲンの病院の回復室へ。**写真26-5左**はバンクミケルセンさんとお会いした直後に写したもので、実に穏やかな表情です。

それが一瞬にして変わりました(**写真26-5右**)。日本の老人病院の風景を見せたからです。

障害が重くても、老いても、病んでも、死が間近にせまっても、人は「ふつうの暮らしをする権利」があり、社会にはそれを実現する「責任」がある、というのがノーマライゼーションの本来の考え方です。

デンマークでは、バンクミケルセンさんの奔走で、知的障害をもつ人のための法律に五九年、盛り込まれました。高齢福祉の世界も、同様な考え方で政策が進められてゆきました。

写真26-6は、自分ではベッドから起きることも、トイレの

写真 26-6　光武さんを驚かせたデンマークの安心福祉

始末をすることもできない老婦人です。それでも、ホームヘルパーや訪問ナースや家庭医の支援で、住み慣れた自分の家に住み続け、「ふつうの暮らし」を味わっていました。

光武さんはいいます。

「デンマークで私は、お年寄りに会うたびに尋ねてみました。何か不満はありませんか？と。そうしたら、老婦人たちからこんな答えが返ってきました。「男性の方が寿命が短いので、歳取ってからの男女のバランスが悪いのよ。それが不満といえば不満かしら」と」

九五年、光武さんは佐世保市長に立候補しました。

そしてこんどはめでたく当選したのでした(〇七年に引退)。

光武さんがデンマークで本場のノーマライゼーションに出会っているころ、日本生まれのノーマライゼーションに接して、人生観が変わった政治家がいました。

「町が障害者に溶け込んでいる」

埼玉県東松山市の市議会議員、坂本祐之輔さんです。八七年、三二歳で初当選。九〇年には、厚生文教常任委員長になっていました。市内の障害児の通園施設を訪ね、リーダーの佐藤進さん（のちに埼玉県立大学学長）からノーマライゼーション思想の話をききました。

そして、『しがらきから吹いてくる風』を見たのです。それは、信楽焼の里で村人とごくふつうにまじわって働く知的障害者を描いた映画でした。

「障害者が町に溶け込んでいるのではなくて、町が障害者に溶け込んでいるという映画でした。涙がとめどなく出てきてしまって。それで、市議会議員として何ができるだろうか、東松山にはこういう障害者はどのくらいいるんだろうかという素朴な疑問が始まって……」

写真 26-7　ノーマライゼーションを政策の中心に据えた東松山市長の坂本祐之輔さん．障害のある子とない子が学ぶ場をしばしば訪ねる

この思いが高まって、九四年市長選に出馬。当選。

坂本さんのノーマライゼーションは、ひがしまつやま市総合福祉エリア施設長に招いた曾根直樹さんという後ろ楯を得て、福祉だけでなく教育にも広がっていったのが特徴です（**写真26-7**）。重い障害がある子が普通の学級に溶け込める施策では日本の最先端を走っています。

福祉自治体ユニットの代表幹事の人選について、当時の鷹巣町長、岩川徹さんから相談を受けたとき、私は光武さんと坂本さんを思い浮かべました。ノーマライゼーション思想を身につけた数少ない首長さんだと思ったからでした。

第27話　魂の器と〝オイルサーディン〟と

「ヘンマ」という小部屋

一通の手紙が届きました。

差出人は外山真理さん。日本の貧しい介護環境の常識を大きく揺さぶり、改革の風を起こし、五二歳の若さで旅立ってしまった京大大学院教授、外山義《ただし》さんの夫人真理さんです。

夫が他界し、早三年が過ぎました。ある日、夫のイメージに合う小部屋に出会い、必然的偶然のような直感を感じました。その小部屋を二年間だけお借りし、夫の書籍類の一部を移し、親交のあった皆さまに使っていただけるようしつらえることに致しました。研究資料などをご覧頂いたり、現場から離れて黙想・対話の空間として自由に使っていただけたらと存じます。

小部屋の名称を「hemma」(ヘンマ)と名づけました。スウェーデン語で「我が家にいる」といった懐かしい響きのある言葉です。皆さまに、hemmaと感じ、くつろいでいただける空間となるようにと願っております。

「小部屋」は、京都のまちにひっそりと建つ洋館の一階にありました。昔風の鍵を回すと、そこは、〝外山義の世界〟でした。

白木の本棚の一角に、スウェーデン王立工科大学に提出した博士論文(**写真27-1左端**)。漆黒の地に

『IDENTITY and MILIEU』というタイトルが白く浮き出ています。その下に、ポジとネガの対になった能面が二つ納まった正方形。右上から引いた対角線の左上の鶯色と、右下の朱色が、神秘的な雰囲気をかもしだしています。外山さん好みのチョコレートブラウン色のテーブルクロスの上に置かれた栞《しおり》(**写真27-2**)には、この部屋の使い方が記されていました。

写真27-1 英文の博士論文(左)とお気に入りのランプと並んで，在りし日の外山義さんの写真が

写真27-2 「予期せぬ出会いを楽しんでください」と書かれた利用の栞

写真27-3 教会で「実りの秋のような豊かなお年寄り」に可愛がられていた高校時代の外山さん

●引き出しの中のコーヒーカップ・グラス・コーヒー・紅茶類を自由にお使いください。飲食もどうぞ。
●ビデオ、オーディオ、電気ポットもご自由に。
●予約・使用料は不要です。
●他の方と一緒になったら、「予期せぬ出会い」の偶然を楽しんで頂けたらと思います。

「空間の貧しさが、行動の貧しさに直結」

話は遡って、一九七三年、スイスで開かれた保健経済学の国際会議で、海を隔てた二人の学者の間に友情が結ばれました。国立公衆衛生院社会保障室長だった前田信雄さんとスウェーデン社会保健省の高官、グンナール・ヴェンストームさんです。高齢社会を「すでに」経験したスウェーデンと「これから」遭遇する日本とで、経験を共有し協力しあおうと話が盛り上がりました。

それから八年。東北大の先輩後輩という縁を頼りに、外山さんが前田さんのもとに相談に現れました。前田さんはためらうことなくヴェンストームさんと外山さんの縁を結びました。社会保健省の実力者であるヴェンストームさんの仲立ちで、スベン・ティーベイ教授を初めとする外山人脈が広がることになりました。

八二年に一家でスウェーデンへ。そして、八八年博士論文完成。

タイトルの「MILIEU」はフランス語で環境という意味です。永年の暮らしの場から余儀なく離れなければならなくなった時、高齢者のアイデンティティーはどう脅かされるのか。どのように自己を取り戻していくか。克明なデータを駆使して分析したこの論文は、国際的に高い評価をえました。

着想の原点は子ども時代にありました。牧師の子として生まれた外山さんは、教会に通ってくるお年寄りに可愛がられて育ちました。**写真27-3**は、高校時代のひょうきんな表情の外山さんです。

「そこで出会ったお年寄りは、人生の四季でいえば秋の実りのような豊かな人々でした」

「ところが、大学の卒論で訪れた養護老人ホームで出会ったお年寄りは八畳間に四人が寝起きし、『お迎えがくるのを待っているだけ』とつぶやくのです。この違いを作り出す『施設』とは、いったい、なんだろうという疑問が、高齢者施設に強い関心をもつきっかけとなりました」

「空間の貧しさは、そのまま行動の貧しさに直結しやすいのです」

そう、外山さんは記しています。

「たこ焼きのようにオムツを替えていく」

外山さんを京大に招いた小林正美教授は、追悼集『対話――魂の器をもとめて』に書いています。

> 博士論文の圧巻は、全二一四ページのうちの一二八ページを占める、直接、住居に赴き会話を交わしながら調査した二一人のお年寄りの、移行前と移行後の住いの状況と生活の変化の記録である。卓上に置かれている眼鏡ケースから、生活を彩る小物の配置まで、住み手の生活が、息遣いが聞こえるほどの緻密さで図面に書き込まれている。

その論文の元になった気が遠くなるほど綿密な図面や美しい英語の筆記体で書かれたメモ（**写真27-4**）に、「小部屋」で会うことができました。

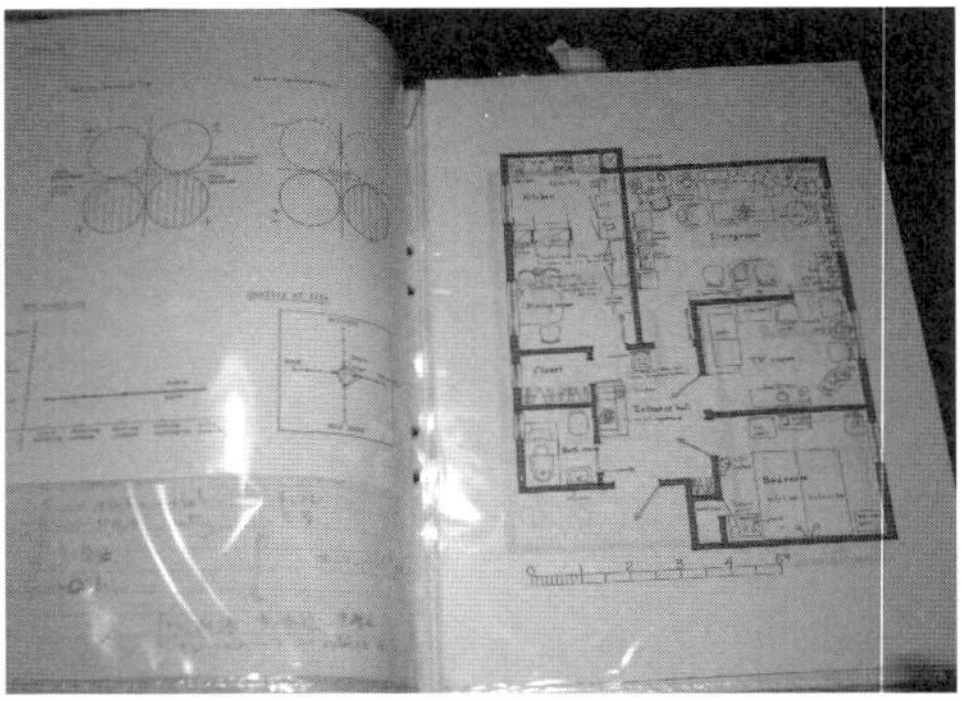

写真 27-4　外山さんの博士論文の元になった克明なメモと見取り図

小林さんは、こうも書いています。

この論文では調査対象の二一人の名前がすべて記されており、よく見ると、Mr. & Mrs. Anderson、Mr. & Mrs. Bengtsson、Mr. & Mrs. Carlsson、そして、Miss Olsson といった具合に、AからOまで、アルファベット順に六組の夫妻と九名の単身者、計一五家族のファミリーネームが並んでいる。

私が外山さんに「よくこれだけ綺麗にアルファベット順に並ぶ人を見つけましたね。本名を出して問題はなかったのですか？」と聞いたところ、「よくそこまで気がつきましたね」といった後、「ウフフフフ」と笑っていた。外山さんは、さりげない気配りで、調査に協力してくれた人のプライバシーを守る人なのである。

このような心遣いがあるからこそ、傷ついた人間の、なかなか他人には見せない心の領域まで入る研究が可能なのである。人間の心の問題をあつかう研究では、研究者自身に一人一人の人間の尊厳をリスペクトする心がない限り、そして、その信頼と引き換えにでしか、人間についての真理は教えてもらえない。

外山さん語録に「オイルサーディンのように人間を雑居部屋に詰め込み、たこ焼きのように端からおむつを替えていく日本の施設」というのがあります。「魂の器」とはあまりに遠い日本の現実を外山さんは我慢できなかったのでしょう。

グループホーム紹介で、日本デビュー

「外山義」をキーワードに朝日新聞の記事を検索すると、真っ先にでてくるのが八九年六月六日の『アエラ』の記事です。

> 道案内役の建築家、外山義さんは千代紙を持参して、みんなの目の前で鶴を折ってみせた。
> 外山さんはこのような場所にずかずかと入り込んで「見学する」のは失礼だと考える人。友人として心から歓迎される、そんな雰囲気を訪問者がつくれなければ訪ねるべきではないという信念で、調査研究を続けてきた。

アエラ編集部から高齢者特集の相談を受けたとき、スウェーデンに留学中の外山さんを紹介し、認知症高齢者のためのグループホームについての日本初のルポのきっかけをつくったことは第17話で自慢しました。

写真27-5は、その続報です。八九年九月一五日の『アエラ』の臨時増刊号「老人を捨てるな——不安なき長寿社会への展望」に、外山さん自らが筆をとって認知症デイ・ケアと長期療養病棟廃止への道のりを紹介しています。

同じ年の秋、私はデンマークの元社会大臣ベント・ロル・アナセン教授を招いて「寝かせきりゼロへの挑戦」というシンポジウムを企画しました。そのとき、迷うことなく外山さんにパネリストをお

願いしました。帰国し厚生省の病院管理研究所主任研究官になったばかりのころでした。

「日本で「寝たきり老人」と呼ばれている人は寝かせきりにされた犠牲者」という八五年以来の私のキャンペーンを外山さんは明快に支持してくれました。

不安なき老後　スウェーデン

朝食後、新聞朗読。読み手はいつも元教師の88歳の女性。私たち日本人に「あなたフランス人？」と何回となく聞く程の記憶力だが、読む力はおとろえない

昼食。ソーセージとマカロニは近くの老人ホームでつくられ、サラダだけは皆で。この男性は食後のアイスクリームをジャムの器に入れようとして職員に止められ、怒り出した

人口8000の町、同県トルサス市にある「マグダレナの庭」デイ・ケアセンターは、一番遠い人で10ｷﾛ。朝、職員は必ず外に出てお年寄りを温かく迎える

ダンスを始めた2人。左の女性は言葉を失っているが顔に笑みが。男性2人は全くノッてこない。この傾向は日本も北欧も同じ

タクシーの運転手（右から2人目）のエスコートでやってきた女性。日本人が出迎えたのでびっくりして「パーティーが始まるの？」

者が正しく医療を受ける権利をうたった病院法が施行された。翌年から長期療養病院の建設が急上昇した。

一方、老人ホーム建設のための国庫融資は六五年でストップ。以後こちらは漸減の道をたどり、ケア付き住宅建設へと切り替えられていく。

こうしてハンディを負った高齢者の多くが長期療養病院で暮らすことになる。しかし、普通の病院と似た雑居。とても生活空間とはいえなかった。

七〇年代に入るとこの病室スタイルの居住に批判の声があがる。七五年の調査では、スタッフの助けを得ればベッドから起きて生活できる老人が、一日中寝たきりになっているケースが多くあることが明らかにされて、介護の重要性も叫ばれた。それと同時に、老人を受け身的な入院生活から自立的な療養生活へと移していく努力も始められた。七〇年代の終わり頃には、病棟を住居に近い個室に改造する動きが起こった。

本人が鍵をかける部屋

八〇年代になって建てられた長期療養病院は一看護単位が十六床（以前は二十八床）と小さくなり、個室が当たり前に。その広さは十六平方ﾒｰﾄﾙ程度。それに専用のトイレとシャワーが付く。電話、郵便受けもあり、使いなれた家具の持ち込みも可能に。本人が内側から鍵を掛けられるようにもなった。

またこの精神の延長上に、グループハウジングが盛んになった。これは従来の施設とは全く別の、

15　Asahi Shimbun Weekly AERA 1989.9.15

写真 27–5　認知症デイ・ケアを紹介した『アエラ』(1989 年 9 月 15 日臨時増刊号)

「スウェーデンでは七五年に、「スタッフの助けを得れば起きて生活できる老人が一日中寝かせきりになっている」という報告が出て問題になりました。八五年の同じ調査では、この率は大幅に減りました。残された健康な部分に注目して活性化させていこうというふうに視点を変えたからです」

「日本は医学が進んでいるので、寝たきりになるような年寄りまで生き延びるのだ」「寝たきり老人は、どこかに隠されているに違いない」という根強い批判にさらされていた私には、外山さんは白馬に乗って救いにきてくれた王子様のように見えました。

批判にさらされた私の社説は他にもありました。

たとえば八八年四月の社説「雑居部屋で老いたくない」も、専門家から、散々でした。

「日本の老人は欧米とは人情が違う。相部屋の方が和気あいあいとして、いいのだ。現場を知らない論説委員は困ったものだ」というのです。

この論争に科学的にエレガントに答えを出してくれたのも外山さんでした。

写真 27-6 装丁にいたるまで心配りして作られた最初の本(1990 年刊)．表紙は聞き取り調査したご老人からプレゼントされた木彫りの人形．9 刷りを重ねる

岐阜県古川町(現・飛騨市古川町)にある県立特養ホーム「飛騨寿楽苑」の建て替え前と後とでお年寄りがどう変わったかを比較した有名な研究です。それは、外山さんが博士論文で磨き抜いた手法を駆使したもので、個室ユニットケアへの政策変換の裏付けとなるものでした。

「小部屋」のソファで思い出にふけっていたら、

錯覚に襲われました。

「ボクが陣内孝則に似てるんじゃなくて、ヤツがボクに似てるんだ」と、いつもの悪戯っ子のような表情で外山さんが目のまえに現れたような……。

第28話　「雑居」と「和気あいあい」の神話的関係

視線があわないように、背を向けて

「魂の器」としての介護の拠点を求め続けた外山義さんの物語を続けます。

介護保険施設のあり方に大きく転換を迫った外山さんの研究は、岐阜県立飛驒寿楽苑を舞台に行われました。一九七三年に開設された六人部屋(**写真28-1**)、八五「床」の平均的な特別養護老人ホームです。

雑居の特別養護老人ホームについて、日本の経営者はこう主張していました。

「雑居などと、人聞きの悪い言葉は使わないでほしい。この方が、和気あいあいとして、いいんです。日本の老人の人情や文化は、西洋とは違う。これが、日本人には合っているんです」

ほんとうに「和気あいあい」なのか、それを客観的、数量的に初めて検証したのが外山さんでした。方法はこうです。

お年寄りの顔を一人一人覚えた一五人の学生が廊下側のベンチに分散して静かに座ります。そして、一分間ごとに記録をとってゆきます。朝七時から夜七時まで、誰と誰がどのような会話を交わしたかを記録します。

結果は、常識を覆すものでした。

昼間の八時間、一〇室中八室で最高二回しか会話がなかったのです。二回あったのが二室、一回が三室、会話のまったくなかった部屋が三室。三回以上の会話があった部屋も、「お金がなくなった、あんたが盗ったんではないか」といったトラブルがほとんどでした。

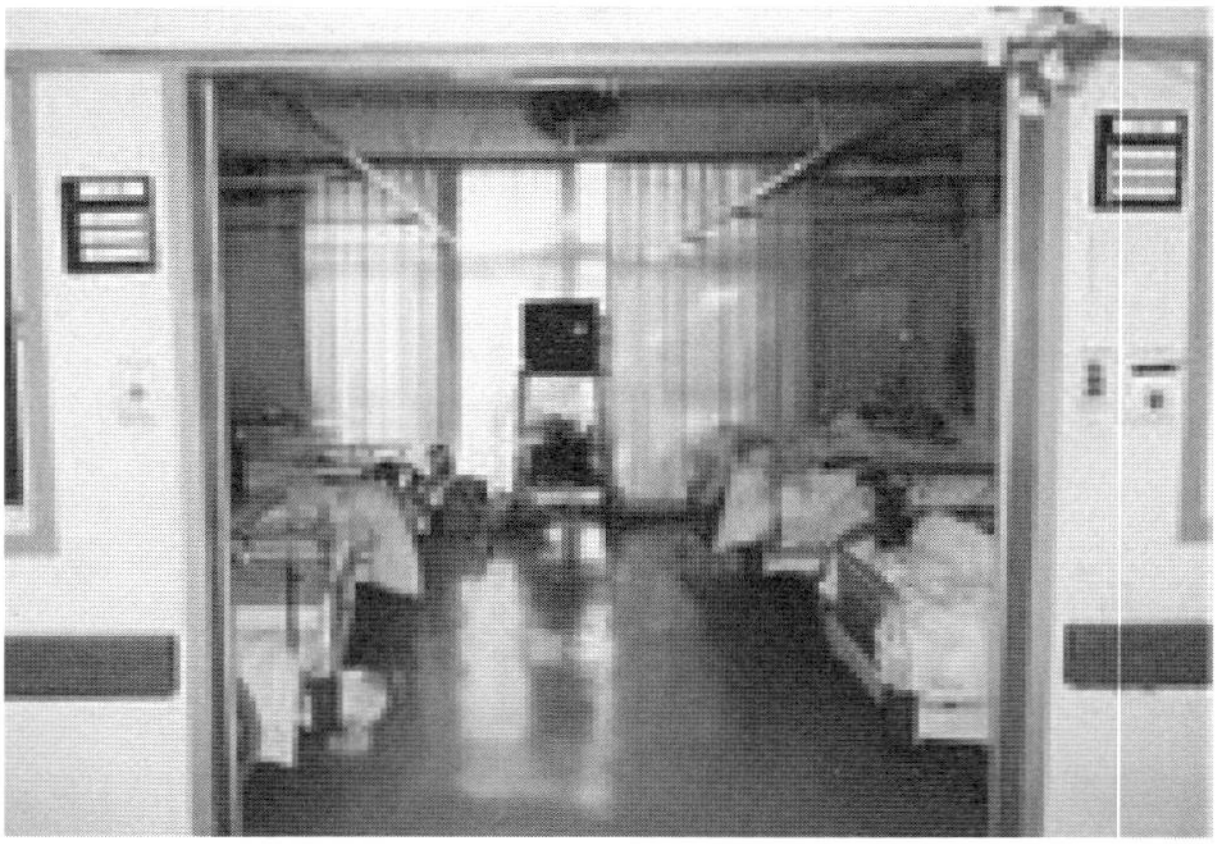

写真 28-1　1973 年に開設された飛騨寿楽苑の 6 人部屋

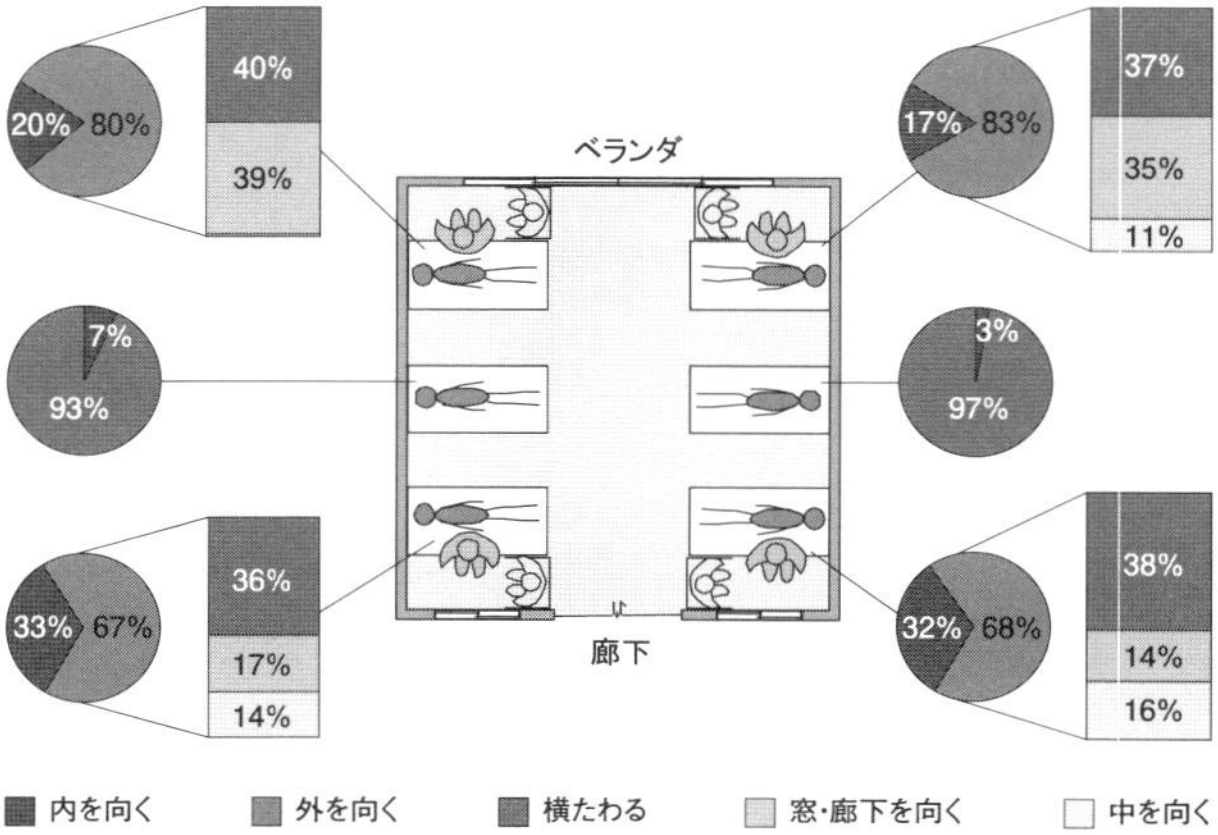

図 28-1　多床室における顔の向きと姿勢

外山さんたちは、さらに、「どういう姿勢で、どちらを向いて、何をしているか」を同じ一分間タイムスタディで観察し、八〇人分を重ねてみました。それが、図28-1です。

窓側のベッドの人の八〇パーセントが、他の五人と視線があわないように背を向ける姿勢をとっていることが分かりました。廊下側の人は六七パーセントが廊下を向いています。中央の人は九七パーセントが上を向いていました。

「和気あいあい」どころではありません。

外山さんはこれを、「雑居部屋ゆえの閉じこもり」と命名しました。

「ひとと交流したいという気持ちがおきてくるためにこそ、個室が必要」と主張しました。

個室にしたら訪問しあうように変身

この研究のさらにユニークなところは、飛騨寿楽苑が個室に改築された後、引き続き観察を続けたことです。正確にいえば、「改築後も観察を続ける」というのが当初からの計画でした。

「入居している人もスタッフも同じ顔ぶれ」という条件のもとで、変化があったとすれば、それは「住環境のせい」と推理できるからです。

結果はどうだったでしょう。

お年寄りの行動は驚くほど大きく変化していました。

ベッドから離れ、互いの部屋を訪問するようになりました。口から食べる人が増えました(図28-2)。トイレの自立も進みました(図28-3)。食事を残す量も半分に減りました。同室の人に気をつかわずに

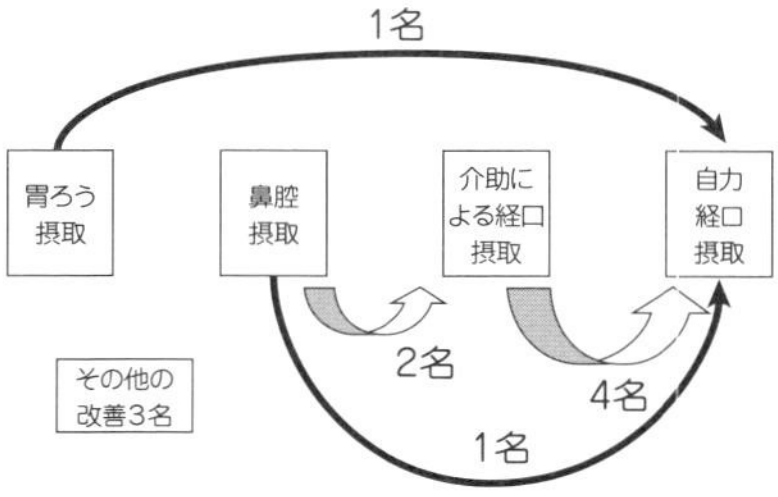

図 28-2　食事に関する ADL の変化

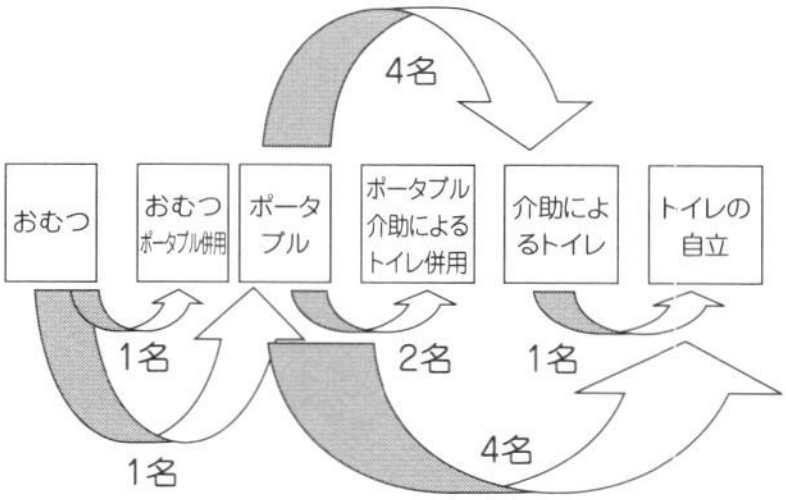

図 28-3　排泄に関する ADL の変化

すむので家族の訪問がぐんと増えました。そして、なにより、笑顔と会話が増えたのです。

夜行列車から始まった高浜と鷹巣の絆

外山さんの建築家としての評価を高めたのは、東北大学助教授時代からかかわった秋田県鷹巣町（合併後北秋田市）の「ケアタウンたかのす」でした（写真28-2）。一緒に建設にあたった茂木聡さん（コスモス設計）は、外山さんの当時の言葉を追悼集『対話――魂の器をもとめて』に記しています。外山さんはしばしばこうもらしていたのだそうです。

「設計をしていて、これほど緊張したことはない。住民全部が私の肩にのしかかってくる感じだ。僕は本物をつくらなければならない責任がある」

一区画が完成したところで、「ケアタウン探険隊」が催されました（写真28-3）。一週間で七〇〇人が訪れ、町の人から様々な注文やアイデアが出されました。こうして、町民の思いのつまった「在宅の拠点」が誕生したのでした。

このような住民参画の動きに注目していた人物がいました。

愛知県高浜市長の森貞述さんです。

森さんは、六五年に慶應義塾大学商学部を卒業。マーケティング部門の大学院の難しい試験に合格し、研究者として大学に残るつもりでした。

ところが、醤油製造の老舗を継がなければならない羽目になってしまいました。泣く泣く大学院をあきらめ、食品工業試験所で醸造の勉強、そして、故郷に戻ってきました。料亭の茶碗蒸しなどに欠

写真 28-2　全室個室と団欒の部屋のある在宅ケアの拠点，老人保健施設「ケアタウンたかのす」．左端が岩川さん．左から2番目は，ワーキンググループのリーダーで，その後半身不随となって利用者になった橋本さん

写真 28-3　ケアタウン探険隊

かせない小麦からつくる白い上等な醬油をつくる由緒ある家でした。

八七年市議、八九年には市長に。揺るぎない信頼をえて、四期までつとめました。

鷹巣町が自治体で初めて二四時間体制のホームヘルプに踏み切ったことを知った森さんは、研究熱心の血が騒いで、現地を訪ねる機会をうかがっていました。住宅関連の見本市が山形県で開かれ、高浜名物の三州瓦を出品することになったとき、「チャンス到来」と夜行で鷹巣へ。

当時のことを森さんは、しみじみといいます。

「朝八時前に駅について町役場に急ぎました。見本市を控えているので岩川さんと会ってお話しできたのは三〇分ほどでしたが、強い印象を受けました。福祉をめぐる政争の中で闘っていらっしゃる方の思いを痛いほど感じました」

以来、町村合併ムードに安易には追従しない同志として、福祉自治体ユニットの代表幹事同士として手を組むことになりました。

森さんは、商学部出身、商家出身の強みを生かして、「じぃ&ばぁ」「あ・うん」など、民家を活用したユニークな在宅拠点をつくって「オンリーワンの福祉の町」として道を切り開いていくことになります。

岩川さんから福祉自治体ユニットの代表幹事の人選の相談をうけた時、光武さん、坂本さん(第26話)とともに推薦したのは、この森さんでした。この四人の代表幹事が、介護保険の成立に大きな役割を果たしていくことになります。

外山さんの遺言――会話はどちらから?

急逝する三ヵ月前の夏、外山さんは鷹巣にいました。「ケアタウンたかのす」には、町の文化の拠点としてのミニ・コンサートホールがついていました。ところがコンサートホールなのに、グランドピアノがありません。その資金集めのためのシンポジウムに外山さんは手弁当で駆けつけたのでした。

いまでは〝遺言〟になってしまった外山さんの言葉が『こんなまちなら老後は安心!――セーフティネットを鷹巣から北秋田へそして全国へ』(筒井書房)に記されていますので、一部引用してみます。個室化した後の「飛騨寿楽苑」と「ケアタウンたかのす」の、認知症ケアのレベルを比較した研究について話している部分です。

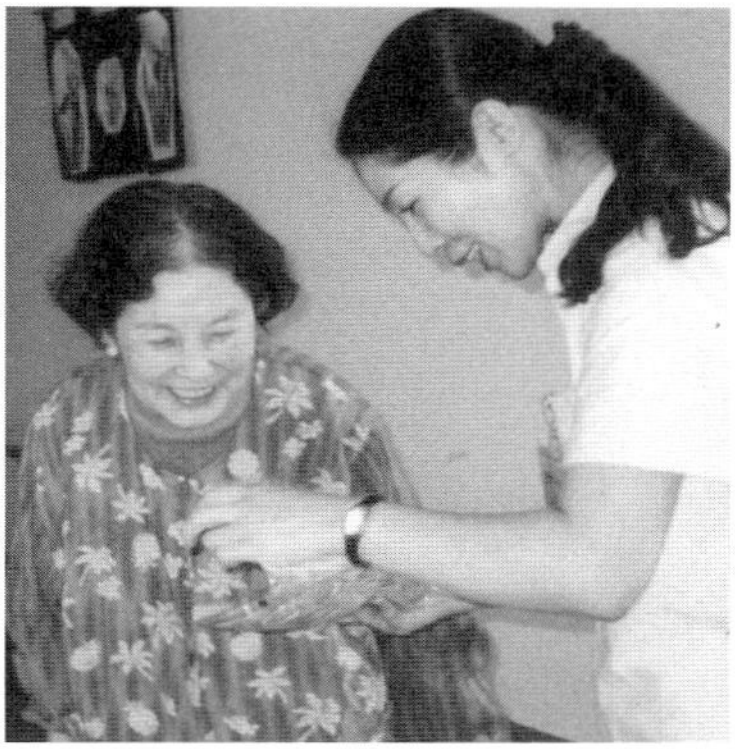

写真 28-4　病院では薬づけで仮面のような表情，寝たきりだった認知症の女性が，ケアタウンたかのすでは穏やかで見違えるような表情に

「会話の内容を全部記録していったんです。その会話が、職員の側からスタートした会話なのか、お年寄りの側から出た会話なのか。それから、会話の中味のキーワードが介護に関連する内容の会話なのか、それとも生活の内容に関連する会話なのか」

「(ケアタウンたかのすは)日常生活のキーワードの会話が三・四倍も多かった。これは、そこで展開されている職員とお年寄りの関係性を映し出していると思います。お年寄りが主人公になることができていて、お年寄りが自分の気持ちを素直に言えている。障害のことや病気のこと以外の、ふつうの暮らし、地域の暮らしの延長線上の話題やなんかが出てきている、ということなんです」(写真28-4)

「これからも僕は繰り返し繰り返し、この定点観測地に戻ってきて、(略)エールを送り続けたいと思います」

「僕の願いは、第二、第三、第四の鷹巣が、全国にできることです」

けれど、その年の一一月、外山さんは、約束をはたすことのできないところへ旅立っていってしまいました。

岩川さんにも思いがけない運命が待ち受けていました。

「町村合併すれば、特例債が入って町は潤う」「福祉は身の丈で」と唱えた対立候補に破れたのです。新しい首長は奇しくも「個室はこの町にはもったいない」が持論だったお医者さんでした。

福祉自治体ユニットの代表幹事は、首長しかなれません。岩川さんに代わって登場したのが千葉県の我孫子《あびこ》の福嶋浩彦さんです。

福嶋さんもまた、不思議な経歴の持ち主です。

筑波大学を無期停学、そして「除籍処分」。その二年後には最年少で市議、九五年には市長。

認知症の介護度認定など、介護保険に数々の注文をつけることになりました。

第29話　慈母の遠野物語

介護保険の猛母、介護保険の慈母、介護保険のモナリザ。

老健局長だった堤修三さんが、介護保険の誕生にかかわった女性たちに贈った称号です。

「猛母」、樋口恵子さんは、第5話「「ヨメ」たちの反乱」に登場していただきましたので、今回は、「慈母」、村田幸子さんにまつわる「遠野物語」です。

未知の男性から手紙が

一九九四年の四月はあわただしい月でした。

厚生省に高齢者介護対策本部が設置されました。ドイツでは介護保険法が成立しました。細川護熙首相が二月三日未明に国民福祉税構想を発表して非難にさらされ、結局四月に退陣しました。新生党党首の羽田孜さんが、ワザ師、小沢一郎さんの筋書き通りに、首相の座につきました。

そんな四月、NHK解説委員の村田幸子さんのもとに未知の男性から一通の封書が届きました。

手紙の主は、岩手県高齢福祉課長の福田素生さん。八二年厚生省に入り、OECD勤務をへて、岩手県に出向中の身でした。几帳面な字で綴られたその手紙には、遠野市で計画している「在宅ケアサミット」のコーディネーターをお願いしたい、NHKテレビで紹介していただければ、さらにありがたい、と記されていました。

いまは埼玉県立大学教授の福田さんは、当時のことを鮮明に覚えていました。「遠野の皆さんが県庁にこられ、「在宅ケアの先進地の中心人物を一堂に集めたイベントを催して勉強したい、できればＮＨＫで放送してほしい。ただ、予算がない」というのです」

「予算はふつう、前年にセットしておかないとつかないものです。でも、「今ごろこられても困ります」とは、言いたくなかったのです」

理想とほど遠い、現場の本音

九〇年、福祉八法が改正され、「市町村福祉の時代」といわれ始めていました。

九二年、岩手県に赴任した福田さんは県内の全市町村を訪ねました。それだけではなく、昼の話し合いの後、会員制で夜の懇親の場をセットして担当者の本音、悩みを聞きました。そして、理想とほど遠い現実が横たわっていることを知ったのです。

たとえば、こんな本音が語られました。以下は福田さんの著書『社会保障の構造改革』(中央法規出版)からの抜粋です。


「年寄りの世話は嫁を中心に家族でするものだという考え方はまだまだ根強い。国はマスコミの浮ついた議論に焚きつけられて先に進みすぎているのではないか」

「田舎では、役場も住民も、福祉サービスより、何度でも同じ道路を掘り返して乏しい現金収入を補ってもらう方を望むのが実態」

「保健や福祉といった課は、これまでは吹きだまりのようなところだった。自分が財政課にいたときなどは、福祉予算といえば、まず、最初に切る項目だった」

「初めて課長になって福祉課に来てみたら、いきなりややこしい老人保健福祉計画をつくれという。なんで、自分がこんなものをつくらなくちゃいけないのか」

「現在の職員体制では、家庭訪問どころか、役場に相談に来た住民の声にじっくり耳を傾けることさえできない。きめ細かな福祉サービスの提供など絵空事だ」

「住民にもっとも身近な市町村において、個別のニーズにきめ細かくこたえる、といえば聞こえがいいが、実態は地域のボスなど特定の人の政治力で、施設の立地場所や入所者の選定などの場面で、公正な判断が歪められている」

「補助率が一〇分の一〇であっても、仕事が増えるだけだから、やりたくないと考えるのが、役場の職員ではふつう」

福田さんは考えました。

公務員の中には「どうしたらできるか」を考えるより、「できない理由」を探すことの方が得意な人も少なくない。こういうときは、実際に成功している事例を示して、できない理由を封じる、さらに、ネックになっていることについての具体的な対策を示す、という道しかない。遠野の企画は、市町村福祉を実現する突破口の一つになるかもしれない。

〝実家〟の厚生省を説得。老人保健健康増進等事業から、一二〇〇万円を引き出すことに成功しました。次は、誰に登壇してもらうかです。

県に出向している同期の仲間一〇人余に手紙を書きました。地域の福祉を動かしている、医師以外の人物を紹介してほしい、と。

外来診療を丸ごと出前する遠野方式

話は遡って八三年、東北大学医学部を出て八年目の医師、貴田岡博史《きたおかひろふみ》さんが県立遠野病院の副院長としてこの地にやってきました。第24話「「出すぎた杭」の面々」の網野皓之さんが伊那谷の無医村、泰阜村に着任したのと奇しくも同じ頃です。

貴田岡さんは着任早々、不思議なことに気づきました。リハビリテーションが功を奏し、杖で帰っていったお年寄りが、その後さっぱり顔を見せないのです。病院のソーシャルワーカーに調べてもらいました。そして、愕然としました。その人たちが家で「寝かせきり」になっていたのです。

市の担当係長、佐藤正市さんも悩みを抱えていました。寝たきり状態のお年寄りが入浴サービスを受けるには、感染症にかかっていないことを証明する「診断書」を提出することが義務づけられていました。移動入浴に携わる人々の安全のためです。ところが、該当するお年寄りは病院には行けない。医師にも来てもらえない。その結果、入浴サービスを受けられずにいたのです。

そこで、市内の「寝たきり老人」一〇〇人すべてに外来診療を「出前」しようと話がまとまり、八五年、「遠野方式」の訪問診療が始まりました(**写真29-1**)。

ふつうの往診とはスケールが違います。内科医による問診、レントゲン撮影、血液検査、尿検査、生化学検査、心電図検査、看護指導、介護指導がセットになり、しかも無料でした。

泰阜村の網野ドクター同様、貴田岡さんも行政に無理難題を吹きかける名人でした。調理師の免状をもつ遠野市の異色課長補佐、菊地永菜さんは、親しみと信頼をこめてこぼします。貴田岡さんはその後、県立遠野病院院長になり、菊地さんとは飲み仲間なのです。

「週二回の訪問入浴も大変な時代に「三回にしよう。褥瘡予防にはそれがなにより」という。耐性菌のMRSAをもった患者さんの実家が畜産農家だと分かると、「自宅に戻そう。MRSAより強い菌が家にウヨウヨいるからMRSAを撃退してくれるはず」なんていう。その度にあきれ腹をたてるんですが、結果がいいので、流石、と感心してしまう」

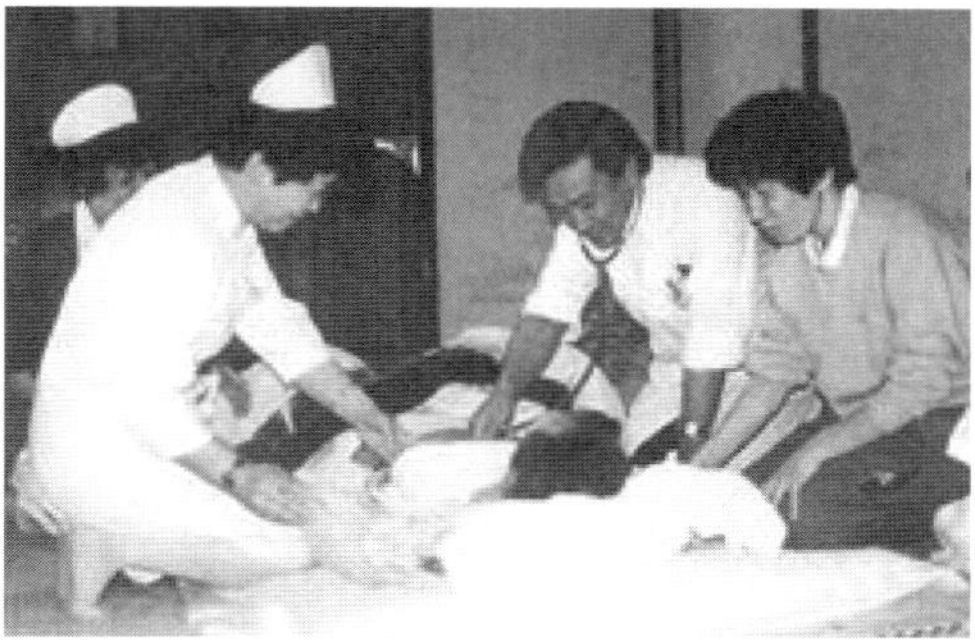
写真 29-1　病院のスタッフと訪問診療する貴田岡博史副院長(右から２人目)

菊地さんや貴田岡さんたちは毎年三日の休みをとって先進地を訪ね歩きました。そして思いついたのです。

「そうだ。先進地のパイオニアに遠野に集まってもらえば、遠野市のみんなで勉強できるじゃないか」

貴田岡さんたちが探しあてていた意中の人物、福田さんが同期生に手紙を書いて集めた情報を加えて、実に見事なパネリストとコメンテーターが揃いました。

一〇〇〇人の会場に一二〇〇人が

こうして迎えた九四年一〇月の「全国在宅ケアサミットin遠野」(図29-1・2)。

ホテルが一つもない遠野に、北海道から沖縄まで一二〇〇人が集まるという、嬉しい誤算となりました。急遽、近隣のホテルに頼み込み、バスを借り切ってピストン送迎することで難を切り抜けました。難題は、もう一つありました。遠野市最大の会場には、一〇〇〇人しか入れないのです。

そこに救い主が現れました。番組づくりのために待機していたＮＨＫの技術陣がお手のもののワザ

図 29-1 「全国在宅ケアサミット in 遠野」のポスター

図 29-2 サミットに集まった演者の出身地

を駆使して、別室にテレビ中継してくれることになりました。こうして、めでたく全員が参加できることになりました。

シンポジウムは、村田幸子さんの名コーディネートで、この上なく盛り上がりました。ホームヘルパー、訪問ナース、保健婦、理学療法士、社会福祉協議会事務局長、在宅介護支援センター職員、医師、町長……とバラエティに富んだパネリストが全国から集い(図29-2)、現場での仕事ぶりを、村田さんの発案で、予めビデオにおさめてディスカッションの間に挟みこんだのです。参加者はまるでその町を訪ねている気持ちを味わいました。

なによりの収穫は、「誰か一人が本気で動けば、地域は動く」という勇気を「お土産」に、参加者たちが地域に帰っていったことでした。

「パネリストには、医師以外のあらゆる職種を」という福田さんの遠謀深慮の勝利でもありました。

この成功に勢いづいて、サミットは〝慈母〟を迎えて毎年開かれるようになりました。

山口昇さんの御調町、山本和儀さんの大東《だいとう》市、福祉自治体ユニット代表幹事が首長をつとめる佐世保市、鷹巣町、高浜市。二〇〇〇年、介護保険推進全国サミットと名を変え、西伯《さいはく》町(現・南部町)、加賀市、東松山市、大牟田市、尾花沢市、そして、第六回は、再び遠野市に戻りました。

第30話　隅谷三喜男さんのファンファーレ

「公的介護保険」導入求める――高齢化社会へ社会保障審委報告案

という見出しの特ダネが朝日新聞の一面を飾ったのは、一九九四年六月一二日。高齢者介護・自立支援システム研究会（略称「システム研」）が設けられる三週間ほど前のことでした。

「密やかに進められてきた介護保険制度が、お墨付きを得て水面下から飛び出すファンファーレでした」と制度創設にかかわった人々は述懐します。

「制度審」と略称される社会保障制度審議会は、五〇年の伝統をもつ格式ある審議会で、こう定められていました。「社会保障制度の在り方について大所高所の見地から調査審議し、勧告等を行う内閣総理大臣の諮問機関である。関係省庁は、社会保障に関する法律の制定や改廃については必ず本審議会に諮問すること」。その制度審の将来像委員会が、介護保険を提案するというのですから、記事はインパクトがありました。

公的介護問題が政治の論議の俎上に

特ダネの主の政治部記者、その後朝日新聞西部・編集センター長になった相楽剛さんはいいます。

「あのころ、政治家たちの介護への関心は薄く、厚生族といわれる政治家も、関心は医療費改定や年金の国庫負担率でした。あの記事は公的介護問題を政治の論議の俎上に載せるきっかけの役割を果たすことになったと思います」

制度審は、〝審議会ばなれした審議会〟でした。

審議会といえば、事務局をつとめる省庁があらかじめ筋書きをつくり、報告書や勧告も官僚が下書きするのが通例とされています。ところが、制度審は、委員自身が筆をとるのが伝統でした。役所の操縦がきかない。それだけに、権威ある存在だったのです。

初代会長は、法政大学総長だった大内兵衛さん。その後を継いだのは、元東京大学総長で社会政策学者だった大河内一男さん。その大河内さんが八四年に亡くなった後を受けて九五年まで会長をつとめた隅谷三喜男さんは、労働経済学が専門の東大名誉教授でした。

加藤剛や仲代達矢が演じた、五味川純平のベストセラー『人間の條件』の主人公、梶は、隅谷さんがモデルといわれ、気骨と信念の人でした。五味川さんとは、「社会の底辺で働きたい」と満州の製鋼所で働いていたころ出会ったのだそうです。世界平和アピール七人委員会のメンバーや成田空港問題の解決のために設立した隅谷調査団の団長としても知られます。

「国民負担率概念は国際的に通用しない」

制度審の当時の委員で、文才を買われて委員会報告を起草した阿部恂さんは、警視庁の記者クラブで活躍し、社会部長から日本経済新聞論説委員。同社取締役や日経テレプレス社長をへて、悠々自適の身。「私の生涯で、師と呼べる唯一の人が隅谷先生です」と前置きして当時のことを回想します。

「当時のことですから、草案は手書きでした。それを、私が委員のみなさんにファックスして意見をファックスで返してもらう。事務局の手は一切借りませんでした」

「隅谷先生の凄いところは、良い悪いを曖昧にしないこと。制度審委員には国会議員もいて、しかも出席率がいいんですが、ビシッとおっしゃる」

「経営側委員や国会議員から「国民負担率の限界を書き込んでほしい」といった話が出たときも、先生が「日本は生活小国で、限界を論ずる以前の状態です。しかも、国民負担率という考えは日本以外には使われていない。国際的に通用しない」「大蔵省のいうことをいちいち聞いていたら何もできない」とビシッとおっしゃった。先生がおっしゃるので、みんな納得する。このときが、一つの山でした」

この報告が正式に公表された翌朝、九月九日の社説に私は「新ゴールドあっての介護保険」というタイトルでこんな風に書きました。

(九三年の第一次報告は)北欧風の美女に、米国風の脳みそと途上国産の心臓を移植したような不思議な報告書――(略)八日発表された最終報告書からは、こうした奇妙さが消え、「社会連帯」の思想が貫かれている。また、高齢社会の現実と遊離した、いわゆる「臨調路線」に審議会として初めて反撃を加えてもいる。こうした点は高く評価したい。

臨調は、租税と保険料負担を足した公的負担を「国民負担」と名付け、これを抑えることを至上命令とした。この政策が「介護地獄」と呼ばれる精神的、肉体的負担を国民に強いた。またそれは、医学的に不必要な「社会的入院」を招き、経済的負担を国民に負わせた。

報告書は、「社会保険料・租税負担が増大したとしても、社会保障が充実するならば、その分、医療・福祉の自己負担金、民間保険の保険料、家族の介護・育児などの負担が軽減される」と述べている。その通りだと思う。

同審議会は、さらに一歩進め、社会連帯の具体策として「公的介護保険」を提言している。この提言を実らせるために、注意すべき点をあげておきたい。

第一は、「新ゴールドプラン」と「公的介護保険」の役割の違いを、政治家や国民が正確に理解することである。

新ゴールドプランは、医療の世界にたとえれば、無医村に診療所をつくり、医師や看護婦を育てる仕事にあたる。いまの日本は、介護に関しては、終戦直後の無医村時代に似た状況だ。

シンポジウムが花盛り、論客が続々と

この年の暮れ、システム研究会報告も出て、翌九五年は、介護保険をめぐるシンポジウムラッシュとなりました。本棚を探したら、私が関係し、記録集が出ているものだけでも九五年前半に四つもありました。

その一つは、朝日新聞が一月二三日に開いた「病んでも美しく、輝いて生きるために」。隅谷さんにも参加していただきました(**写真30-1**)。隅谷さんの発言を抜粋してみます。

――八七年一月に妻から、がんだと告知されました。三回の手術と二五回の放射線照射を受けました。この年の秋、友人、知人に病状を書いて送りました。がんを公表すると仕事を断るのが

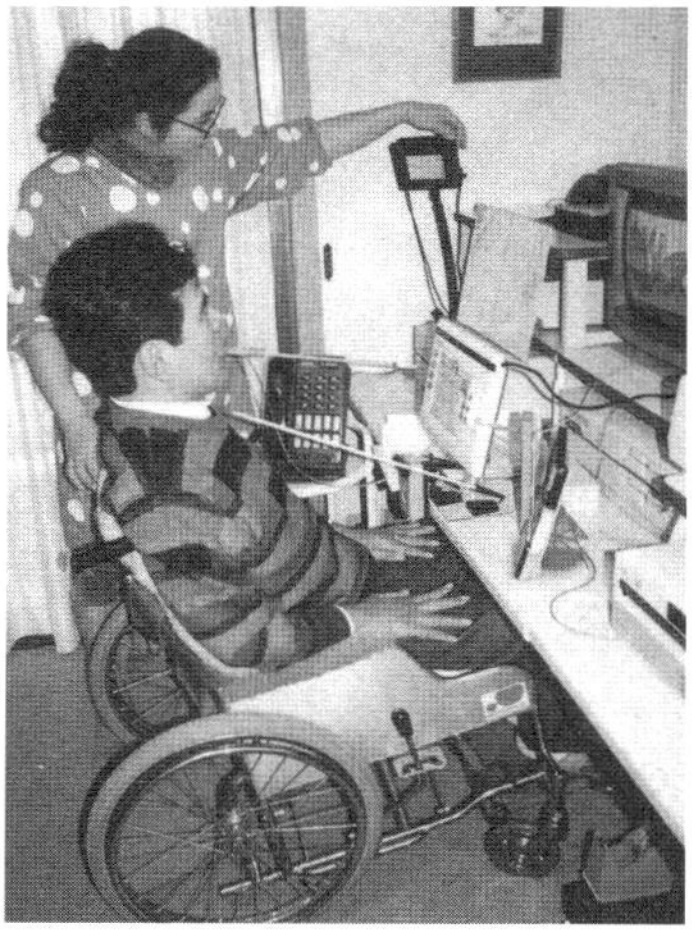

写真 30-2　補助器具を使いこなして仕事もする上村数洋さんと八代衣夫人(岐阜県白鳥町の自宅で)

写　真 30-1
社会保障制度審議会会長の隅谷三喜男さん(1995 年 1 月 23 日東京有楽町の朝日ホールで)

とても楽なんです(笑)。人生が充実いたします。「第一次五カ年」と書いて、残りの人生を設計しました。九二年には五年目を迎え、次は第二次三カ年としました(笑)。

　これまで日本の社会保障制度は最低保障に重点が置かれていましたが、国民生活を広く保障する体制に構築し直す必要があります。その視点で二一世紀を展望すると、高齢化、核家族化、女性の就業増加、費用の増大があります。そういう中で新しい社会保障の担い手はだれかを考えると、何より社会的な連帯を築かないといけません。その一つとして、私たちは老人に対する公的な介護保険の制定を提唱しています。

一四年前の初雪の日に車ごと六メートル下の谷底に落ち、首から下が動かない身になった上村数洋さんは、失った機能を補助する支援技術と妻の介助で仕事もでき、海外にも出かける充実した日常(**写真30-2**)を語りました。

妻の八代衣さんは、「公的な制度のもとで介護を受けられたら、私自身ももっといい人生を送れます」と補いました。

上村さんが事故に遭った、その同じ年、ライフケアシステムを立ち上げた佐藤智《あきら》さん（写真30‐3）は、「自宅での最期が理想です。この一四年間に亡くなった会員二二二人の半数は、自宅で最期を迎えました。がん患者も、六〇パーセントが家で亡くなりました。全国平均五パーセントと比べかなりの率です」と報告しました。

佐藤さんと上村さんの提言は、のちに障害者自立支援法、改正介護保険、改正医療保険に盛り込まれました。

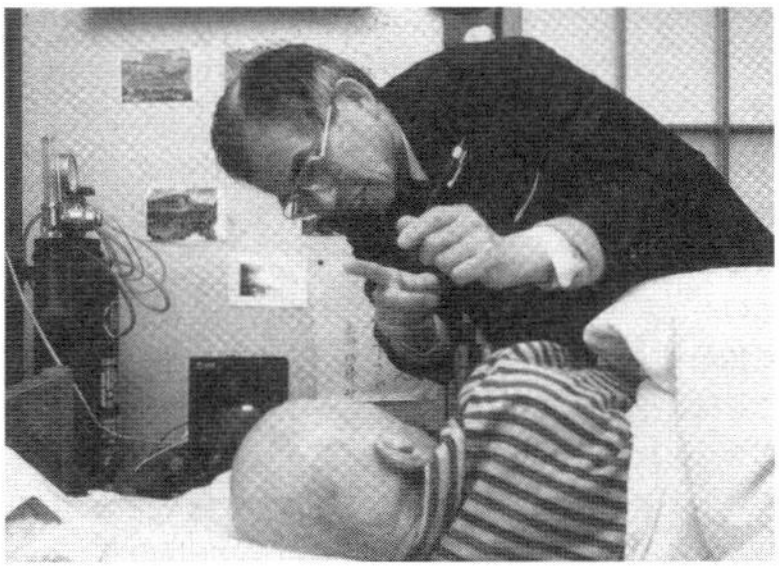

写真 30-3　在宅診療のパイオニア佐藤智さんの往診風景

写真 30-4　シンポジウム「公的介護保険をめぐって――厚生省の新介護システムを読む」(1995 年 2 月 24 日東京御茶ノ水の三井海上火災ホール)

表 30-1　税方式・保険方式のメリットとデメリット

	税方式	保険方式
メリット	給付からもれる人が少ない 新しい制度をつくらなくてよいので，手間がかからない	サービス供給量，すなわち，介護財源を急速にふやしやすい(理由1：保険料を支払った国民が権利意識をもって，見返りを求めるためニーズが顕在化する．理由2：毎年度の予算配分に拘束されにくく，独自に保険料を引き上げやすい) 使い道が明確なので，負担増への国民の合意が，増税よりも得やすい 医療と介護の財源が同一レベルにそろう 措置ではなく，契約になるので，介護サービスや施設を利用者が選べる 権利性が強い(税金によるサービス，いわゆる措置，にくらべてサービスの利用に当たって心理的な抵抗感がない)
デメリット	使い道が不明確なので，増税への国民の合意が得にくい 「増税」を訴えている政党や政治勢力が日本にはないので，「増税で福祉を充実」を急速に実現することがむずかしい 現在の措置制度である以上，介護サービスや施設を選べない 税金によるサービスには「お恵み」的なイメージがあり，利用に当たって心理的抵抗感がある 税でやる以上，サービスの利用については，所得制限，あるいは所得に応じた負担が不可避となり，すべての人に同様に給付することはむずかしい サービスの供給量を急速にふやすことがむずかしい(一般財源だと毎年度の予算配分に拘束されるので，介護だけに重点的に財源を配分することがむずかしいから)	未加入者が増える危険性(若者や貧困層など，低所得者に対しては軽減措置が必要) 市町村間の保険料水準の格差という国保と同じ問題をかかえる危険性がある(ただし，制度の設計次第で解決できるかも) 新しい制度をつくるので手間がかかる

文責　山井和則

一〇年訴え続ければ、実践を重ねれば、政策も変わる、と私には希望がわいてきました。

写真30-4は、朝日新聞と朝日カルチャーセンターが主催した二月二四日のフォーラム「公的介護保険をめぐって――厚生省の新介護システムを読む！」です。

システム研で活躍した論客、樋口恵子さん、岡本祐三さん、事務局だった伊原和人さん、北欧事情に詳しい山井和則さん、オーストラリアに詳しい石原美智子さんが加わりました。

表30-1は、役所を背負った伊原さんが言えないことの代弁もかねた山井さんの資料です。

その後、自立支援法立案担当の企画官となった伊原さんと、民主党衆院議員になった山井さんは、法案をめぐって激しくやりとりすることになるのですが、この時は文字通り同志でした。

ところで、私と隅谷さんのあいだには、密かな〝連帯〟がありました。

新聞社の調査部切りぬきを眺めていて、ある日、奇妙なことに気づきました。「国民負担率」という言葉は昔からあったわけではなく、大蔵省の発表記事の中に突然、現れたということです。大阪府立大学教授の里見賢治さんの論文を読んで、もう一つ気づきました。分母にGDPを使わずに国民所得を使うことによって、数字が大きく見えることでした。これはトリックです。社会保障に占める公的支出を押さえ込むための大蔵省の策略ではないか、と私は想像しました。

このことをラブレターのように熱をこめて手紙に書き、隅谷さんに送りました。

隅谷さんは自宅に招いてくださり、手ずから紅茶をいれてくださり、「国民負担率」という言葉を制度審報告で使わないことを約束してくださったのでした。

多くの人に敬愛された隅谷さんがこの世を去ったのは、八六歳、二〇〇三年のことでした。

第31話　あんみつ姫とアメリカンフットボール

あんみつ姫をご存じですか？

一九四九年から六年間、連載され、映画化もされた人気漫画のヒロインで、あまから城の城主、あわのだんごの守《かみ》の一人娘です。甘いものに飢えていた時代の子どもたちの夢にあわせて、おはぎの局《つぼね》、だんご、しるこ、かのこ、あんこ、きなこ、という名の家来や腰元が登場。利発で冒険好きの姫の、意表をつく行動に家来たちがきりきり舞いするという筋だてです。

その「あんみつ姫」のニックネームを奉られているのが、今回の物語の主人公、筒井孝子さん。要介護認定の歴史を語るとき、まず一番に名を挙げられる人物です。

顔だちも「姫」にぴったりですが、実は、別な訳があるのです。それは、後でご紹介することにして……。

経験と勘の介護内容を分解、コード化

研究者としての筒井さんの経歴は実に多彩です。

ここには書ききれないのですが、その出会いと経験のすべてが、要介護認定の仕組みをつくるために役立つことになったのですから不思議な巡り合わせです。

高校時代から数学とコンピューターに夢中でした。これが、数量化した客観的な要介護認定の仕組みをつくる原動力になりました。

福祉用具のパイオニアの光野有次さんや共生思想の実践者、近藤原理・美佐子夫妻をしばしば訪ねて影響を受け、筑波大学大学院に進みます。言葉を話せない障害児の要求行動を客観的に知るための研究を重ねて修士号を取得。さらに、日本社会事業大学大学院で、二つ目の修士論文「高齢者の日常生活能力評価尺度に関する研究」に取り組みました。

このテーマを選んだのは、九州にある介護福祉士養成校の教師として実習指導マニュアルをつくったのがきっかけでした。

実習で当惑する学生たち

実習を依頼していた施設は五〇あったのですが、介護の内容も方法も違うのです。

学生は戸惑います。そこで、職員の仕事を記録し、その必要性を教えてもらい、さらに、一つ一つの介護にかかった時間を記録しました。「一分間タイムスタディ」という手法です。

たとえば、排泄介助を、**表31-1**のように分解して、ケアの組み合わせを考えていきます。いちいち文章を書くのは大変なので、介助行為一つ一つにコード番号をつけてゆきました。これが、要介護認定の基礎固めとなったケアコードにつながりました。

実習をしているうちに、学生達は、またまた困惑しました。たとえば、同じような状態の人に対する同じ排泄の介護業務でも、トイレに連れて行こうとする施設と、おむつの中への排泄を漫然と続け

表31-1　排泄介助の一部を分解した表

誘導・移動	
45	トイレ(ポータブルトイレを含む)まで誘導
46	車椅子から，便器・便座への移乗介助
47	便器・便座から，車椅子への移乗介助
排尿介助	
48	排尿動作援助(衣服の着脱等は除く)
49	排尿時の見守り
50	排尿後の後始末
51	尿収器の後始末
52	ポータブルトイレの後始末
53	膀胱訓練の準備・実施・後始末，手圧排尿・殴打法の準備・実施・後始末
54	導尿，膀胱・膀胱瘻留置カテーテルの交換
55	膀胱洗浄の準備・実施・後始末
56	膀胱留置カテーテルの観察，尿量チェック・測定，尿パック(ウロガード等)の交換
57	必要物品準備
58	排尿頻度，量，間隔のチェック
排便介助	
59	排便動作援助(衣服の着脱等は除く，腹部マッサージを含む)
60	排便時の見守り
61	摘便の準備・実施・後始末
62	浣腸の準備・実施・後始末
63	人工肛門のケア・後始末
64	必要物品準備
65	排便の後始末
66	さしこみ便器の後始末
67	ポータブルトイレの後始末
おむつ	
68	おむつ除去，装着
69	おむつの点検

る施設とがあることを知るからです。

「この現実をまのあたりにし、介護の現場には介護の標準化が必要だ、それを研究的に明らかにしたいという、かすかな希望を持ちました」と筒井さんは、研究者の道に進むことになった動機を語ります。

八八年のこの修士論文を読んだ当時の学長、三浦文夫さんは工学部の博士課程進学のため道を開いてくれました。

修士論文に注目した人が、もうひとりいました。全国社会福祉協議会(全社協)高年福祉部の部長だった和田敏明さんでした。筒井さんを全社協に招き、博士論文「福祉用具と住宅改造の実施が要介護高齢者世帯に及ぼす影響」の研究のフィールドを提供しました。

筒井さんはここで、さらに、当時の特別養護老人ホームで行われていた三〇〇種類の介護業務とその業務ごとの負担を一分間タイムスタディ調査の手法を利用しながら数量化することに成功しました。介護内容を客観化し、職員の負担量がその内容ごとに異なることを明らかにした初めての研究になりました。

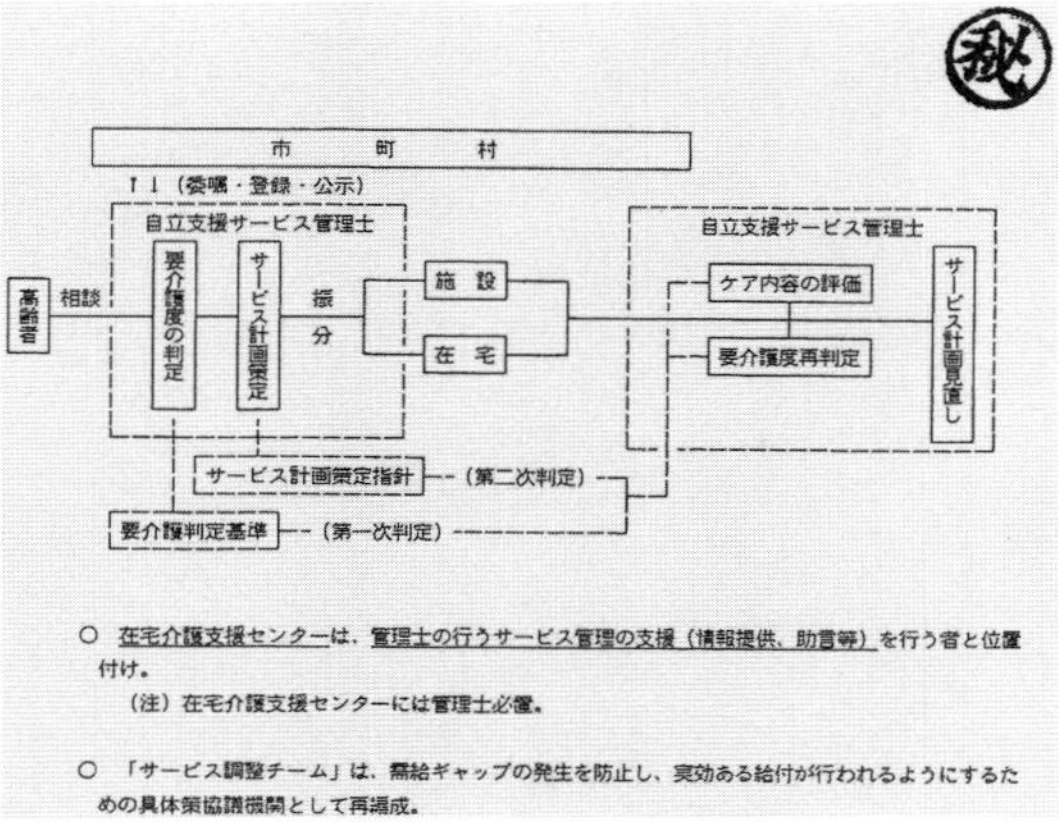

図 31-1　厚生省内マル秘資料(1993 年作成)

スカウト、現れる

筒井さんのこの発表を聞くやいなや、スカウトに現れた人物がいました。当時、国立医療・病院管理研究所医療経済研究部長の小山秀夫さん(第12話にも登場)でした。九四年、厚生省に高齢者介護対策本部が誕生した年のことでした。筒井さんは同研究所へ。

その前年、厚生省内では、介護保険の大枠を決めるプロジェクトチームが秘密裏に中間報告を纏めていました(第18話)。そのマル秘資料(図31-1)には、特に重要な柱として「自立支援サービス管理」という項目があり、こう書かれています。

「自立支援サービスは、①本人の状態の評価、②組み合わせるサービスの評価、③おこなわれたサービスの評価、の三つを基軸とする制度運営のカナメとなるもの」

当時、厚生省の担当者はこう考えていました。

「介護保険の導入は国民各層の様々な意見や関係団体との論議、政治的な調整のもとで進められるだろう。ただし、要介護認定だけは、最初から最後までわれわれで責任を負わなければならない課題だ」と。

「ミスター介護保険」と呼ばれる山崎史郎さんは、当時を振り返って、こういいます。

「介護の必要性とその程度を客観的で、透明性の高い形で判定することは、介護保険の「公正・公平性」を確保する「必須の条件」だと考えていたからです」と。

とはいえ、認定方法については、世界のどこを探しても先例がありませんでした。

たとえば介護保険のサービスメニューの手本になった当時のデンマークの場合——。

経験をつんだ訪問ナースが中心になり、「どんなサービスがあれば自宅で自立して暮らせるか」を本人を主役に家族、家庭医、ホームヘルパー主任たちと相談してテキパキと決めていきます。

時間も費用もかからない、しかも血の通った方法です。

それが可能なのには、三つの条件がありました。

①歴史を重ねる中で訪問ナースの技量が高まり、何が必要か、即座に判断できること、しかも人々から信頼されていること、②有力者の圧力でサービス供給に手心を加える、などという日本のような風習がないこと、③補助器具、住宅改善、ホームヘルプ、訪問看護などの費用が市町村の予算でまか

なわれていたため、国の統一基準をつくる必要がなかったこと。

日本では、そのどの条件も欠けていました。

この「マル秘報告書」にも、認定方法については、こう書かれているだけでした。

「日常生活動作と痴呆状態の組み合わせにより、超重度、重度、中度、軽度の四ランクに」

日常生活動作ができなくなればなるほど、認知症が重くなればなるほど、介護の必要度が高まるのなら、これでOKです。ところが、現実には、症状が軽いほど歩き回って手がかかるなど逆なケースがたくさんあることが分かり、たちまち暗礁に乗りあげました。

次に頼りにされたのは、アメリカ生まれのMDS・RUGsでした。これは、後にケアプランに発展していったのですが、日本の現場で要介護度の認定に使うのは現実的ではないことが分かりました。

救い主として注目されたのが、筒井さんが全社協で行った一分間タイムスタディ調査手法を用いた特別養護老人ホームでの研究でした。

こうして、本格的な調査研究が始まりました。小山さんの強力な人脈で、特別養護老人ホームだけでなく、老人保健施設、介護力強化病院の協力をえることができ、九四年から九八年までの五年間、延べ一六万人にのぼる要介護高齢者を対象とする、空前の「国家的調査研究プロジェクト」になりました。

大食らいな助っ人たち、食費だけで三〇〇万円

方法はこうです。協力してくれた施設や医療機関で、その日に働く職員全員について、どの高齢者

に何分、どのような介護が提供されたかを記録してもらいます。働いている全員に対して、職員が記録者として一人ずつ一日中、後をついて歩き、職員自身の行動もすべて記録するのです。

さらに、これを、三二三種類のケアコードの番号にかえます。ここまでのややこしい作業を施設や病院の調査責任者が行ってくれました。

忙しい介護現場の、まさに汗と涙の記録です。

その記録の内容を筒井さんと筑波大アメリカンフットボール部の学生たち、延べ一〇〇人でチェックしていきました。

体力を期待したのかと思ったら、そうではありませんでした。この競技ではゲーム中多くのサインを細かく出して戦略をたてます。部員にはこれらの暗号を記憶する特技があるのだそうです。三二三もある細かいコードを見事に覚え、調査票の矛盾を見つけ出してゆきました。

「彼ら、大食らいで食費だけで三〇〇万円もかかって、弱っちゃった。一食二人前を日に三食、それに一人一リットルの牛乳、おやつを用意するのが条件なんだもの」と、小山さん、なつかしそうにこぼします。

このチェックによって、思いがけないことが見つかりました。元の記録がないのに、ただ数字を適当に書き込んだらしい医療機関があったのです。良心的な医療機関ばかり選んで協力してもらったと思っていた小山さんにはショックでした。

厳しい表情で追及する小山さんに、担当者と病院長は青ざめ、調査票のつまった段ボール箱をもって、うなだれて研究所を去ってゆきました。

そのときのことをメールで尋ねたら、ふだんは冗談ばかりいっている小山さんから、こんな生真面目な返事が返ってきました。

「大げさですが真理の探究が研究者の使命だと信じて生きてきました。あの頃は大変な時代でした」

第32話　要介護認定・波乱万丈！

脱皮を求められていた研究所

要介護認定のシステムの〝ゆりかご〟の働きをした国立医療・病院管理研究所。そのルーツは、国立病院の一室を間借りして開所した病院管理研修所に遡ります。日本を占領していた連合国軍最高司令部GHQ公衆衛生福祉部の指示によるもので、一九四九年のことでした。

六一年、病院管理研究所に改組。九〇年、国立医療・病院管理研究所へとさらに改組、厚生行政のための政策研究所的な機能を果たすことを求められるようになりました。

筒井孝子さんを全社協から引き抜いて、要介護認定の物差し作りが始まったのは九四年。国立公衆衛生院と合併する新たな三度目の改組話がもちあがったころでした。

写真32-1は、「一杯やる」のが大好きな松田朗所長の部屋に顔をそろえた研究所の面々と二人の元所長。その後大学教授に納まっている小山秀夫さん(兵庫県立大学)、長谷川敏彦さん(静岡県立大学、第7話に登場)、川渕孝一さん(東京医科歯科大学大学院)と多士済々です。

「ここには写っていない外山義さん(第27、28話)を含め、みんな、遅くまで仕事をしていて、様々な刺激を受けました。幸せな時代でした」と筒井さんは懐かしそう。「でも、とりわけ遅くまで、パンをかじりながらがんばっていたのは筒井さん」というのが一致した証言です。

六時になると現れるのは……

その研究所に、夕方六時になると決まって現れる人物がいました。厚生省の介護保険制度施行準備室次長、三浦公嗣さんでした。

写真 32-1　一杯やるのが大好きな松田朗所長の部屋に顔をそろえた研究所の面々と２人の元所長

三浦さんが筒井さんに次から次へと難題を出す→筒井さんが徹夜する→三浦さんがまたまた難題を出す、といった三年にわたる共同作業で、要介護認定の仕組みは次第に出来上がっていきました。

まず、前回ご紹介した三二三種類のケアコードをＣＨＡＩＤという統計手法で分析しました。そして、高齢者の状態を示す七三項目の組み合わせによって、ケアの時間を予測できることを確かめました。こうして、七三の認定項目が生まれました。

ところが困ったことが起きました。これを使って試験的に認定してみると、ときおり奇妙な結果が起こるのです。介護時間が長いと想定される人なのに、要介護度が低くでたり、逆のことが起こったりする現象です。これを克服するために編み出されたのが、高齢者の状態を**図32-1**のように七つの側面から見るものです。「中間評価項目」と名付けたこの項目を認定ロジックに組み入

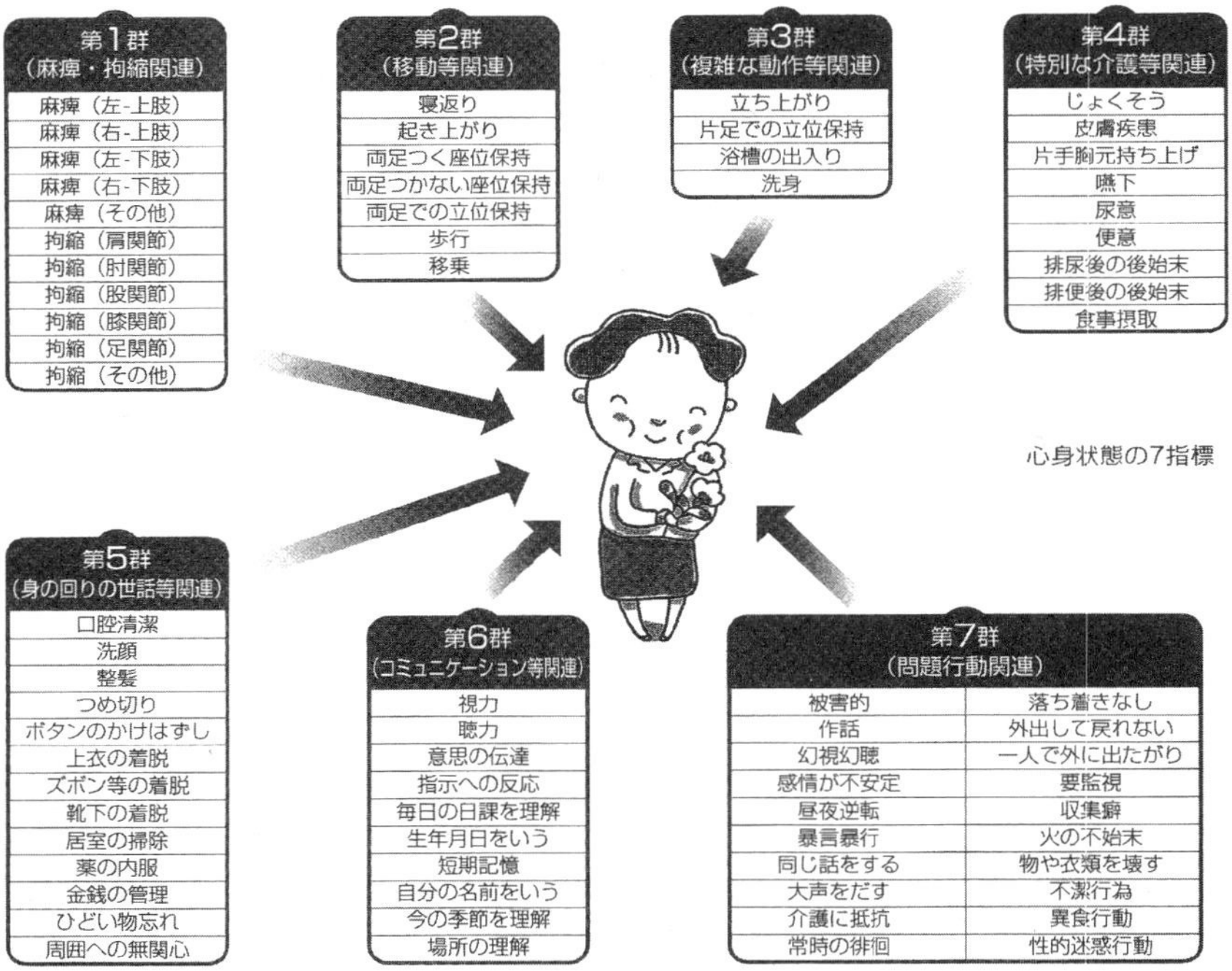

第1群 (麻痺・拘縮関連)
麻痺（左-上肢）
麻痺（右-上肢）
麻痺（左-下肢）
麻痺（右-下肢）
麻痺（その他）
拘縮（肩関節）
拘縮（肘関節）
拘縮（股関節）
拘縮（膝関節）
拘縮（足関節）
拘縮（その他）

第2群 (移動等関連)
寝返り
起き上がり
両足つく座位保持
両足つかない座位保持
両足での立位保持
歩行
移乗

第3群 (複雑な動作等関連)
立ち上がり
片足での立位保持
浴槽の出入り
洗身

第4群 (特別な介護等関連)
じょくそう
皮膚疾患
片手胸元持ち上げ
嚥下
尿意
便意
排尿後の後始末
排便後の後始末
食事摂取

心身状態の7指標

第5群 (身の回りの世話等関連)
口腔清潔
洗顔
整髪
つめ切り
ボタンのかけはずし
上衣の着脱
ズボン等の着脱
靴下の着脱
居室の掃除
薬の内服
金銭の管理
ひどい物忘れ
周囲への無関心

第6群 (コミュニケーション等関連)
視力
聴力
意思の伝達
指示への反応
毎日の日課を理解
生年月日をいう
短期記憶
自分の名前をいう
今の季節を理解
場所の理解

第7群 (問題行動関連)	
被害的	落ち着きなし
作話	外出して戻れない
幻視幻聴	一人で外に出たがり
感情が不安定	要監視
昼夜逆転	収集癖
暴言暴行	火の不始末
同じ話をする	物や衣類を壊す
大声をだす	不潔行為
介護に抵抗	異食行動
常時の徘徊	性的迷惑行動

図 32-1　高齢者の状態を 7 つの側面から見る
(図 32-1，2 は筒井孝子『図解 よくわかる要介護認定』日本看護協会出版会より)

れることで、「認定結果は一気に安定しました」と三浦さんはいいます。

コンピューターでなく、紙と鉛筆で

コンピューターを使った認定を「わかりにくい」という人々のために、筒井さんは図32-2のような「介護の五本の樹」を考えました。

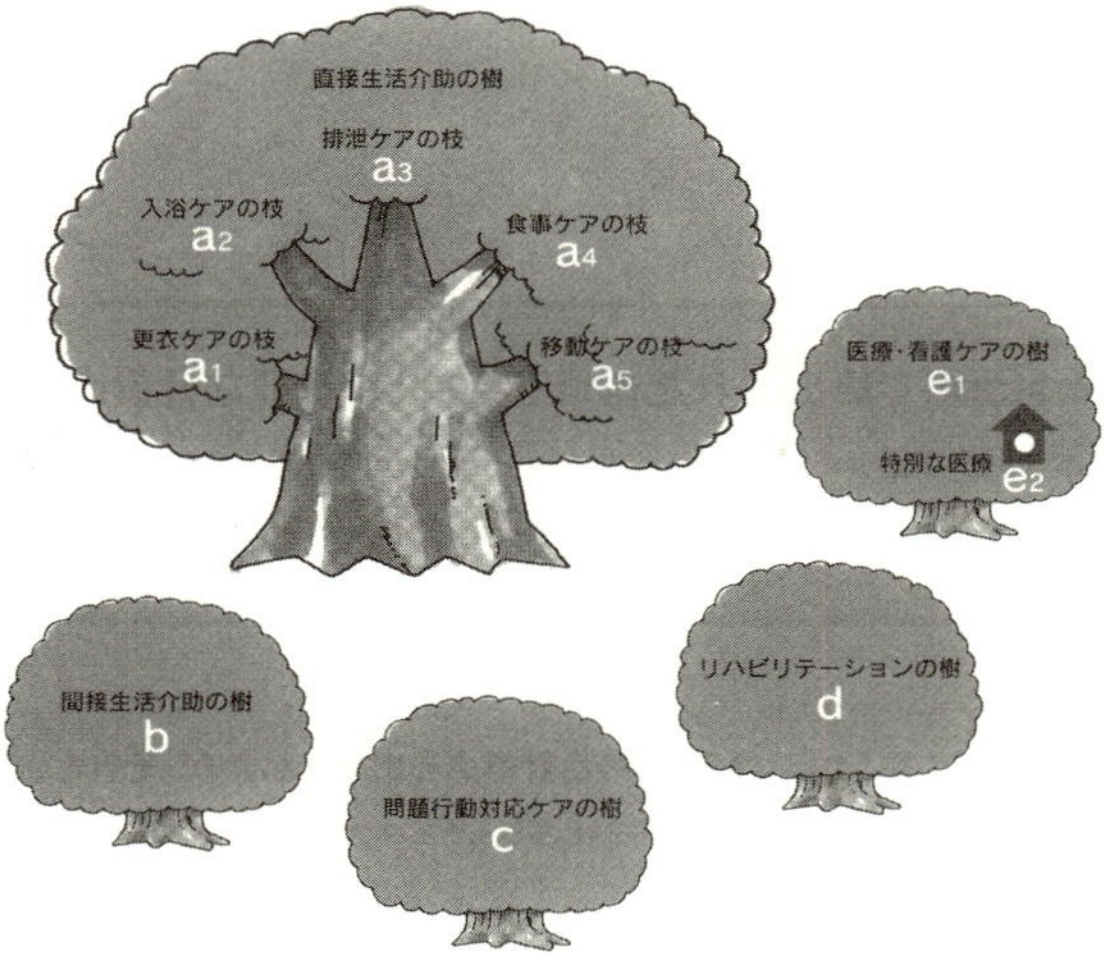

図 32-2　介護の５本の樹

たとえば、「直接生活介助の樹」には五本の枝があります。更衣ケアの枝、入浴ケアの枝、排泄ケアの枝、食事ケアの枝、移動ケアの枝です。

それぞれに、介護に必要とされる時間数(要介護認定等基準時間)が書かれた葉っぱがついているというものです。

「この枝ごとに示された時間数で、その高齢者にとって必要な介護内容を想定することができるようにしました。私の研究の目的は、もともとは、現場の方々が使うことができるケアプラン作成のツールだったのです。どんな高齢者にも、どこにいても、同じように適切な介護が受けられること。これが介護の標準化です。そして、これは、介護の現場で一生懸命がんばってきてくれた、私の初めての学生達やすべての介護に関わる人々への贈り物でした」

「これを国が要介護認定に使ったというのは、単なる偶然にすぎません」

第24話に登場した高浜市の岸本和行さんは、厚生省からコンピューターの一次判定システムが配布される前に、要介護認定を受けられる可能性があるすべての高齢者について、この図の介護の樹の枝をたどって要介護度を計算しました。

「職員総出でしたが、いまとなっては懐かしい。体が覚えていますから、いまでも、枝をたどって計算できますよ」と岸本さんは当時を語ります。

「これができれば、要介護認定は、〝国が、なんだかわからないコンピューターを使って決めるブラックボックス〟ではなく、高齢者自身が納得できるものさしになると思ったのです。この葉っぱに示された時間をめやすにすれば、自分に必要な介護サービスやその量も考えることができる。このことで賢い消費者を生むことができるのではないかという期待を持ちました」

「国民が自らの意思でサービスを選択することができるという仕組みが、これからの新しい時代にふさわしいと思ったのでした」

一方、筒井さんは五本の樹にこめた思いをこう語ります。

「岸本さんたちが、市民のために、鉛筆とものさしを使って、要介護認定の基準時間を算出してくれたことは、とても励みになりました。コンピューターを使わなくても、やる気になれば、高齢者も、その介護者も自分で自分に必要な介護の程度がわかるようにと作ったのですから」

四面楚歌

けれど、それでも納得しない人々はいました。

たとえば、医師グループ。

医療保険では医師の診断で治療が始められるのに、介護保険では認定の手続きが必要であり、医師の判断の重みが軽くなるという思いがあったようです。要介護認定には医師のプライドを傷つける要素があったのです。

そこで、コンピューターによる一次判定の他に、医師の意見書をつけることにしました。認定審査会の委員長を地域の医師会会長にして、「カオ」をたてる方策をとった市町村もかなりありました。

こうすると福祉関係の人々が収まりません。

介護保険をきっかけに医師の支配から抜け出ることを望んでいたからです。

「そもそも認定するのがけしからん」という人も少なくありませんでした。

三浦さんは、筒井さんを「あんみつ姫」と名付けた由来をこう話します。

「筒井さんは、現場に次々と飛んでくる矢と闘っている我々の苦闘に関係なく、奥の院に籠もって雑念の入らない提案を次々と示してくれました。きっと、彼女は世間が大嵐になっていることは知らず、ただ、「さっきから、外で何か物音がするわ」と、おっとり構えていたのでしょう」

過労死か自殺か、と恐れられた〝一三サティアン〟

その三浦さんが厚生省の面接を受けたのは、「中央官庁の局長がどんな顔をしているか見てみたかったから」と、ご本人はいいます。

「愛読書を聞かれたので『医師国家試験突破術』、好きな音楽は？　というので「ベートーベンから松田聖子まで」と答えたら、面白いヤツってことになって採用されたらしい」と露悪的にいうのですが、面接した当時の医務局長、大谷藤郎さんの証言は一八〇度違います。

「実に純粋で優秀な青年で、厚生省にずっといてくれることを祈ったものです」

三浦さんは、慶應義塾大学医学部時代、無医村に通いつめました。そこで、病院にこられない人がおびただしくいる現実に出会って心を痛めました。そして、このような人々を救いたいと思ったのが厚生省志望のほんとうの理由でした。

ハーバード大学とジョンズホプキンス大学の公衆衛生大学院で学んで帰国した三浦さんに、九六年暮れ、思いがけない人事が告げられました。厚生省の一三階にあったことから、「一三サティアン」と名付けられ、恐れられていた介護保険準備室の勤務を命ぜられたのです。

ここでは、「過労死しても、自殺だけはするな」という、物騒な合い言葉が飛び交っていました。自殺者が出ると「引き金をひいたのは誰か」という詮索が始まり、さらに仕事が遅れるからなのだそうです。

三浦さんは、その後、厚生労働省老健局老人保健課長として療養病床の再編成の仕事を終え、文部科学省の医学教育課長に転出。しみじみいいました。

「いま、一般の方が、「あのおばあちゃんは要介護3ね」といったりする時代がきて、感無量です。そういう〝相場観〟をつくることが、要介護認定制度のキモだったのです」

第33話　GHQの贈り物、世界初の障害差別禁止条項

日本には「人権」という意識が希薄だった

憲法が論議されるときは、多くの場合自衛隊が焦点になり、平和憲法について語られます。けれど、この憲法のもう一つの大きな特徴は、一〇三条の三分の一を占めている人権の項目にあります。なにしろ、この憲法ができるまで、日本には「人権」という考え方が定着していなかったのですから。

選挙権も相続権もなかった日本の女性に人権の扉を開けたのは、ベアテ・シロタ・ゴードンという、当時二二歳の女性でした(写真33-1)。

ベアテさんは、リストの再来と呼ばれた高名なピアニスト、レオ・シロタ氏を父にもち、五歳から一五歳まで日本で育ちました。

そして、マッカーサー元帥の率いる連合国軍最高司令官総司令部(GHQ)のスタッフとして再び来日。憲法草案を起草するメンバーとなりました。

ベアテさんは当時のことをこう話してくれました。

「日本政府の男性たちは、草案の男女平等のところにくると、強く反発しました。「日本には向かない。日本には、女が男と同じ権利をもつ土壌がない」というのです。まとめ役のケーディス大佐が

「これは、日本をよく知っているシロタ嬢が、日本の女性の気持ちを考えながら一心不乱に書いたもの」と押し切ってくれました」

このときのいきさつは『ベアテの贈りもの』という映画もできて、次第に知られるようになっているのですが、「日本には女と男が同じ権利をもつ土壌はない」と言い切った男性たちの思想は、その後も表には出ない形で続いてゆきました。それが女性の仕事とされた介護職の低賃金、介護地獄、少子化につながってゆきました。

ところで、もう一つの「贈り物」があったのですが、その贈り主は、これまでまったく知られていませんでした。

生き証人は九〇歳、ハワイに

突きとめたのは、本書の第2話「「自立」vs「自立」」に登場した今は亡き丸山一郎さんです（**写真33-2**）。

写真33-1 ベアテ・シロタ・ゴードンさん

身体障害者福祉法の起源を求めてアメリカに渡った丸山さんは、GHQ民政局の七年間分の記録がワシントン郊外の公文書館の、体育館ほどもある書庫に残されていることを知りました。膨大な日々の記録や会議報告、日本政府を指導したメモ、日本側からの英文提出資料や投書とその英訳……。

読み進んでいった丸山さんは、身体障害者福祉法制定に関連した「Ferdinand Micklautz」と署名された書類がおびただしくあることに気づきました。日本の記録にはまったく出てこない名前です。

インターネットで調べると、ハワイの死亡広告欄で二つヒットしました。間に合わなかった!

ところが読んでみると、亡くなったのは別の人で、フェルナンド・ミクラウツ氏は、遺族として死亡広告に名前が載っていたのでした。早速、ハワイ在住の友人に頼んで、電話帳を調べてもらいました。本人は見つからなかったのですが、ミクラウツという姓が二〇人。

そこで、ニューヨーク在住のリハビリテーション専門家に頼んで片端から電話してもらいました。丸山さんは実に流暢な英語を話すのですが、「リハビリテーション専門家と名乗った人物が電話した方が怪しまれないと思ったから」だそうです。ミクラウツさんはGHQ民政局のリハビリテーション部門の責任者だったのです。

写真 33-2　丸山一郎さん

写真 33-3　フェルナンド・ミクラウツ氏

友人は電話をかけ続けました。そして、六番目に出た人物が、「フェルナンドは、伯父です」。

写真33-3は、一日もはやく会っておかなければ、と二〇〇四年ハワイに飛んだ丸山さんが撮ったものです。その人は九〇歳になっていました。

当時、ミクラウツさんはGHQに近い三菱商事ビルに広い部屋をもち、日本政府の要人の誰でも呼べるという立場にありました。そこに各省のお役人を呼んで身体障害者福祉法をつくりあげていったのです。まさに生き証人です。

その口から三つの意外な事実が明らかになりました。

「すべての障害」を念頭に、そして、世界初の障害差別禁止条項が

日本では、厚生労働省資料にさえ、「わが国の身体障害者施策は傷痍軍人対策として開始された」と書いてあるのですが、事実は逆でした。

法制定の一年前、ミクラウツさんが着任した一九四八年当時の米国の世論は、「傷痍軍人を支援の対象にするなどもってのほか」というものでした。

米国の人々にとっての日本の傷痍軍人は、肉親を殺した相手、許せない存在だったのです。けれど、ミクラウツさんは、「無差別平等を社会政策の原則に」と考えていました。

そこで、一計を案じ、四九年六月二五日、米国向けの記者会見をセットして、こう発表しました。

「日本で障害者対策を始める。障害者は推定六〇万人、その六〇パーセントは傷痍軍人で、リハビリテーションを施せば働ける。傷痍軍人にも他の障害者と同じ権利を与え、差別しない方針である。

マッカーサー元帥も障害者の現状を憂慮しており、傷痍軍人も含めることに合意している」

実は、〈マッカーサー元帥〉の部分は〝創作〟だったのですが、幸いお咎めはなかったのでした。

「意外な事実その二」は、ミクラウツさんたち米国側が、「すべての障害」を念頭においていたことでした。特に精神障害については、GHQの精神科ソーシャルワーカーや医療ソーシャルワーカーが積極的に検討に加わっていました。

「physically handicapped」や「physical rehabilitation」の physical は、「身体」という意味ではなく、犯罪者や売春婦のリハビリテーション(更生)と区別するためでした。

「三障害を同等に」は、障害者自立支援法の専売特許ではなかったのです。

「意外な事実その三」は、法の第三条に世界初の「障害差別の禁止条項」が書き込まれたことです。ミクラウツさんが最重要課題と主張した結果でした。障害者差別を禁止するアメリカの法律、ADAが成立する四一年も前のことでした。

この条項はのちに削除されてしまうのですが……。

第34話　元祖寝たきり起こし

若者たちの人生をかえた笑顔

身体障害者福祉法が成立したころ、長崎県佐世保で三人の男の子が誕生しました。この三人はのちに、この法律や介護保険法と深いかかわりをもつことになります。

みんな工作が大好きでした。

竹野広行さんは、いすゞ自動車のエンジニアに、光野有次さんは日立製作所の工業デザイナーに、松枝秀明さんは東京芸術大学の彫刻科に。

その三人が東京のたまり場にして飲み明かしていたのが同郷の先輩の家でした。その家に、水頭症で、座ることさえできない浜副太郎くんがいました。松枝さんが彼のために、立つための道具をつくってみました。

それを使って生まれて初めて立てたとき、太郎くんは実に嬉しそうにニコッと笑いました。その笑顔が、当時二四歳だった三人の運命を大きくかえました。サラリーマンとしての安定した暮らしや芸術家への道を捨てて、誰も手を染めていなかった仕事にとびこんだのです。

七四年、東京の練馬に、わずか一三坪の仕事場をつくりました。

「でく工房」、「でくの坊」と「でえく(大工)」の掛けことばです。使ってくれる人と直接会って、

写真34-1　手に障害のある人のための食器

必要なものを一つずつ、つくってゆきました。

いすからずり落ちてしまう脳性マヒの子のために背もたれならぬ胸もたれのついたいす、歩く練習を楽しくするためのカタカタ、手が震える人のためのひっくり返らない皿や握りやすいカップ（**写真34-1**）、畳生活ならではの「掘ごたつ式トイレ」、自然に訓練できてしまう滑り台……。

手間がかかります。でも利用者が気の毒で料金は高くはとれません。注文が増えるほど、貧乏がひどくなっていきました。

そこで、故郷の弓張岳にちなんだ弓張サービスという「世の中を明るくする会社」をつくって、街路灯の清掃などの肉体労働で暮らしを支えました。

修学旅行用の格安旅館で

七五年、松枝さんは同級生の恋人と結婚、福岡に「きさく工房」をつくりました。〝きさくにつきあってほしい木作〟という意味だそうです。

八三年、光野さんも故郷にもどり、みさかえの園という重症心身障害児の施設で、「寝た子を起こす運動」を始めました。

志に共鳴して、同志は少しずつ増えてゆきました。

八〇年の六月には、大津で第一回全国工房連絡会議が執り行われました。「全国」といっても当時、工房は五ヵ所しかなかったのですから、ずいぶん大風呂敷な名前です。

もっとも「名前」のご利益か、八八年には、**図34-1**のように全国にひろがりました。

八九年の夏、私は東京・本郷で行われた三泊四日の「第一〇回全国工房連絡会議」に参加しました。工房は三六ヵ所になり、全国から一二〇人が駆けつけてきました。

貧乏は相変わらずなので、会場は修学旅行用の格安の旅館にザコ寝です。スクリーンはシーツ。

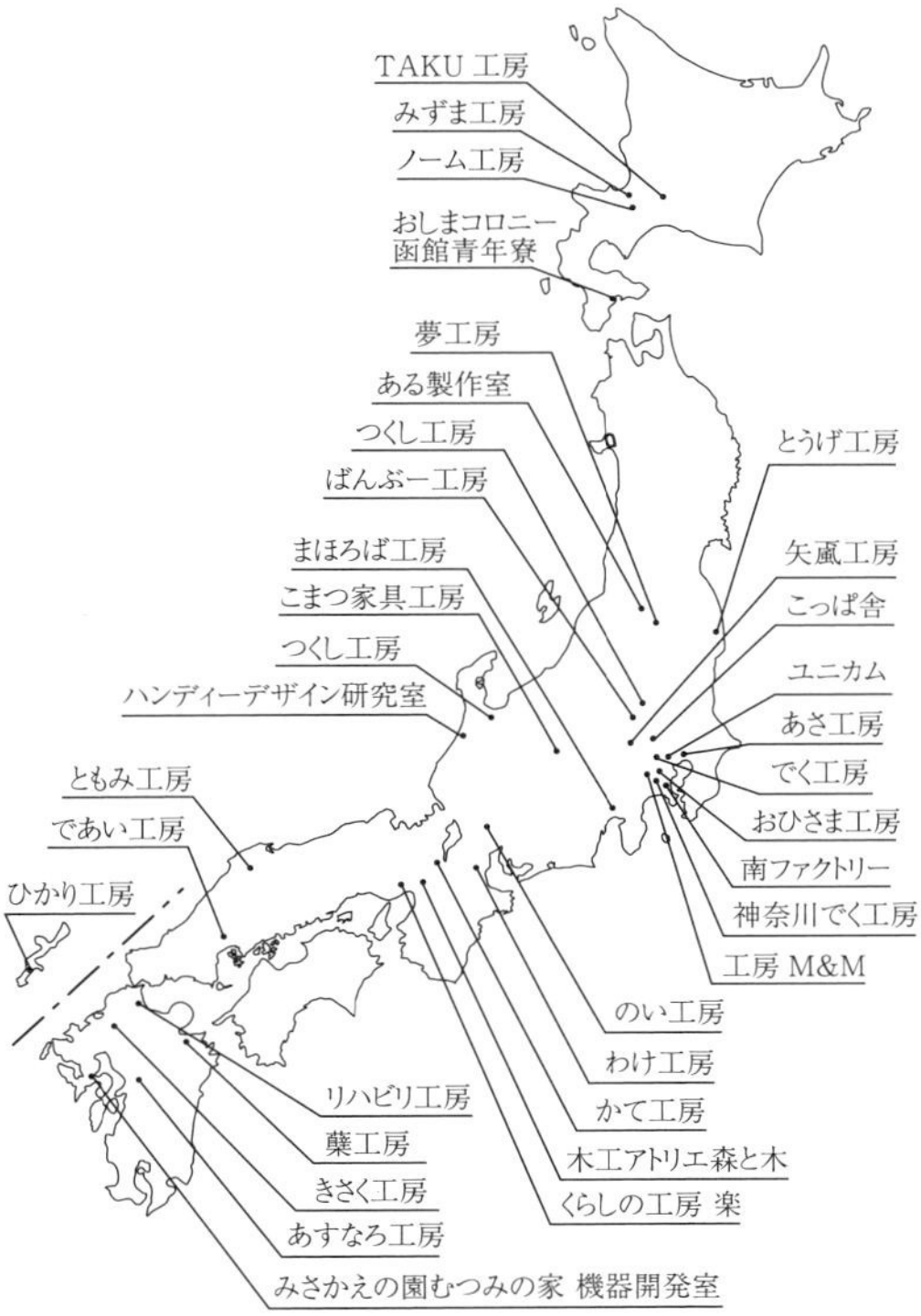

図 34-1　全国の工房

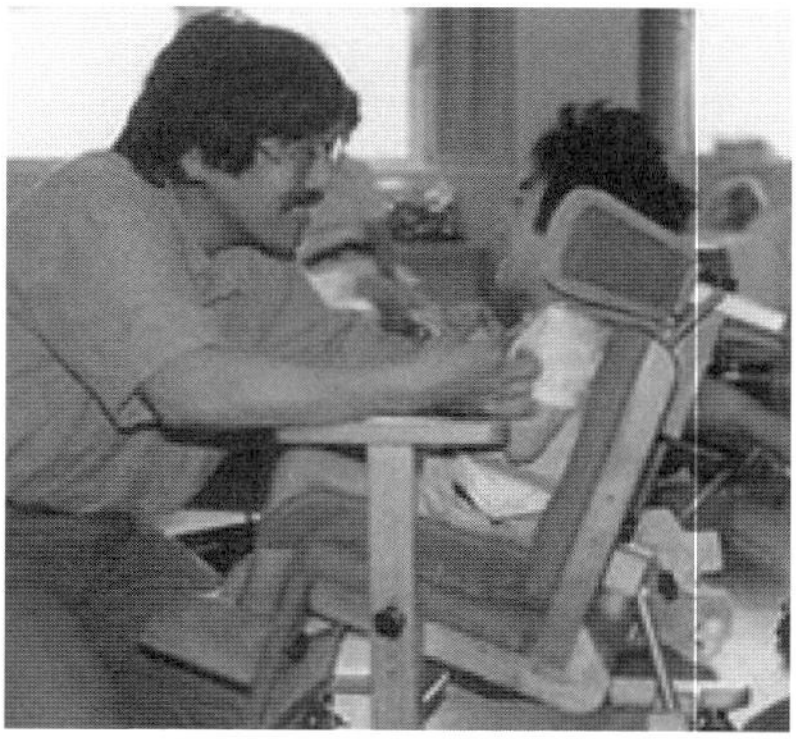

写真 34-2　「寝た子を起こす運動」

シャンデリアが輝くホテル、製薬会社の人が接待に走り回る医学系の学会しか知らなかった私は胸がしめつけられるほど感動してしまいました。

スライドやビデオで映し出される苦心の作に歓声があがります。

でく工房出身の大学助教授荒井利春さんの開発した食器は、地元金沢の伝統産業と組んでつくった作品で、「障害者用」につきものの貧乏くささがありません。しかも安いのです。

北九州市立総合療育センター・リハビリ工房の繁成剛さんは、愛らしい遊具を発表しました。友だちからうらやましがられながら遊んで使っているうちに、いつのまにか、「寝た子」が起きていく、その様子が感動的でした。

この繁成さんの存在が、工房の人々と身体障害者福祉法を結びつけ、福祉用具の発展につながってゆきました。

当時光野さんは、こんな風に話してくれました。

「寝た子が起きると、とたんに表情が豊かになるとです。まわりも張り合いっちゅうもんがでます。坊主頭やヘルメットカットを長髪やパーマにすると、職員の気持ちがかわってくるとです」(**写真34-2**)

当時の私は、「日本で「寝たきり老人」と呼ばれている人は「寝かせきり」にされた犠牲者。日本以外の国には「寝たきり老人」という日常語や役所言葉はない」と書いては、「北欧と日本は違う」と一笑に付されてしょんぼりしていました。

光野さんの佐世保弁は、「この日本でもできる」という勇気を与えてくれる言葉でした。

第35話　パラリンピック・ショックとアナホルム・ショックと

専務取締役の風変わりな座り込み

「改正介護保険法に異議有り！」と描いた桜色のノボリが満開の桜をバックに厚生労働省前に何本もひるがえり、二〇〇六年春、二週間にわたる、型破りな〝座り込み〟が展開されました。

六二歳の誕生日を前に、一〇人の友人に「座り込み宣言」をメールしたのは、**写真35-1**の右から二番目の銀髪の紳士。創業三〇年の福祉用具の老舗、ジェー・シー・アイの専務取締役、和田勲さんです。

メールは次々と転送され、全国から五〇〇人ほどが応援に駆けつけました。

「週休二日」「午後五時には、店じまい」というのも〝座り込み離れ〟していますが、持参した補助椅子を応援の人に勧め、警備の人たちともすっかり仲良くなってしまうというのも、座り込みらしくありません。

厚労省前の歩道は和気あいあい、さながら、〝介護保険法改正と福祉用具をめぐる路上シンポジウム会場〟の様相を呈しました。

厚労省の人たちも次第に警戒を解き、「訴え」のチラシを受け取るようになってゆきました。手弁当で刷り増しして届ける人も現れ、総計一万枚を超えました。

多くの人々の共感を呼んだ「改正介護保険法の問題点と異議」という「訴え」のサワリを抜粋してみます。

① 福祉用具は、自立の支援に有害なのでしょうか。
② リハビリ効果が落ちるのでしょうか。
③ 福祉用具の利用でモチベーションがアップされている事をご存じないのでしょうか。自分で出来ることが膨らんだから、積極的に、前向きに活動し、それがあってこそのリハビリ効果ではないでしょうか？
④ 福祉用具の活用により人的サービスが縮減され、対費用効果が高いことすら、ご存じないのですか？

写真 35-1 厚生労働省前での座り込み

⑤ この生活必需品を取り上げた時、老々介護や一人住まいのご利用者、共稼ぎ等で昼間は本人だけになる家庭ではどうなるのでしょうか。横になっている時間がどんどん増えて、廃用症候群が進行するリスクが大きくなります。介護度の重度化促進になってしまう怖さを感じます。
⑦ 起き上がり困難な方は、家庭用ベッドでは自分で起き上がることは出来ません。べ

ッドサイドレール等があるから自分で起き上がり可能になっています。

⑨外出用の車椅子を拒否されたら、老々介護や一人住まいの方等は、近くの通院等もタクシーを使え、という事なのでしょうか？

福祉用具とともに三七年間あゆみ、確かな手応えを感じてきた和田さんの「思い」と「叫び」がつまっているような文章です。

海外の選手を驚かせた、「病院が住まい」の日本選手

駆けつけた人たちの中に、オーダーメイドの車いすを、和田さんと一緒に広めた近藤秀夫さん（写真35-1右端）の姿もありました。オーダーメイドが、ひどく珍しかった七〇年代のことです。

近藤さんの運命は「数奇」そのものです。

二歳で母を失い、一二歳で父を失いました。敗戦直後のこと、ご本人の言葉によれば「かっぱらいで飢えをしのぎ」、野宿同然の生活。一五歳の時、やっと、炭鉱の雑役についたのですが、レール運びの作業中、うしろの一人がぬかるみで滑って手を離し、先頭の近藤少年は背骨を折って一六歳で下半身まひの身になってしまったのでした。

三年の入院生活の後、生活の場になったのは、旧日本軍の傷痍軍人収容施設でした。

運命を変えたのは、一九六四年、東京オリンピックと同時に開かれたパラリンピック、そして、のちに、ＡＤＡ（障害をもつアメリカ人法）成立の立役者となるジャスティン・ダートさん（**写真35-2右端・学苑社『ＡＤＡの衝撃』より**）でした。

ダートさんは日本タッパウェアの社長でした。ポリオの後遺症で車いすを利用する身です。自分と同様の身の上の人が、日本では施設や病院に閉じこもっていることに驚きました。施設をまわって、車いすスポーツを勧めました。アメリカから、車いすの近代五種競技のチャンピオンを三年も続けた人を日本にスカウトしてきて応援しました。

写真35-3は、練習に励む若き日の近藤さんです。

第2話「「自立」vs「自立」」に登場した樋口恵子さん(近藤さんのパートナーで、のちに全国自立生

写真35-2 障害をもつアメリカ人法に署名する大統領とジャスティンダートさん(右端)

写真35-3 車いすでバスケットボールの練習に励む若き日の近藤秀夫さん

活センター協議会代表)が「近藤のおにいちゃん」と憧れたのももっとも、という颯爽とした姿です。

パラリンピックではバスケットボールやアーチェリーなど六種目に出場しました。ただ、成績は惨憺たるものでした。なにしろアーチェリーの弓は竹製でした。バスケットボール用車いすは北欧から取り寄せたものの、まるで体に合わなかったのです。

もっとショックなことがありました。

日本のバスケットボールチームのメンバーは、だれ一人仕事についてはいませんでした。当時は、それがあたりまえだと思われていたのです。ところが、海外の選手たちは、「仕事や家族をもち、楽しみで車いすバスケットボールをやっている」というのです。

肝をつぶしました。

外国の選手たちも肝をつぶしました。

日本選手が職をもたず、治療は終わっているのに「病院住まい」を続けていると聞いて、「信じられない」と繰り返しました。

どちらにとってもパラリンピック・ショックでした。

近藤さんは、こののち、「市政の重点は、教育、福祉、まちづくり」を公約にかかげた大下勝正市長に請われて町田市役所に迎えられます。そして、試行錯誤して、「まちづくり規則」をつくり、町田を「誰にも優しいまち」に変身させる立役者になってゆきました。

まるで魔法のように

もうひとつのショック、アナホルム・ショックが日本に上陸したのは八八年のことでした。日本初の福祉用具の実用書は、九三年に医学書院から出版された『在宅補助器具活用マニュアル』です。著者の健和会の面々は、その背景を次のように記しています。

マンパワーが圧倒的に不足し、「寝たきり老人」問題を解決できない現状に悔しい思いをしていたとき「「寝たきり老人」のいない国＝デンマーク」という情報に接した。まったく衝撃的なことであった。

「本当だろうか」「だまされているのでは……」「自分の目で確かめてみなければ」八八年四月私たちはデンマークを訪れた。確かに「寝たきり老人」はいなかった！（略）

有力な回答の一つが「補助器具」だった。

とはいえ、「畳、狭さ、段差」の日本の家で役にたつだろうか。

健和会の方たちがデンマークを訪れた八八年の九月、リハビリテーション国際会議に出席するために、デンマーク西シェラン県補助器具センターの所長アンナ・ホルムさんが来日しました。

健和会のスタッフはアンナさんに「困っている五つのケース」を一緒に訪問して助言してほしいと頼みました。

アコーディオンまで飛び出しての歓迎ぶりです（写真35-4）。

老夫婦二人暮らしの家では、小柄な妻が半身不随の大男の夫を持ち上げることができず、「寝かせきり」になっていました。

アンナさんは、ベッドから車いすに移すコンパクトなリフト、からだの向きをたやすく変えられる

写真 35-4　アンナ・ホルムさん歓迎風景

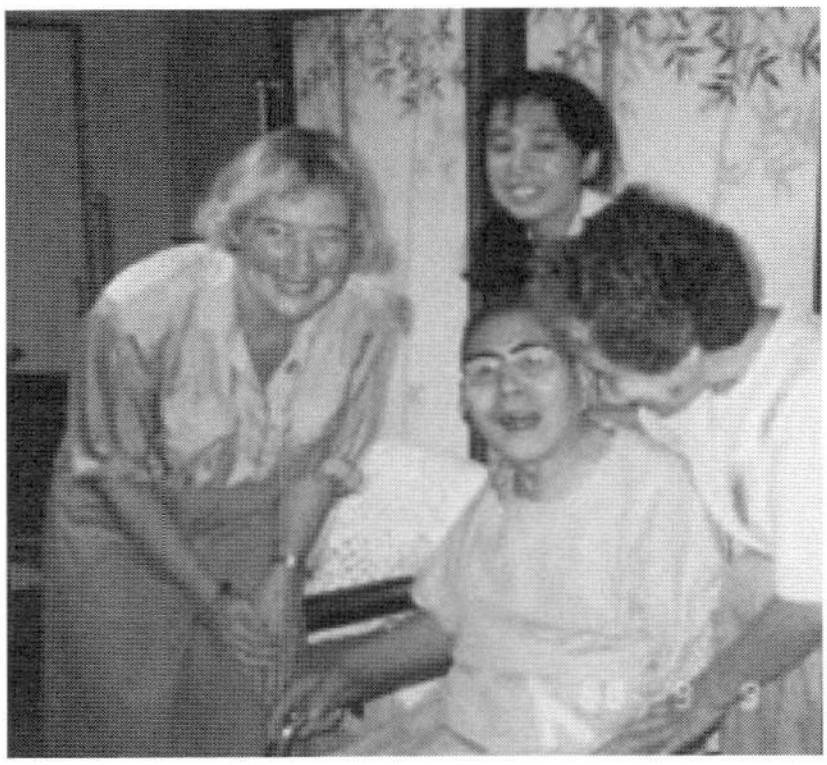

写真 35-5　「寝かせきり」から起き上がった半身不随の大男

写真 35-6　ありあわせの品を小道具に

円盤を紹介し、少しの力で重い人を動かすワザを伝授しました。

写真35-5は、同行した私が感動してシャッターを押した、そのときの笑顔です。

神経難病で腕を上げられない人の家では、その家にあったありあわせのものを使って、**写真35-6**のように自分で食べられるようにしてしまいました。

まるで、魔法を見ているようでした。

この「アナホルム・ショック」をきっかけに、健和会のスタッフは、工夫を重ね、道具を上手に使えば、ご本人の自立度があがることを証明していきました。

『在宅補助器具活用マニュアル』の、最後の章は、上のような挿絵(図35-1)を添えて、こう結ばれています。

図 35-1　同時並行型

「センターに歩いて行けるように訓練しましょう」といえば、訓練が生活のすべてになってしまう。「まず電動車いすで通いましょう、そして歩く練習もしましょう」という同時並行型にすれば、QOLがまったく違うものになる。加齢による体力低下、そして、残されている時間が少ないことを考えれば、どちらをとるべきか、答えはおのずと明らかだ。

下町での実践をもとにしたこの提言、冒頭の和田さんの訴えに不思議なほど、ぴったり重なります。

大熊由紀子

東京大学教養学科(科学史・科学哲学)卒業後，朝日新聞社入社．同社女性初の論説委員として，医療，福祉，科学，技術分野の社説を 17 年間担当．大阪大学大学院教授を経て，現在，国際医療福祉大学大学院教授．障害者欠格条項をなくす会共同代表．
福祉と医療，現場と政策をつなぐ「えにし」ネット・志の縁結び係&小間使いを名乗り，ホームページ http://www.yuki-enishi.com/ や「えにしメール」で幅広いネットワークを実現．実践的な問題提起を続ける．ノーマライゼーション思想の誕生と広がりを描き，日本の福祉を変えたと評された『「寝たきり老人」のいる国いない国——真の豊かさへの挑戦』，福祉と医療の変革に取り組む優しき挑戦者たちを描いた『恋するようにボランティアを』(いずれも，ぶどう社)，『誇り・味方・居場所——私の社会保障論』(ライフサポート社)，『福祉が変わる 医療が変わる——日本を変えようとした 70 の社説 + α』(ぶどう社)をはじめ，著書多数．小社刊『ケア その思想と実践』(全 6 巻)編集委員．

物語 介護保険 (上)
——いのちの尊厳のための 70 のドラマ

2010 年 4 月 23 日　第 1 刷発行
2023 年 4 月 14 日　第 8 刷発行

著　者　大熊由紀子《おおくまゆきこ》

発行者　坂本政謙

発行所　株式会社 岩波書店
〒101-8002 東京都千代田区一ツ橋 2-5-5
電話案内 03-5210-4000
https://www.iwanami.co.jp/

印刷・精興社　製本・松岳社

ISBN 978-4-00-025307-9　　Printed in Japan

ケア　その思想と実践（全6巻）

［編集委員］上野千鶴子、大熊由紀子、大沢真理、神野直彦、副田義也

A5判平均二六〇頁

1　ケアという思想　品切

2　ケアすること　定価二四二〇円

3　ケアされること　品切

4　家族のケア　家族へのケア　品切

5　ケアを支えるしくみ　品切

6　ケアを実践するしかけ　定価二六四〇円

岩波書店刊

定価は消費税 10% 込です
2023 年 4 月現在